四川师范大学学科创新项目经费资助

华西边疆评论 第六辑
Western China Borderlands Studies Review

孙 勇 主编

中国社会科学出版社

图书在版编目(CIP)数据

华西边疆评论.第六辑/孙勇主编.—北京:中国社会科学出版社,2019.9
ISBN 978-7-5203-5169-0

Ⅰ.①华… Ⅱ.①孙… Ⅲ.①边疆地区—中国—文集 Ⅳ.①K928.1-53

中国版本图书馆 CIP 数据核字(2019)第 202416 号

出 版 人	赵剑英
责任编辑	彭莎莉
责任校对	邓晓春
责任印制	郝美娜

出　　版	中国社会科学出版社
社　　址	北京鼓楼西大街甲 158 号
邮　　编	100720
网　　址	http://www.csspw.cn
发 行 部	010-84083685
门 市 部	010-84029450
经　　销	新华书店及其他书店
印　　刷	北京君升印刷有限公司
装　　订	廊坊市广阳区广增装订厂
版　　次	2019 年 9 月第 1 版
印　　次	2019 年 9 月第 1 次印刷
开　　本	787×1092　1/16
印　　张	16.25
字　　数	345 千字
定　　价	78.00 元

凡购买中国社会科学出版社图书,如有质量问题请与本社营销中心联系调换
电话:010-84083683
版权所有　侵权必究

《华西边疆评论》（第六辑）

编委会主任：
　　马大正
编委会副主任：
　　高中伟　霍巍　杨明洪
编委会委员（按姓氏拼音顺序排列）
　　狄方耀　段金生　方盛举　冯建勇　郭　锐　贺新元　何诣然
　　梁双陆　刘国防　马成俊　孟　楠　牛治富　彭文斌　孙宏年
　　孙　勇　图登克珠　王　川　王春焕　王建民　王鹏辉
　　汪洪亮　吴楚克　喜饶尼玛　徐百永　徐黎丽　徐志民
　　袁　剑　张永攀　张　云　郑长德　郑　洲　周　平
主　　编： 孙　勇
副 主 编： 汪洪亮
编辑、编务： 朱金春、丁新、王丽娜、任远祥

本书简介

秉承华西边疆学派源流的《华西边疆评论》创办于2014年，办刊宗旨与内容体现了学为国用的学术传承。作为国内新创的边疆研究学术辑刊，已经出版的前五辑《华西边疆评论》，收录了国内外专家学者有关边疆研究的成果和译文，为促进学术交流，培育学术新人，对国内外同行设立一个学术交流的平台，努力助推中国边疆研究事业迈上新台阶，起到一定作用。经过时间检验，本辑刊4年来得到业内同行的普遍认可。为适应时代发展形势与学术研究进展的需要，《华西边疆评论》按照新的编委会所确定的编撰原则和要点，将在《华西边疆评论》中涵盖边疆学科建设、边疆理论、边疆史地、边疆经济、边疆治理、边疆安全、边疆现实问题、边疆文化、宗教、民族语文等各个方面；同时重视采用边疆学者专访、边疆研究书评、边疆论坛综述等稿件，以供研究者与参阅者交流品鉴。第六辑《华西边疆评论》，开有特稿、边疆学学科建设、边疆史地研究、边疆经济研究、边疆治理研究、边疆研究译林、边疆研究钩沉、边疆学者专访、边疆研究书评等栏目。这些栏目以及栏目中的论文和专稿，体现了学术辑刊应有的内涵。

ABSTRACT

Originated from Western China Borderlands Studies School, *Western China Borderlands Studies Review* was launched in 2014 by keeping faith with its academic inheritance of Study for the Country. As a new Borderlands Study journal, the first five issues of our journal include research findings and translations on borderlands studies of foreign and domestic experts and scholors, promoting academic exchanges, training new talents, creating platforms for collegues at home and abroad, marking a new stage in Chinese borderlands studies. Standing the test of time, our journal has won the approval of our collegues. According to the development of the times and the principle and requirement of the new editorial committee, *Western China Borderlands Studies Review* will include all the aspects such as borderland discipline construction, borderland theory, borderland history and geography, borderland econormy, borderland governance, borderland security, borderland reality, borderland culture, religion, national language and literature. At the same time, our journal will pay attenion to the column on the interview with borderlands scholars, book review, borderland forum and so on, for researchers and readers. The sixth issue of *Western China Borderlands Studies Review* includes the column of features, borderland discipline, borderland history and geography, borderland econormy, the interview with borderlands scholar, book review, which reflect the intention of our journal.

目 录

特稿 1
  略论中国边疆学的构筑 .... 马大正 3
  布礼士与华西边疆研究 .... 朱娅玲 21

边疆学学科建设 33
  建构边疆学和学科体系的学理整合思考
    ——形而上视角的边疆学探究合论 .... 孙　勇 35
  难以"同归"的"殊途"：民国"边疆/民族"研究中的
    "派性"与"派系" .... 熊芳亮 60

边疆史地研究 73
  清嘉庆到宣统时期卡外哈萨克与清朝卡伦相关问题研究 ...... 杨继伟 75
  试析近代新疆商会与内地商会的差异 .... 贾秀慧 89

边疆经济研究 101
  试论西藏次级非典型二元经济结构 .... 陈　朴 103
  西藏农牧民定居工程后续产业支撑思考 .... 魏　刚 116

边疆治理研究 129
  边疆民族地区城市社会治理中的空间与族群因素分析 .... 黄　毅 131
  拉萨市农村社区加强和创新社会治理调研 ...... 王春焕　郑丽梅　边巴拉姆 140

边疆研究译林 165
  墨西哥—美国边界：边疆人类学的诞生
    ……［美］罗伯特·R. 阿瓦拉兹（Robert R. Alvarez, Jr.）著　袁剑、刘玺鸿译 167

边疆研究钩沉 ·· 195
陶云逵云南民族研究回顾 ································· 李东晔 197

边疆学者专访 ·· 209
和而不同：抗战时期华西坝教会五大学边疆学者对中国边疆、
边政的认识 ··· 汪洪亮 211

边疆研究书评 ·· 241
钩沉弥纶有新言，研精一理观沧桑
——读《克松的变迁——西藏乃东县昌珠镇克松居委会调查报告》 ····· 孙 勇 243

《华西边疆评论》征稿启事 ·· 247

CONTENTS

Feature ·· 1
    About Construction of Chinese Borderland Studies ·················· Ma Dazheng 3
    A. J. Brace and West China Border Research ·························· Zhu Yaling 21

Borderland Discipline Construction ·· 33
    Reflections on the Integration of Frontier Science and Discipline System
        —A Study of Borderland Inquiry from Metaphysical Perspective ············ Sun Yong 35
    Cannot Reach the "Same Goal" by "Different Means": "Factions" and
        "Sectarians" of "Frontier/Ethnic" Research in Republic of China ··· Xiong Fangliang 60

Borderland History and Geography ·· 73
    Qing Jiaqing to the Xuantong Period of Kazakh and the Qing Cullen
        Related Problems ··· Yang Jiwei 75
    Difference between Premodern Xin Jiang and Inland's Chamber of
        Commerce ··· Jia Xiuhui 89

Borderland Economy ·· 101
    On the Sub-level Atypical Dual Economy Structure of Tibet ·················· Chen Pu 103
    New Thoughts on the Industrial Distribution of Tibet in the Age of
        Farmers and Herdsmen ·· Wei Gang 116

Borderland Governance ·· 129
    An Analysis of Space and Ethnic Factors in Urban Social Governance
        of the Frontier Minority Area ·· Huang Yi 131

Rural Communities in Lhasa Strengthened and Innovated Social Governance
　　Research ················· Wang Chunhuan, Zheng Limei, Bianbalamu 140

Borderland Studies Translation ························· 165
　The Mexican-American Frontier: The Birth of Frontier
　　Anthropology ········ Robert R. Alvarez, Jr, Translated by Yuan Jian, Liu Xihong 167

Borderland Studies Retrospect ························· 195
　A Review of Tao Yunkui's Minorities' Study in Yunnan ················· Li Dongye 197

Interview ························· 209
　Harmony in Diversity: The Cognition of the Frontier Scholars in the Five Christian
　　Universities of Huaxi during the War of Resistance Against Japan ······ Wang Hongliang 211

Book Review ························· 241
　Know the Past and Learn the Present
　　—On "*The Changes of Kesong—An Investigation Report of Kesong Neighborhood
　　　Committee, Changzhu Town, Naidong County, Tibet*" ················· Sun Yong 243

Contributions Wanted ························· 247

特　稿

本栏目主持人：汪洪亮，四川师范大学历史文化与旅游学院教授

主持人语：构筑中国边疆学，既是承载着千年传统、百年积累的中国边疆研究学科发展的必然趋势，也是新时代中国特色社会主义的边疆建设的现实要求。早在民国时期，学术界就有过构筑"边疆学""边政学"的学科化努力，推动了中国边疆研究理论与方法的探索。晚清和民国时期的两次边疆研究高潮，恰好处于中国边疆研究从传统的边疆史地研究向跨学科综合性边疆研究的近代转型期。但因国家时局变迁，这一转型尚未成熟便遽然终止。自20世纪80年代以来，在近代以来中国第三次边疆研究高潮中，以马大正为代表的大批学人除了对中国边疆的历史与现实问题作了深入研究之外，还对如何构建中国边疆学这样一门发展中的边缘学科，或者一门兼采多种学科理论滋养的综合学科作出了艰辛的探索。本期重刊马大正先生撰写的《略论中国边疆学的构筑》，是马先生在倡议构筑中国边疆学之后，20多年间孜孜不倦求索其间若干成果的一个总提炼，集中呈现了马先生对此问题的重要观点，可谓经典重刊，对我们在新时代中国边疆研究的新起点上，继续推动中国边疆学建设有着很重要的启迪作用。

　　在中国边疆研究的发展历程中，华西坝边疆学人是个不可忽视的存在。华西协合大学自成立以来，即开展以西部边疆和博物为主体的人类学研究。在1919年就建成中国西南地区最早的博物馆，1922年就成立中国最早的边疆研究学术团体——华西边疆研究学会，其边疆研究与开展人类学/民族学的活动一直持续到20世纪50年代初。值得注意的是，其早期以来华的外国学者为主体，如莫里斯、葛维汉、陶然士、布礼士等传教士学者，都曾在华西边疆研究中作出过一定的贡献。但在国内边疆学术史的表述中，尚处于相对缺位和失语的境地。朱娅玲借助相关中英文文献，基于布礼士发表在《教务杂志》《华西教会新闻》《华西边疆研究学会杂志》等英文刊物上的学术文章,对布礼士在华西地区的边疆研究及其实践活动作了较为系统的梳理和叙述,对我们理解中国边疆研究近代转型历程中外国学者的参与和推动,具有典型个案的旁通价值。

略论中国边疆学的构筑

马大正

(中国社会科学院中国边疆史地研究中心,北京,100005)

摘要： 中国边疆学的构筑涉及诸多问题，文章主要从三个重要方面展开论述。关于中国边疆的战略地位和中国边疆研究任务，中国边疆从历史角度看边疆地区是中国两大历史遗产联系的平台，从现实角度看边疆地区是保卫中国安全的第一线。中国边疆学主要有两大研究任务，一是要厘清中国疆域发展的历史和现状，在不同时期所处的地位及原因，中国边界形成发展的历史和现状，国境线形成、变迁的过程等问题。二是通过研究厘清中华人民共和国这个统一多民族国家形成和发展规律，以及多元一体的中华民族的形成发展规律；中国边疆学发展历程可以用千年积累、百年探索、三十年实践来概括；实现从中国边疆史地研究向中国边疆学研究的学术转型，加强边疆理论研究和推动边疆教育是眼下两大要务。

关键词： 中国边疆学；战略地位；任务；高潮；构筑

一、中国边疆的战略地位和中国边疆研究的任务

(一) 中国边疆的战略地位包括历史发展的角度和现实的角度两个方面

从历史发展的高度认识。当代中国人继承了先辈给我们留下的两项举世瞩目、无与伦比的历史遗产。一是幅员辽阔的统一的多民族国家；二是人口众多、多元一体的中华民族，这是中国不同于世界上任何一个国家的特殊国情。简单地说，即统一的多民族中国和多元一体的中华民族。

---

* 原文刊发于《新疆师范大学学报(哲学社会科学版)》2013年第5期。感谢马大正先生同意将该稿件再发于《华西边疆评论》。

** 马大正，中国社会科学院中国边疆史地研究中心研究员、博士生导师，中国社会科学院新疆发展研究中心主任，国家清史编纂委员会副主任。主要著作有《马大正文集》、《中国边疆经略史》(主编)、《二十世纪的中国边疆研究——一门发展中的边疆学科的演进历程》(合著)、《新疆史鉴》(合著)等。

统一的多民族中国，是在经过了一个漫长和曲折的发展过程中定型的。从先秦时期开始，在现代中国领土内开始形成了一个核心区域，这个区域在黄河中下游至长江中下游一带。在这个中心区域建立政权的既有华夏也有"夷狄"，既有汉族也有少数民族。在国家的发展进程中，边疆地区的发展是它的有机组成部分，全国范围的发展状况决定了边疆地区的发展水平，边疆地区的发展状况对全国范围的发展也产生了重要影响。

多元一体的中华民族，既是一个民族共同体的概念，又是一个国族的概念。多元是指统一多民族国家形成过程中各民族所具有的个性和特色，也就是各民族在语言、地域、经济、文化、心理等方面所具有的多样性和表现形式上的特殊性。一体是指各民族在共同发展过程中相互融合、相互同化所形成的民族共同体的共同特征和一体化趋势，这种由多元到一体的特点，在中华民族的形成过程中自始至终都是存在的。

两大历史遗产既是物质的，又是精神的。两大历史遗产有一个共同的关键点，或者可称为联系的平台，那就是边疆地区。所以从这个意义上说，中国的边疆在中国历史发展的全过程中，具有特殊的战略地位。中国这个统一的多民族国家，如果没有了边疆这个因素，统一的多民族国家就不成为一个统一的多民族国家，如果没有中国边疆地区存在，那么生活在边疆地区的中华民族的各民族，也不可能进入统一多民族的范围。

从现实的角度来认识，可以从以下三方面来看。第一个方面，边疆地区仍然是中国国防的前线。尽管现在高科技的信息战发展了，战争的形态也变了，但是中国的边疆地区仍然具有国防前线的特殊功能，是保卫中国安全的第一线。第二个方面，是改革开放的前沿，是我们走向世界的前沿舞台，也是展示中国实力的前沿舞台。第三个方面，是当代中国可持续发展的一个重要的组成部分。大家可以设想，如果边疆地区的发展长期滞后，何谈中国的全面发展？如果边疆地区不发展，我们怎么能够使中国进入小康社会？而按照《联合国海洋法公约》的有关规定，我国可以主张的管辖海域面积可达 300 万平方公里，接近陆地领土面积的三分之一。1978 年的时候，我国海洋经济只有三个传统的产业：渔业、交通、晒盐。现在，从产业结构的角度看，已经从原来的三个产业发展到七八个主要的大产业，例如新兴的石油、滨海旅游、造船、滨海砂矿等，都呈现出良好的发展势头。所以，边疆地区的发展关系着中国可持续发展的全局。

(二) 中国边疆研究的两大任务

1. 中国边疆研究的对象

中国边疆研究的对象包括陆疆和海疆的历史和现状，可谓是上下五千年，东西南北中。中国边疆的发展不是孤立的，与统一多民族中国内地紧密相关，是相互补充、密不可分的，中国边疆的历史必须要和全国历史的发展，和中国历代封建王朝的治边政策，和中国疆域形成和发展进程结合起来。

2. 中国边疆研究的两大任务

第一，通过研究弄清楚中华人民共和国这个统一的多民族国家的形成和发展规律，以及多元一体的中华民族的形成发展规律。中国的边疆是中华人民共和国不可缺少的一部分。边疆居民是多元一体的中华民族不可缺少的一部分。要把统一的多民族国家和多元一体的中华民族形成与发展的规律搞清楚，而且还要把这两者之间的互动关系搞清楚。因为多元一体的中华民族既是统一的多民族国家发展的物质力量，又是一种精神力量，它能使人产生一种强大的民族凝聚力。

第二，要搞清楚中国疆域发展的历史和现状，在不同时期所处的地位及原因，中国边界形成发展的历史和现状，国境线形成、变迁的过程等问题。在这个范围内，具体的事件、具体的人以及生活在边疆的少数民族的历史及发展，都是我们的研究范围。中国边疆研究的内容既有宏观的又有微观的，既有热点问题也有诸多所谓的"绝学"，它有很多热点、疑点及难点问题等待我们去研究，它有着广阔的研究领域。

3. 中国边疆研究的优良传统

在长时期的发展过程中，中国边疆研究形成了优良的传统，而优良传统的形成，又进一步促进了中国边疆研究的持续发展。中国边疆研究的优良传统可以从很多方面进行总结，如从中国边疆研究发展的全过程观察，"读万卷书、行万里路"的良好学风与"国家兴亡、匹夫有责"的责任心和使命感则可称中国边疆研究优良传统的两条主线。

第一，"读万卷书、行万里路"的良好学风。读万卷书，就是指中国边疆研究者大量地阅读掌握有关文献材料，以便在前人研究成果的基础上进一步研究和解决新问题；行万里路，则是指中国边疆研究的发展也依赖于边疆研究者深入辽阔的边疆地区进行实地考察研究，在社会实践过程中有所发现，有所进步。就每一个有成就的边疆研究者来说，其"读书"与"行路"的经历可能有很大的差异，而就边疆研究发展的整体而言，"读书"和"行路"是相辅相成、缺一不可的。

在数千年中国边疆研究发展史中，有许多身体力行"读万卷书、行万里路"的典范。著名史学家司马迁祖上世代常做史官，他从十岁起即开始读古史书，一生博览群书；他二十岁以后，又多次游览全国，其足迹遍布四方，不但去过中原大部分地区，还去过许多中原的边缘（如甘肃东部等）和西南边疆地区（巴蜀以南，即今川、贵、滇等地）。司马迁的"读书"和"行路"经历为他撰写不朽名著《史记》奠定了坚实的基础。许多受过中国传统文化教育的知识分子（其可能还有官员、军人、僧侣等身份），当他们有机会涉足辽阔的边疆地区时，往往都为中国边疆研究的进步作出贡献。从某种意义上也可以说，"读书"和"行路"既是边疆研究新知之源，又构成边疆研究成果之流。"读万卷书、行万里路"的良好学风与我们现在提倡的读书与社会实践相结合和理论联系实际的要求是一致的。

第二,"国家兴亡、匹夫有责"的责任心和使命感。在涉及国家兴亡的大事方面,唤起每个国民的责任心和使命感是我国爱国主义的优良传统。从宏观理论角度分析,每个国民要爱的国家应是不断发展中的中华多民族统一国家;而如从具体的历史角度分析,情况就要复杂得多,因为这里有对具体的国家、国家政权的辨析问题。如何辨析与匹夫有责的国家兴亡事,这在我国有着良好的传统标准,顾炎武讲:"有亡国,有亡天下。亡国与亡天下奚辨?曰:易姓改号,谓之亡国;仁义充塞,至于率兽食人,人将相食,谓之亡天下……是故知保天下然后知保其国。保国者,其君其臣,肉食者谋之;保天下者,匹夫之贱与有责焉耳矣。"[①] 从中国统一的多民族国家发展史角度观察,一般地讲又有地区性的统一的多民族国家和全国性的统一的多民族国家之分,而后者又是在前者发展与前后两者交替矛盾发展的基础上形成的。边疆是统一的多民族国家的重要组成部分,边疆的安危盛衰是与国家兴亡紧密相关的,因此从这个意义上讲,关心研讨边疆的安危盛衰就是关心研讨国家兴亡事。

在20世纪以前的漫长岁月里,绝大多数从事中国边疆研究的知识分子尽管在社会地位、政治倾向、学术渊源、个人经历等方面各不相同,他们对国家也可能有各自的理解,但对国家负有责任心和使命感却在他们当中形成了传统。在那个时代,边疆研究与经世致用思想往往是结合在一起的,"治学"和"治世"在不同程度上合而为一了。在近代,中国统一的多民族国家已经高度发展,边疆研究事业也得到了很大的发展,边疆研究者对国家兴亡的责任心和使命感表现得尤为强烈,不管是有参政经历的姚莹、何秋涛,还是学者张穆;不管是官宦徐松,还是他的门客沈垚,他们都是典型的范例。"国家兴亡、匹夫有责"的精神是边疆研究学者们对社会活动参与和对社会发展奉献精神的体现,是我国传统爱国主义思想的一部分。

二、中国边疆研究第三次研究高潮的出现

(一) 中国边疆研究的历程

中国边疆研究的演进历程,可以用千年积累、百年探索、三十年实践来概括。

所谓千年积累。古代中国文明持续不断,文化传统世代相继,古代中国良好的史学传统,先辈对边疆状况的记述和对边疆问题的研讨是多角度、多层面、多形式的,给今人留下一笔宝贵的学术遗产。我们从纪传体通史和断代史、编年体史书和起居注、实录,典志体史书、地理书和方志,以及会要类、辑录类、目录提要类、笔记杂记类等历代文献中,特别是元、明、清三代众多笔记杂记类和私人著述中,均有丰富的边疆研究的历史记载。

---

① (清)顾炎武:《日知录》卷13,《正始》。

总之，先辈的千年积累，是我们研究中国边疆历史的基础性文献资料。

百年探索。这里的百年，实际上涵盖了19—20世纪两百年的时段，两个世纪以来，共出现了三次中国边疆研究的高潮。三次研究高潮分别是：19世纪中叶—19世纪末，西北边疆史地学的兴起，是中国边疆研究第一次高潮的标志；20世纪20—40年代边政学的提出与展开，是第二次中国边疆研究高潮的突出成就①。资本主义列强用鸦片和大炮打开了闭锁的清帝国大门，一系列不平等条约的签订导致西北、东北、西南边疆相继出现严重危机，以魏源、何秋涛、夏燮、梁廷楠、徐继畬、曹廷杰等为代表的具有爱国主义思想的学者为抵御外侮、巩固边防，发愤潜心于边疆史地研究，他们的著作至今仍不失为警世之作，这一研究发展的势头至清末而不衰。一批接受资产阶段史学理论和方法的中国学者，痛心于深重的民族危机，希冀通过边疆史研究，激发国人之爱国热诚，其成果令人瞩目。要了解20世纪20年代—40年代边疆史研究全貌，还有待进一步做细微工作，在宏观上，我们可以总体叙述这一时期中国边疆史地研究发展的成就与不足；在微观上，可研究学者、学术团体等个体的学术活动的成败得失。马大正、刘逖撰写的《二十世纪的中国边疆研究——一门发展中的边缘学科的演进历程》在这方面作了有益的尝试。

1949年10月，在古老而又久经磨难的中国大地上，发生了一件惊天动地划时代的大事——中华人民共和国成立了。但是在20世纪50—70年代，除了帝国主义侵华史和中国民族史与中国边疆史地研究有密切关系的领域得到相当大的发展外，我们必须承认，从总体上看对中国边疆研究的开展并未带来太多实际的推动力。当时的实际情况是：中国边疆研究的总体性、完整性和重要性尚未为研究者所认识，即使是具有优良传统的中国边疆史地研究也遭到冷落。

这一时期研究的进展，从总体上看称为兴起前的准备，是基于要充分认识到研究工作进展中所取得无论在研究成果、资料准备，还是在人才培养上的积累之功，都功不可没！具体而言：

其一，马克思主义为研究的指导思想给研究工作注入了全新的活力，并与"以史为鉴"的传统相结合，此时期的研究，从选题到成果都十分重视对大众的教育作用，以及直面现实生活中的实际问题，这也是中国边疆研究优良传统在新历史条件下的延续。

其二，分散主题的研究，虽然造成了研究者未能将中国边疆作为独立研究客体从宏观和微观两方面开展研究，但与中国边疆密切相关的帝国主义侵华史的兴旺和民族史（包括民族调查）研究的崛起，从研究内容上为日后中国边疆研究打下了基础。

其三，研究队伍的培养、研究群体的出现。新中国自己培养的第一、二代研究工作者

---

① 有关中国边疆研究第一次、第二次研究高潮的论述，可参见马大正、刘逖《二十世纪的中国边疆研究——一门发展中的边缘学科的演进历程》，黑龙江教育出版社1997年版，第33—89页。

正是在这一时期得到了锻炼并走向成熟,成为日后中国边疆研究的骨干力量。

这一时期,中国边疆研究受到种种因素的制约,其如下三端应是最重要的:

一是新中国成立伊始、百废待兴,国家发展现状不可能为中国边疆研究的开展提供一个有利的客观环境;或者说,现实社会生活还没有向学术界提出迫切开展中国边疆研究的呼声。

二是立国之初、外患未消,帝国主义阵营对新生人民政权的禁运、封锁,迫使新中国在外交上实施"一边倒"政策,即倒向以苏联为首的社会主义阵营,加之对无产阶级国际主义的过分真诚,中国边疆研究涉及外交政策、民族政策,以及诸如边界走向等敏感问题,研究禁区大量存在,政府决策与学术研究两者界限混淆。这些制约了中国边疆研究的正常展开。

三是大批判与继承学术遗产上的简单化倾向,造成当时对20世纪上半叶中国边政研究采取否定、摒弃的态度,加之20世纪上半叶有相当一批中国边疆研究者都有与旧政权形式不同的政治背景,这就造成在这一时期,中国边疆研究在学术研究中鲜被提及,20世纪上半叶大量边疆研究成果或因其作者的政治身份,或因其学科的资产阶级理论体系,不是被批判,就是不再被研究者提及。

上述原因造成了中国边疆研究停滞的局面,主要表现在:一是具有丰富内涵的中国边疆未成为独立的研究客体为研究者所认识、关注,更说不上进行系统研究;二是由于政治和意识形态的原因,中国边疆研究的诸多方面成了禁区,资料封锁、成果难刊。我们将介于第二次与第三次研究高潮之间的20世纪50—70年代称为中国边疆研究在受挫中坚持的特殊阶段。

(二)中国边疆研究第三次研究高潮

20世纪80年代以来中国边疆研究第三次研究高潮出现的标志是研究中实现了两个突破:一是突破了以往仅仅研究近代边界问题的狭窄范围,开始形成了中国古代疆域史、中国近代边界沿革史和中国边疆研究史三大研究系列为重点的研究格局,促成了中国边疆史研究的大发展;二是突破了史地研究的范围,将中国边疆历史与现状相结合,形成了贴近现实、选题深化、成果众多的特色,至今这次研究高潮仍方兴未艾,显示出可持续发展的强劲势头。

第一个突破的关键点是设计并提出了在中国边疆史地研究领域开展三大系列研究。

古代中国疆域史研究。其研究内涵十分丰富,尤其是其中的中国古代边疆政策,是一个全局性的研究课题。它是中国边疆史地研究的传统项目,古今学者对此倾注了心血。中国历史上各代、各朝无不存在边疆问题,统治者相继制定和实施相应的边疆政策。中国古代边疆政策自秦汉时期粗具规模,经唐、元、明、清诸强大统一王朝的补充、完善,渐成体系，其完整和丰富为他国历史所罕见。边疆政策的成败得失，不仅与彼朝彼代的存亡兴衰休戚相关，而且对统一多民族国家的形成和发展，也产生了不容低估的影响。时至今日，认真总结和评估古代边疆政策的成败得失，对于维护国家统一、边疆稳定、民族团结仍有意义。中国古代边疆政策的内涵十分丰富，研究层面很多，这是一个大有可为的研究领域。今天我们从统一多民族国家的形成和发展这一前提出发，又提出中国古代传统治边思想、中国历代边疆管辖制度等研究课题，新的研究课题提出，以及这些课题周缘的扩展，必将不断拓宽研究者的视野。由林荣贵主编的《中国古代疆域史》四卷本（黑龙江教育出版社2007年版），是近年值得重视的学术专著。

开展中国近代边界变迁史的研究更是刻不容缓。半个多世纪以来中国近代史、帝国主义侵华史、中外关系史、民族史、地方史等研究领域的丰硕成果及研究已达到一定的广度与深度，为深化近代边界变迁史研究创造了极有利的条件。当前，除吕一燃主编《中国近代边界史》两卷本，2007年由四川人民出版社出版外，还应开展多界面、多层次的专题研究，诸如地区性的边界变迁史、近代不平等条约与边界问题、近代中国边疆危机与中外诸方对策、近代边疆危机与边疆社会变化，等等。总之，这一领域关系到三百多年来中国社会发生的变化，以及中国与有关各国政治、外交、军事、经济、民族等方方面面。

从史学史角度系统收集与评述20世纪以来中国学者研究中国边疆史地的成果，是一件值得下大力气的工作。近代以来，中国边疆史地研究出现过两次高潮。

当然，上述三大研究系列，并不能包括中国边疆史地研究的全部内涵，诸如边界理论的研究，边疆史地研究与法学、外交学、民族学、社会学、考古学等众多学科的关系，作为一门多学科交叉的边疆学的内涵与外延、对象与方法等，都将成为学者们求索的对象。

在第三次研究高潮发展进程中，1988年迄今的20多年间，三次全国性的中国边疆史地学术讨论会的召开，在深化中国边疆史地研究上，特别是在推动三大研究系列的开展上起到了不可低估的作用。1988年10月22—26日，由中国社会科学院中国边疆史地中心与中国人民大学清史研究所联合主办的"中国边疆史地学术讨论会"在北京召开，来自全国17个省、直辖市、自治区，包括汉、蒙、回、朝鲜、白、柯尔克孜等民族的107位学者参加了会议，会议收到论文80篇，内容包括中国历代边疆政策、边疆管辖、边疆开发、边疆经济与文化、边疆民族与民族关系、边臣疆吏、边界研究、边疆和边界研究概况与评述等多个方面，从不同侧面反映了当时我国边疆史地研究的成果和研究动向。《人民日报》以《中国边疆史地不再是学术禁区》为题，对会议作了报道。会议成果以《中国边疆史地论集》为名出版。

1999年9月12—16日，由中国社会科学院中国边疆史地研究中心与浙江省象山县人民政府联合主办了"第二届中国边疆史地学术讨论会"，北京、长春、哈尔滨、西安、兰州、乌鲁木齐、昆明、郑州、烟台、厦门、象山等近40位学者提交了31篇论文，内容包括中国边疆学构筑、边疆研究相关理论问题，涉及不同历史时期的边疆治理和边疆管理体制、古代至近代的边疆开发、当代边疆民族社会调查与历史档案资料开发利用等方面。基于近百年来中国边疆研究发展的积累，尤其是20世纪80年代以来，中国边疆史地研究的兴旺，当代中国边疆问题日益为人们所关注，倾注中国几代学者心血的中国边疆理论研究和中国边疆学的学科框架构筑被重新提上议事日程。中国边疆理论研究包括陆疆、海疆和边界的理论问题与实际的结合，探索中国边疆历史发展与统一的多民族国家形成的发展规律。中国边疆学的构筑包括概念与范畴、学科性质和任务、体系和功能等，建立以马克思主义为指导的、有中国特色的中国边疆学理论体系。此次会议成果与同年8月23—26日在乌鲁木齐召开的"世纪之交新疆历史研究回顾与展望学术研讨会"成果一并以《中国边疆史地论集续编》结集出版（马大正主编，黑龙江教育出版社2003年版），共收录论文33篇。

2006年8月6—9日，由中国社会科学院中国边疆史地研究中心与云南大学西南边疆少数民族研究中心联合主办的"第三届中国边疆史地学术研讨会"在昆明召开。来自北京、上海、辽宁、吉林、黑龙江、新疆、内蒙古、云南、四川、江苏等省、直辖市、自治区的70多位学者出席了会议，共提交论文45篇。会议讨论涉及疆域理论研究、边疆治理与开发、边疆民族研究、中国边疆学的构筑等诸多方面。

通过上述科研实践，在中国边疆研究的总体认识上取得了如下共识：

一是初步理顺了研究与决策的关系。研究与决策有着密切关系，但不应将两者等同。研究的结论虽是进行正确决策的重要因素，但不是唯一因素。研究的最高原则是科学的求实。而决策的基本出发点是维护国家的根本利益。在研究与决策中，决策者是矛盾的主要方面，在正确处理两者关系时，决策者需要有更多的政治家气度与远识，应该为研究者进行实事求是的研究提供更有利的条件和保证。当然，研究者也应发扬中国边疆研究的爱国主义和求实精神的优良传统，为政治家、军事家的正确决策提供扎实、可靠的研究成果。我们认为处理好两者关系的关键是要区别研究与决策的不同内涵，真正做到把研究者的观点作为学者的观点来对待，切不可把研究者在边疆研究中发表的学术见解，错当成某种政见而给以过度的重视或过分的责怪。唯此，研究者才可能在边疆这一颇带敏感性的研究领域中进行大胆的探索，边疆研究的繁荣也就为期不远了。

二是正确认识了研究客体与从属的关系。由于多年来学术界将中国边疆史地研究的一些基本内容分别纳入断代史、地方史、民族史、中外关系史、历史地理等研究领域，极大地影响了这一边缘学科的健康发展。以具有丰富内容的中国古代边疆政策研究为例，长期以来学者们孜孜以求，研究古代封建王朝的民族统治政策、清王朝的喇嘛教政策，而极少从治理边疆的高度与广度来研究古代中国的边疆政策，究其缘由，主要是没有将边疆治理作为研究客体来考察、研究。因此，改变边疆史地研究长期从属于其他学科的局面，使边疆史地作为一个整体而成为研究的客体，是当前一项重要工作。唯此，我们才有可能提出并组织力量对一些重大课题进行研究，诸如中国边疆学、中国古代疆域史、中国近代边界沿革史、中国边疆研究史，等等。

20世纪80年代以来出现的中国边疆研究第三次高潮，其重要标志之二是突破了边疆史地研究的范围，将中国边疆历史与现状相结合，形成了贴近现实、多学科相结合的特点。

自20世纪90年代始，当代中国边疆调查与研究日益为学者所关注，并自觉地实践于科研工作之中，中国社会科学院中国边疆史地研究中心在这方面的科研实践具有一定的代表性和示范性，笔者自始即参与其间，故以中国边疆史地研究中心的科研实践为对象，对当代中国边疆调查与研究展开的进程试做介绍。

（三）当代中国边疆研究的进程

当代中国边疆调查与研究展开的进程，大体上可分为酝酿、展开、深化三个发展阶段。

1. 酝酿阶段，大体上从1989年到1996年

边疆中心原是以中国边疆历史、地理等基础学科为研究重点的，研究的一个重要内容是历史上的边疆治理和开发，目的是想以史为鉴，为当代中国边疆的治理提供一些间接的参考。1987年以来，笔者主持完成了三部专题研究论集：《中国古代边疆政策研究》《清代的边疆政策》《清代边疆开发研究》。

随着边疆历史研究的深入，我们日益感到研究边疆历史与了解边疆现状密不可分，只有了解了现状，才能更好地发挥以史为鉴的史学功能。同时史学工作者也应直接从事现状调研，并进一步开展相关的对策性研究。

1990年，中国社会科学院对边疆中心提出了加强当代中国边疆研究的任务，要求边疆中心站在历史的高度看现状，组织当代中国边疆调研课题。我们的"当代中国边疆系列调查研究"就是在这样背景下起步的。具体到立项的内容，即重点研究当代边疆的什么问题，也是经过反复斟酌后确定的。当时比较热门的是经济发展战略研究，但历史研究属人文科学，所以我们决定发挥原有的长处，将当代边疆研究的重点定在有关边疆稳定的现状和面临问题的调研上。在此基础上积累一定的资料，再拓展研究范围。而选中的第一个切入点是从历史、民族、宗教等方面入手，综合研究新疆的稳定问题。1990年，"当代中国边疆系列调查研究"课题作为中国社会科学院的重点课题予以立项。

"当代中国边疆系列调查研究"分为阶段性工程，每期工程2—3年，1990—1996年完成了两期工程，前两期工程共撰写了5篇调研报告，它们是《关于海南省海疆管理

和南沙海区现状调查》（1992年）、《云南稳定边疆地区稳定与发展现状及其对策》（1995年）、《新疆维吾尔自治区博尔塔拉蒙古自治州建置、边界的历史与现状》（1990年）、《新疆稳定与发展若干问题的评估与建议》（1993年）、《新疆地区反分裂斗争的历史与现状：1950—1995年》（1996年）。其中，有关新疆的三个调研报告各有特点。《新疆维吾尔自治区博尔塔拉蒙古自治州建置、边界的历史与现状》是选择了新疆的一个边境自治州进行调研。1993年的《新疆稳定与发展若干问题的评估与建议》则是对新疆稳定与发展的一些带全局性问题的认识和研究。1996年报告提出的三点见解至今仍有参考价值：一是新疆反分裂斗争的严峻性和尖锐性。新疆社会稳定面临严峻挑战，所以既要有长期作战的思想准备，又要将新疆的稳定问题作为一项系统工程，从战略的高度进行研究，提出对策，实施综合治理。二是对分裂势力的破坏活动要加大打击的力度，以相应的措施落实。三是要树立"是什么问题，就作什么问题来处理"的观念，强化法治。

20世纪上半叶，新疆地区分裂与反分裂斗争时断时续，中华人民共和国成立以来的反分裂斗争又呈现一些新的特点，而对此几乎无人研究，所以我们先将中华人民共和国成立以来新疆地区所发生的各种分裂破坏活动进行系统汇总、分类排比、综合研究，以寻求反分裂斗争的内在规律和经验教训，作为新疆稳定问题系统研究的第一步。这项工作是1994年立项的，我们选择了新疆反分裂斗争现状，先解决对抗性的矛盾，即武装叛乱和骚乱。人民内部矛盾和意识形态方面的问题放在第二步。现在看来，这个选题立项具有超前性。1997年1月，《新疆地区反分裂斗争的历史与现状：1950—1995年》调研报告报送有关方面领导参阅，立即引起了有关方面的反响和重视。之所以反响大、反映好，从成果看首先是选题定得好，具有政治敏感性和超前性；其次是材料新，所使用的资料均为有关部门的第一手资料，以往只有个别材料在小范围内使用过，像这样系统的排列、对比分析研究还是第一次。此外，中国社会科学院科研局等有关部门的支持对于课题的完成也起了十分关键的作用。

2. 展开阶段，大体上从1997年到2000年

这一阶段，边疆中心在总结以往调研的基础上又先后完成了7篇调研报告，云南方向的有《云南禁毒工作追踪调研》（1997年）、《泰国"改植工程"与云南"替代种植"的比较研究》（1999年）、《越南毒品问题对我云南边疆地区的影响》（2000年）；东北方向的有《朝鲜半岛形势的变化对东北地区稳定的冲击》（1998年）；新疆方向的有《新疆社会稳定战略研究》（1999年）、《新疆反暴力恐怖活动借鉴——以色列反恐怖主义斗争研究》（1999年）、《新疆生产建设兵团布局与新疆稳定研究》（2000年）。

上述调研报告拓展了调研范围，深化了调研内容，更为重要的是，我们通过调研所形成了对当代中国边疆稳定形势的战略判断。

当代中国边疆稳定面临严峻的挑战。按性质类型分，可分为两种类型。

第一种类型，是政治类型。政治类型中又可以分为三种情况。第一种情况，国外敌对势力要把我们某些边疆省区从统一的多民族中国分裂出去，所以在政治上表现为分裂和反分裂的斗争，这种斗争是全方位的，既有政治战线上的斗争，也有意识形态领域的斗争，还有武装斗争。第二种情况，由于边疆地区相邻境外地区不稳定，造成的冲击，就是说问题不在境内，而是在境外，由于境外的不稳定，对相邻的边疆地区的稳定造成了负面影响。第三种情况，由于历史上遗留的边界问题没有得到彻底解决，存在边界纠纷，影响了相关地区稳定的局面。

根据这三种情况，从当代中国来说，政治类型的第一种情况，分裂与反分裂，当代中国最突出的地区是台湾、新疆和西藏。第二种情况，目前表现在东北边疆地区。东北边疆地区本身也存在很多问题需要克服，需要解决。但是现在最大的挑战是来自朝鲜半岛。朝鲜半岛政治形势发展的不确定性给东北边疆地区的稳定带来了很多负面的影响。第三种情况，遗留的边界问题。遗留的边界问题从当前陆地边界来看，主要是中印边界的历史遗留问题。从海疆来看，一个是钓鱼岛的争端，一个是南沙群岛主权的争端，近几年还有东海海疆的划界。

第二种类型，是经济类型。经济类型相对比较简单，就是某些势力集团为了追逐高额利润，在我们的边疆地区进行跨国犯罪，包括贩毒、拐卖人口、走私枪支等，特别是贩毒。这一点从当前来说，热点地区还是云南、广西，特别是云南，因为它面临着金三角。这种犯罪活动，特别是贩毒，确实给当地的社会方方面面带来了非常严重的负面影响。

当代中国边疆稳定面临的挑战主要是这两种类型。根据这两种类型，我们从研究的角度确定了四个重点地区和一个次重点地区。四个重点地区是台湾、新疆、西藏和海疆；一个次重点地区是东北边疆。

3. 深化阶段，大体上是 2001 年以来

2001 年由边疆中心主持的中国社会科学院重大项目"东北边疆历史与现状系列研究工程"，2004 年由边疆中心主持的国家社科基金特别项目"新疆历史与现状综合研发项目"，2008 年在边疆中心的推动并参与下，由中国社会科学院主持的国家社科基金特别项目"西南边疆历史与现状综合研究项目"先后启动，为期均为 5 年。上述三个研究项目的共同特点是将中国边疆的历史与现状相结合进行全方位有重点的研究。

上述项目引起国内学术界的广泛关注，先后有 400 余人次主持或参与课题研究，从而全面推动了东北边疆、新疆历史与现状的学术研究。东北边疆及新疆历史与现状研究领域的迅速推进，对其他边疆地区的学术研究产生了良好的辐射作用，在两大项目的带动下，北部边疆、西南边疆、西藏、海疆等领域的学术研究不同程度地呈现出蓬勃向上的势头。2001 年以来边疆研究领域从课题遴选到学术成果，较之以往均有大幅增加。

国家社科基金课题中有关边疆问题的课题所占比例呈逐年增加的趋势;高校在边疆研究领域的学术活动也十分活跃,呈现出课题来源多、课题分布广、教研结合、新人辈出的特点。

课题研究的普遍开展,极大地强化了基础理论的研究,中国边疆学学科体系、中国历代疆域形成和发展、历代边疆治理、历代宗藩关系等前沿问题,成为学术界讨论的重点;同时多角度、多层面深度解读中国边疆稳定与发展的创新性科研成果纷纷面世。

三、中国边疆学的构筑

"创立一门以探求中国边疆历史和现实发展规律为目的新兴边缘学科——中国边疆学,这就是肩负继承和开拓重任的中国边疆研究工作者的历史使命!"① 这是笔者在《二十世纪的中国边疆研究——一门发展中的边缘学科的演进历程》一书结尾处写下的一段话,既是自己的心愿,也是笔者对同仁们的寄望。

在其后十余年间,中国边疆研究得到了持续的发展,在开拓与深化的进程中,对中国边疆学构筑的研究,也日益为学人关注,时有专论此题的新作问世。较重要者,著作类有:吴楚克《中国边疆政治学》(中央民族大学出版社2005年版)、罗崇敏《中国边政学新论》(人民出版社2006年版)、周平《中国边疆治理研究》(经济科学出版社2011年版)等;论文类有:吴楚克《建设当代中国边疆政治学应有的理论思考》(《中央民族大学学报》2003年第6期)、方铁《论中国边疆学学科建设的若干问题》(《中国边疆史地研究》2007年第2期)等。

1997年以来,关于中国边疆学构筑的思考,笔者也未敢松懈,先后刊发的文章有《从中国边疆研究的发展到中国边疆学的构筑》(《光明日报》1999年1月8日,第7版)、《思考与行动——以边疆研究深化与边疆中心发展为中心》(《中国边疆史地研究》2001年第1期)、《关于边疆研究若干问题的思考》(《中国边疆史地研究》2002年第1期)、《组织跨学科力量对中国边疆重大问题研究进行联合攻关》(《中国边疆史地研究》2002年第4期)、《关于构筑中国边疆学的断想》(《中国边疆史地研究》2002年第3期)、《深化边疆理论研究与推动中国边疆学的构筑》(《中国边疆史地研究》2007年第1期)、《边疆研究应该有一个大发展》(《东北史地》2008年第4期)、《边疆研究者的历史责任:构筑中国边疆学》(《云南师范大学学报》2008年第5期)、《关于中国边疆学的构筑》(《东北史地》2011年第6期)等,上述文章记录了笔者对构筑中国边疆学这一大命题进行不断思考的演进思路。

---

① 马大正、刘逖:《二十世纪的中国边疆研究——一门发展中的边缘学科的演进历程》,黑龙江教育出版社1997年版,第285页。

承载着千年传统、百年积累和三十年探索的中国边疆研究，今日面临着新的跨越——构筑中国边疆学，这是学科发展的必然趋势，也是建设有中国特色社会主义的需要。每一个边疆研究工作者应认清自己的历史责任，抓住机遇，迎接挑战。

随着学术的不断进步，顺应社会现实的要求，作为一门发展中的边缘学科，仅仅围绕边疆历史研究而展开理论研究的传统格局已经被打破，学术界在深入研究中国边疆历史的同时，更加关注中国边疆的现实问题。在边疆问题研究中，多学科相互交叉、相互渗透、相互交融，研究者普遍将历史学、民族学、考古学、宗教学、法学、社会学、国际关系等学科的理论和方法结合在一起，以更加多样化的视角来审视中国边疆的历史和现状，因而呈现出历史研究与其他学科有机结合的特点，跨学科研究渐成趋势。

（一）向中国边疆学转型的原因

中国边疆史地研究由单一学科层面向多学科层面的发展，既符合学术发展的一般规律，又凸显出该学科的独特性。当仅仅依托单一学科的理论、方法和手段已不足以全面诠释中国边疆所面临的诸多问题时，由中国边疆史地研究向中国边疆学的学术转型就成为必然。这一学术转型建构于以下四个方面的原因：

首先，中国边疆史地研究具有优良史学传统，特别是20世纪后20余年学术研究所取得的重大成就，为学科的发展奠定了良好的基础；随着学科体系的不断完善，以及新思路、新方法的不断出新，研究的层面以及研究者的视角将向更深入、更广阔的方向发展。

其次，随着研究的深入，边疆研究中的难点问题层出不穷，以往研究中被忽视或研究不够深入的大量理论问题日益成为本学科不可回避的课题。这些课题具有重要的学术价值和现实意义，从而为研究者的科研活动提供了巨大的空间，也展示出中国边疆学学科的发展潜力。

再次，基础研究与应用研究相结合的发展趋势，为本学科领域注入了新的活力。时代的发展不断提出新问题和新要求，尤其是边疆学研究领域，面临着诸多新的挑战，研究者必须直面中国边疆稳定与发展中所产生的种种问题。无论是传统的历史学研究，还是具有时代特点的现实问题研究，都不是孤立存在的，把两者融为一体进行贯通性研究，在历史的长河中探索当代中国边疆治理的重大问题，既是社会科学研究功能的体现，也是本学科不断蓬勃向上的客观要求。

最后，跨学科研究凸显本学科发展潜力。就学科本身的特性而言，在边疆问题研究中，历史学无疑是最基础、最重要的学科门类，只有对中国疆域形成、发展的历史有科学、深入的研究，才可能使我们准确把握中国统一多民族国家演进的规律，从而为中国边疆研究奠定坚实的理论基础。但是毋庸讳言，仅从历史学的角度来解决中国边疆的问题，显然有很大的局限性。由于学科的分野，加之中国边疆的多样性、复杂性，决定了中国边疆问题的研究需要集纳多学科的理论和方法，学科间互通、交融的趋势大大增强。各相关学科门类从理论到方法的成熟性，以及中国边疆学术领域跨学科研究的大量实践，为中国边疆学的构筑提供了有益的保障。

（二）当下构筑中国边疆学的主要任务

中国边疆研究学科发展的三步跨越，即从中国边疆史地研究到中国边疆研究，再到中国边疆学的构筑。今天，"中国边疆学"已经呼之欲出，其意义在于，首先，它将大大扩展中国边疆研究的学术内涵和外延，有益于进一步整合各种学术资源，从而使中国边疆的理性研究步入更加良性的发展轨道；其次，通过对中国疆域形成、发展过程中在不同历史阶段的不同表现形态的研究，深刻揭示出我国统一多民族国家形成、发展的历史规律；最后，通过对中国边疆稳定与发展若干层面的研究，将为构筑当代中国边疆战略提供坚实的理论基础。

1. 构筑中国边疆学的六点思考

2003 年，笔者在纪念中国边疆史地研究中心成立 20 周年时曾对构筑中国边疆学提出六点思考要点[①]，简言之：

一是认真总结前人研究成果，是构筑中国边疆学的重要学术基础。

二是更自觉地面对当代中国边疆的重大理论问题和实际问题，将更有助于深化对构筑中国边疆学紧迫性的认识。

三是中国边疆学的定位与功能，即中国边疆学是一门研究中国边疆形成和发展规律的多学科交叉的边缘学科，是一门极具中国特色的新兴学科；中国边疆学的基本功能可以归纳为文化积累功能和咨政育民功能两大方面。具体说，又可分解为描述功能、解释功能、预测功能、教育功能。

四是中国边疆特定的研究对象决定了研究的三个有机结合，即从研究对象中国边疆言，是历史与现实的结合；从研究类型的分类言，是基础研究与应用研究的结合；从研究方法言，是多种学科研究方法的整合。由此决定了中国边疆学研究具有理论性、综合性、现实性、实践性的特点。

五是中国边疆学学科内容分类，可包括两大领域，暂以"中国边疆学·基础研究领域"和"中国边疆学·应用研究领域"来区分。前者包括中国边疆理论、中国历代疆域、历代治边政策、边疆军事、边疆经济、边疆人口、边疆民族、边疆文化、边疆地缘政治、边界变迁、边疆考古、边疆重大事件与人物等诸多研究方面，而后者则是基础研究各方面研究内容的时限延伸，是对当代中国边疆发展和稳定全局的战略性、预测性的宏观与微观

---

① 参见马大正《关于构筑中国边疆学的断想》，《中国边疆史地研究》2003 年第 3 期。

相结合的研究，其与基础研究领域的不同点主要表现为有更强的现实针对性。上述所列仅是其中的主要内容，随着中国边疆学学科体系构筑的完成和完善，其内涵将更加深入和系统。

六是全面深化中国边疆研究是推动中国边疆学构筑的原动力，同时大力推动边疆教育事业，使全社会对中国边疆的关注与重视成为现实，为中国边疆学构筑的实践创造良好的外部环境。

以上六端，可能挂一漏万，但确是笔者在构思中国边疆学如何构筑中做什么、怎么做的思考，将此作为一个讨论问题的"靶子"，也许有助于推动构筑中国边疆学的步伐。

2. 构筑中国边疆学的两大要务

构筑中国边疆学，我辈学人需要做很多事，即古语所谓：九成之台，起于累土；千里之行，始于足下。当前急办之事，以愚见以下两项可谓要务：

（1）边疆理论综合研究应成为中国边疆学构筑的一个重要突破口，或可称为切入点

边疆理论可研究的命题十分广泛，据目前的认知水平大体上可分为两大部类：一是中国疆域理论研究，可研究的命题诸如：中国古代疆域形成和发展的历程和规律，中国古代疆域观、治边观的演变，"大一统"政治理想与中国古代疆域的形成，民族融合与中国古代疆域的形成，羁縻政策与中国古代疆域的形成，中国古代宗藩观的形成与演变，中国古代宗藩体制的形成与发展，宗藩关系与中国古代疆域的形成，中国历代宗藩关系特点，近代宗藩观的变迁与宗藩关系的解体，朝贡—册封体制的形成与发展，等等。二是中外疆域边界理论的比较研究，可研究的命题诸如：东西方疆域观念的异同，西方对中国传统疆域观念的认知，近代西方边界理论对中国传统疆域观念的冲击，百年来中外疆域理论研究的发展历程与评议，等等。为了更好地推动边疆理论研究的深化，笔者认为应紧扣中国边疆治理这个命题。研究中掌握古今贯通、多学科理论和方法的结合与运用的原则，开展当代边疆治理中的发展与稳定、开发与生态环境保护、边疆多元文化的冲突与协调、边疆民族认同与国家认同、边疆地区社会管理与社会控制、地缘政治与边疆地区的涉外关系、边防与边境管理、边疆治理与边吏素质等命题的研究。

为了使边疆理论研究顺利、有序、扎实地展开，在研究中如下三点应予以特别关注：

其一，面对现实和求真求善。历史、现实和未来总是联系在一起的：历史就是现实的昨天，未来则是现实的明天。边疆研究的对象中国边疆，其本身即具有历史与现实紧密结合的特点，因此，研究边疆理论必须依托历史、面对现实和着眼未来，这既是中国边疆的现实向我们提出的要求，也是中国边疆学学科建设的需要。边疆理论研究不仅要探求统一多民族中国疆域和多元一体中华民族形成、发展的规律，还应从理论高度了解中国边疆现状和解决现实中的问题的思路与办法。要完成上述任务，更应坚持求真求善的优良学风。1993年笔者曾在一篇文章中说过："中国古代传统史学研究，有着求真求善的优良传统。

从汉代杰出史学家司马迁起，求真求善即成为每一位有成就的史学家追求的目标。司马迁的求真，即要使其史书成为'其文直、其事核、不虚美、不隐恶'的'实录'（《汉书·司马迁传》）；而求善则是希望通过修史而成一家之言，即通过再现历史的精神来展现自己的精神。与此紧密相关的就是经世致用的传统。求真求善才能得到经世的理论体系，致用则是要使理论研究达到实用的目的。"① 上述这段话当时主要是指边疆史地研究，对边疆理论研究也应该是适用的。

其二，中国视野与世界视野。中国边疆研究要有大视野，也就是说要有中国视野和世界视野。所谓中国视野：中国边疆是统一多民族中国的不可分割的组成部分，又是多元一体中华民族中众多少数民族主要栖息地。从历史角度看，中国边疆是统一多民族中国、多元一体中华民族这两大历史遗产的关键点、连接平台；从现实角度看，中国边疆既是当代中国的国防前线，也是当代中国的改革开放前沿，还是当代中国可持续发展的重要组成部分。所以研究中国边疆，包括边疆理论，不能就边疆论边疆，一定要有中国视野，也就是说，研究时要心有中国全局。

所谓世界视野：中国边疆的地理和人文的特殊性，与周边国家和地区具有千丝万缕的关系，因此，我们要自觉地把中国边疆的历史和现状放到世界的背景中观察评议和研究，既要纵向分析，也要横向比较。以清代边疆政策研究而言，只有具备了世界视野，才能认识到清代的边疆治理未能正确应对由内边防务到外边防务为主的根本性转变，这是清代边疆政策由成功到失败的主要原因。大家知道，古代中国疆域之边有"内边""外边"之分。统一时期的边疆治理，通常是指中央政权对控制薄弱的少数民族地区所采取的防范和治理措施；分裂时期的边疆治理，通常是指在政权与政权之间的对峙地区和对边远少数民族地区采取的防范措施。古代中国历史疆域内的大小政权的"边"，可视为"内边"。明代以后，情况发生了变化，明代的倭患持续了近200年，随着西方殖民主义的东侵，17世纪以来，荷兰侵占我国台湾，俄罗斯入侵黑龙江流域。1840年鸦片战争后，我国新疆、西藏、云南、广西等一些边疆省区和沿海地区外患日益突出，出现了边疆全面危机的严重局面。殖民主义入侵，可称为"外边"之患。应该说，明代以降，特别是近代以来，在中国内边防务依然存在的同时，现代意义的边防即外边防务问题日益凸显。可是清朝统治者面对边疆防务这种变化的形势，仍沉迷于治理"内边"的传统边疆政策而不思防备外患之策，致使清朝前期边疆政策的成功与辉煌很快成了明日黄花，清后期边疆政策的全面破产，是清朝丧权辱国、割地赔款的一个重要因素②。

---

① 马大正：《当代中国边疆研究工作者的历史使命》，载马大正《边疆与民族——历史断面研考》，黑龙江教育出版社1993年版，第5页。
② 参见马大正《世界视野与清史纂修工程》，《清史论集》上册，人民出版社2006年版。

其三,"两个分开"①与求同存异。中国疆域历史和现实中存在诸多难点和热点问题,对此,边疆理论研究必然要予以正视,并探索解决之途。这些难点与热点问题的出现,原因是多方面的,归纳起来主要有:一是研究层面原因。由于历史情况复杂,史籍记载多有歧义,引起研究者们探求的兴趣,此类难点、热点问题,可以通过深化研究进而逐步解决。二是政治层面原因。这一层面原因又可分为正常的和不正常的两类。所谓正常的,是指不同国家出于国家利益的考虑,要建立本国的历史体系,强调自己国家历史的悠远、维护独立传统之辉煌。对此,即便有悖历史的真实也可以求同存异,以宽容之态度待之。所谓不正常的,是指个别国家或个别团体、个人出于狭隘民族国家利益考虑,不惜故意歪曲历史事实,并将历史问题现实化、学术问题政治化,通过被歪曲的历史事实,煽动民族主义狂热,制造事端。对此,我们则应讲明历史真相,有理、有利、有节,据理力争,决不姑息迁就。

上述原因是相互交织又互相影响的,情况十分复杂。对此,我们应本着国家利益高于一切的原则,保持政治警觉,潜心深化研究,对一些有争议的问题,在坚持学术问题与政治分开、历史问题与现实分开的前提下,倡导和而不同、增信释疑、求同存异,在学术的轨道上心平气和地展开讨论②。

(2)应在推动边疆教育上多下功夫

推动边疆教育,这里的教育是指广义的教育,即包括学校教育和社会教育两个层面。关于学校教育,我们应借鉴20世纪30—40年代边政学建设的有益经验,创造条件在高等学校和有条件的研究机构设立边疆系或开设边疆学专门课程,培养受过专门训练的中国边疆学的硕士和博士,以应边疆研究深化、中国边疆学构筑的需要。

在社会教育方面,应加大宣传边疆和普及边疆知识的力度,让国人更多地关心边疆、认识边疆、了解边疆,让学术走向大众,让大众了解学术,在这方面边疆研究工作者是大有可为的。

总之,构筑中国边疆学从启动到完成需要一个相对长期的进程。在此进程中除需要学人们深化研究外,从学科建设的操作层面上说,还要持续跨上如下两个台阶:第一步是,将边疆史地列入一级学科历史学之下的专门史,作为二级学科,这一工作需要得到中国社会科学院和相关部门的协助才能完成。第二步是,完成中国边疆学的学科构筑,使中国边疆学成为一级学科,并列入人文社会科学诸学科之林,这一步的实施不仅需要中国社会科学院的支持,还要得到国家的承认。

---

① "两个分开"是指在研究中应坚持学术与政治分开、历史与现实分开的原则。
② 参见马大正《中国疆域的形成与发展》,载《中国边疆史地研究》2004年第3期。

About Construction of Chinese Borderland Studies

Ma Dazheng

(Center of Research in Chinese Borderland History and Geography,
China Academy of Social Science, Beijing, 100005)

Abstract: The construction of China's borderland studies involves a lot of problems, which are expounded in three major aspects. As regard the strategic status of Chinese borderland and task of borderland research, China, from the perspective of history, judges borderland as the platform for the connection of two major historical heritages; from the perspective of reality, borderland as the fore front of national defence. China's borderland studies undertake two major research tasks: to make clear the history and current situation of its borderland development; its position and reason during different periods and history and current situation of development in borderland; formation of border line and its change; to make clear through research the formation and development law of the people's republic of China—a unified multiple-national country under one system with diversity; China's borderland studies in development course can be summed up from deposit for ages, exploration for a century and three-decade practice; transformation made from research in China's borderland history and geography to borderland studies to intensify theoretic research and promote borderland education.

Keywords: China's Borderland Studies; Strategic Status; Task; Climax; Construction

布礼士与华西边疆研究

朱娅玲*

（四川大学外国语学院，成都，610064）

摘要：备受西方学者推崇的华西传教士人类学先驱布礼士于 20 世纪初在华西边疆研究中曾做出重大贡献，国内学术界却少有专文论及。本文基于布礼士发表在《教务杂志》《华西教会新闻》和《华西边疆研究学会杂志》上的学术文章，结合相关的中英文文献，对布礼士在华西地区的实践活动和学术研究进行梳理。布礼士的华西边疆研究客观上起到了中西文化交流的桥梁作用，在一定程度上促进了西方的汉学研究。

关键词：布礼士；传教士；华西边疆研究；汉学研究

布礼士（A. J. Brace），加拿大传教士，汉学家，英国皇家地理学会和皇家亚洲文会北中国支会会员。1912 年受英美会（Canadian Methodist Mission）派遣来到四川，担任基督教青年会（Young Men's Christian Association）总干事。1912—1936 年在华西协合大学任教，担任文科教授。1922 年与美国传教士莫尔思（W. R. Morse）等人一起创建了华西边疆研究学会（West China Border Research Society），历任学会的秘书、会长（1934—1935 年）等职。20 世纪初多次随学会科考队前往川西及康区实地考察，还对成都及周边地区的历史沿革、人文地貌进行研究，第一次将杜甫的《草堂诗集》翻译出版。先后在《教务杂志》（*Chinese Recorder*）、《华西教会新闻》（*West China Missionary News*）、《华西边疆研究学会杂志》（*Journal of West China Border Research Society*）上发表论文数十篇，被西方学者视为"华西边疆研究的先驱"[①]。

但这样一位备受西方学者推崇的"华西边疆研究的先驱"，国内学术界尚未见到有对布礼士的专文论及。近年来，在有些关注华西边疆研究和基督教西南边疆传播史的文章中

---

* 朱娅玲，历史学博士，四川大学外国语学院讲师，研究方向为康藏历史与文化。
① L. G. Kilborn, "President's Address", *Journal of the West China Border Research Society*, Vol. 14, A (1943), pp. 101–106.

偶尔涉及布礼士，其记载也是零散不全面的①。本文作者以布礼士发表在《教务杂志》《华西教会新闻》和《华西边疆研究学会杂志》上的文章为主要资料，翻阅大量中英文文献，对布礼士在华西地区的活动和研究做一梳理，以填补国内此项研究之空白。

一、创建成都双周俱乐部与华西边疆研究学会

雍正元年（1723）清政府颁布禁教令，西方传教士的活动在华沉寂了一个多世纪，终又随着鸦片战争的炮声重新活跃起来。1844年相继签订了中美《望厦条约》和中法《黄埔条约》，西方传教士凭此获得了在华自由传教的特权。在坚船利炮和不平等条约的庇护下，英美等国的新教传教士接踵而至，相继抵达通商口岸，深入内地边陲自由传教，希望达到"用十字架征服中国"的目的。布礼士正是在这样的历史背景下来华传经布道的。

1912年布礼士受英美会②的派遣从加拿大多伦多到四川成都担任基督教青年会总干事。青年会最初主要是在青年人中间开展宗教活动，后来逐步演变成为从事广泛社会活动，提倡德、智、体、群四育，以完善人格的社会组织。宗旨是：发展基督精神，团结青年同志，养成完善人格，建设完善社会；会训"非以役人，乃役于人"③。作为基督教青年会总干事，布礼士主要负责策划和组织福音传道的工作，并以新闻报道的形式加以记录。与此同时，他还在华西协合大学担任文科教授，讲解宗教学。华西协合大学是近代中国知名教会学校，效仿英美体制，在最初只分文、理两科的基础上，又设置了教育、宗教、医学、牙科学等科。在华西协合大学任教的布礼士一方面传授社会人文知识，另一方面也重视青年学生身体素质的训练和团结意识的培养。他开设了体育课，亲自教学生游泳技能，④并跟其他传教士一道将网球、台球、排球、篮球、马拉松等竞技项目引进校园。团队操、运动会也因此逐步推广，成为师生喜闻乐见的文体活动。这些活动传播社会，丰

---

① 笔者目前所见涉及布礼士的相关研究成果有，周蜀蓉：《传教士与华西边疆研究——以华西边疆研究学会为例》，《宗教学研究》2011年第1期，第127—130页；周蜀蓉：《传教士与华西协合大学博物馆的创建》，《宗教学研究》2014年第4期，第222页；申晓虎：《传教士视野中的川藏地区苯教》，《中国藏学》2013年第3期，第95页；张曦：《地域研究：外部认知与主体性强调——以藏羌走廊为例》，《民族学刊》2015年第1期，第13页；向玉成、肖萍：《华西边疆研究学会外国会员的康区游历考察及其影响》，《青海民族研究》2015年第4期，第9—12页；周蜀蓉：《华西边疆研究学会与三星堆文化的早期研究》，《四川文物》2012年第5期，第64页；周蜀蓉：《华西地区基督教传教士人类学思想演变初探（1922—1950）——以华西边疆研究学会为中心的考察》，《宗教学研究》2012年第3期，第209页；周蜀蓉：《基督教与华西边疆研究中的本土化进程——以华西边疆研究学会为例》，《四川大学学报》2012年第4期，第54页；杨天宏：《基督教与中国"边疆研究"的复兴——中华基督教会全国总会的研究》，《四川大学学报》2008年第1期，第41页；周蜀蓉：《加拿大差会在华西地区的社会文化活动——以华英书局传教士为中心的讨论》，《宗教学研究》2013年第3期，第235页。
② 英美会（Missionary Society of the Methodist Church in Canadian）又称美道会，是加拿大卫斯理公会的差会。1925年加拿大卫斯理公会与长老会、公理会等教派合并为加拿大联合教会（United Church of Canada）。
③ 秦和平：《基督宗教在四川传播史稿》，四川人民出版社2006年版，第159页。
④ A. J. Brace, "Summer School Announcements", The West China Missionary News, June 1924, p. 33.

富了民众的业余生活，导致了民众观念和行为的转变，让四川民众认识和接受了现代信息，逐步告别封闭①。

为了传教，布礼士一直努力学习汉语语言文字和典籍，了解中国社会，顺应民风民俗。1916年，布礼士和陶然士（T. Torrance）、林则（A. W. Lindsay）等14名西方传教士②聚集在成都四圣祠街布礼士家里，策划定期聚会讨论中国文化，这标志着成都双周俱乐部（Fortnight Club of Chengtu）③的正式成立。这个俱乐部每两周一聚，目的是联合对中国和中国事物感兴趣的西方人士，互利互惠，从哲理和科学的高度去探索和研究中国及中国事物。会员范围限于定居成都的传教士及西方人，并要求至少有一年汉语学习的经历。俱乐部的讲演有详细的活动时间表，如1916年10月—1917年5月共举办了17次讲座④，内容涉及中国的宗教、历史、语言、文化及社会等多个方面的研究，包括布礼士的"四川方言"、法格圣的"四川土著民"、雅尔德的"成都回教"、张天爵的"成都的穷人与乞丐"、陶然士的"成都历史"、林则的"四川饮食及其影响的研究"、韦斯塔韦的"在四川窑和四川陶瓷的调查报告"等。可以看出，以布礼士为代表的俱乐部会员已经开始重视汉语的学习和关注四川地区人文自然科学的调查研究。

随着布礼士在华时间的增加，他越来越体会到研究传教地本土文化的重要性，他的关注范围也逐渐从四川地区扩展到康区乃至整个华西地区。1922年10月，同样在布礼士家中，一群西方传教士召开了华西边疆研究学会的第一次成员会议，标志着学会正式成立和运行。华西边疆研究学会是由英、美、加三国来华西宣教的基督教差会的传教士共同创建，以华西边疆研究为宗旨的国际学术机构。学会总部设在成都，重点考察华西的政治、人文、风俗、环境等，在国内外学术界产生了深远的影响。创始人有布礼士、莫尔思（W. R. Morse）、戴谦和（D. S. Dye）、茂尔（J. R. Muir）、彭普乐（T. E. Plewman）等西方著名学者，叶长青（J. H. Edgar）是荣誉会员⑤。华西边疆研究学会设立了近30年，通过实地调查、出借设备、举行讲座、发表论文、出版刊物等方法来促进其研究，取得了相当丰硕的成果。布礼士不仅是学会的创始人之一，而且长期身居要职，成绩斐然。他是学会仅有的十位终身会员之一⑥，历任学会的秘书（1922—1924年）、秘书兼财务主管（1932—1933年）、会长（1933—1934年）、会刊主编（1935—1936年）。尤其担任会长期间，布礼士强调学会的宗旨仍是"研究华西的地域、族群、风俗和自然环境"。他鼓励会

---

① 秦和平：《基督宗教在四川传播史稿》，四川人民出版社2006年版，第391页。
② 其他传教士分别是雅尔德（J. M. Yard）、法格圣（T. T. Fergusson）、汉普森（W. E. Hampson）、饶和美（H. G. Brown）、毕腾恩（K. J. Beaton）、韦斯塔韦（S. P. Westaway）、谢安道（C. W. Service）、海布德（E. Hibbard）、黎伯斐（C. B. Kelly）、张天爵（N. E. Bowles）、海士（L. N. Hayes）。
③ 四川大学博物馆历史档案 I-C-2-0001号。
④ 同上。
⑤ 周蜀蓉：《华西边疆研究学会之再诠释》，《中华文化论坛》2012年第3期，第82—83页。
⑥ "Life Members", *Journal of the West China Border Research Society*, Vol. 9, 1937, p. 238.

员说:"我殷切期望我们能遵守原则,为共同的目标携手合作,以科学和真诚的态度开展工作,以博大的人道主义精神服务所有华西的人们,无论他们是汉族或是其他民族。我们要不遗余力地为华西地区最广泛的利益办好学会,既有广度也有深度。"① 1933年,在时任会长布礼士的大力支持下,美国学者葛维汉(D. C. Graham)组织了对四川广汉三星堆遗址的首次考古发掘,并于1934年在《华西边疆研究学会杂志》上发表《汉州(广汉)发掘简报》,使三星堆的重要性引起国内外学者的广泛关注,成为巴蜀文化研究的核心内容之一。马长寿先生曾评价说,学会"工作最为努力",发行的会刊"最有历史性"②。显而易见,学会和会刊在国内外学界所取得的权威地位是与布礼士、葛维汉等传教士的努力密不可分的。

还有一件事情足以证明布礼士的活动能力和组织才华。1933年夏,川西发生大地震,在民族聚居区造成了重大人身财产损失。理番(理县)附近的杂谷脑喇嘛庙佛塔遭到严重损坏,塔顶断裂,地基坍塌。为了重建这座"藏区最美的镀金佛塔",21名理番的僧人专程赶赴省府成都,希望获得社会各方的资助。时任华西边疆研究学会会长的布礼士热情地接待了这批藏族僧人。在布礼士的安排下,僧人们在成都第一次看到了电影,第一次听到了无线电。布礼士还在华西协合大学赫斐院(Hart College)的体育馆举行中西结合的盛宴,用中文向客人致简短的欢迎词。之后客人们参观了大学博物馆,惊叹于馆内丰富多彩的藏品,并协助博物馆馆长葛维汉将藏族藏品进行归纳分类。僧人们后来在怀德堂(Administration Building)面对华西协合大学众多热情的师生听众,用藏族乐器演奏了一场音乐会。这次接待非常成功,在成都轰动一时,川军将领刘湘带头捐款500元,其他社会各界也随之纷纷慷慨解囊③。葛维汉事后不禁赞叹道:"大部分功劳要归功于布礼士先生,是他如此精心又巧妙地规划了接待活动"。④ 这次成功接待活动中体现出汉藏和谐、中西合璧的特色,布礼士可谓功不可没。

二、华西地区的实地考察

布礼士是英国皇家地理学会会员(Fellow of The Royal Geographical Society),较高的科学素养让他对华西地区的独特的研究价值有充分认识:"身边这片神奇边地就是我们的'新领域',有许多'新知识'有待探寻。这是一座人类学和考古学的巨大宝藏,而我们才刚刚触及宝藏的边缘。珍宝不会不经意或毫不费力被发现,只有凭借耐心的学术研究,

---

① A. J. Brace, "Presidential Address", *JWCBRS*, Vol. 7, 1935, p. 142.
② 马长寿:《十年来边疆研究的回顾与展望》,《边疆通讯》1947年第4期,第2—3页。
③ A. J. Brace, "The Visit of the Tibetan Lamas", *The West China Missionary News*, March 1934, pp. 55–56.
④ D. C. Graham, "Reception to Lamas from Tzagulao", *The West China Missionary News*, March 1934, p. 49.

艰苦的努力和自我牺牲的精神才能获得它们。"① 对实地考察的重视，同样被他运用到社会科学、人类学、考古学和宗教学的研究之中。

成都的道教名山青城山是布礼士实地考察的首选。"在亚伯兰离开迦勒底的吾珥来到马姆里的橡树崇拜上帝的一千年前，青城山的'天师洞'已经是中国圣人们寻仙问道之处，他们坐在白果树下修行，希望找到永生不朽之法。"② 布礼士认为，从道教的角度来讲，青城山历史上最有名的人物当属汉朝人张道陵。他从江西入蜀，寻找驱散恶魔的神药，一路降妖伏魔，创造了许多奇迹。张道陵到青城山传道，后在此去世，从此奠定青城山为道教名山的地位。据布礼士统计，青城山约有 100 名道士，大部分参与劳动，在山腰种植水稻和蔬菜，自给自足并提供给朝圣者。他们采摘毛梨子（猕猴桃）酿造美酒，类似于欧洲人用自家苹果酿造甜美的苹果酒。道士中有石匠和木匠负责维护道观和周边建筑，修路筑桥，搭建歇脚的茶馆和长凳。布礼士非常欣赏路桥神龛上刻着的中文地名，如"凝翠桥""适宜亭""伏魔""遇仙崖""集仙桥""天然图画"等，认为这些汉字与青城山优美的自然景观相映成趣。

1921 年至 1935 年，布礼士与叶长青等传教士人类学家一起，数次前往岷江流域民族聚居区游历考察，研究当地的风俗文化和民族宗教，并发表论文记载考察结果。在《威州游记》中布礼士描述了他在岷江上游的威州古城"仁寿寺"的见闻："寺中有一块公元 830 年唐朝时期的石碑，据说是高僧从喀布尔购得，远近闻名。唐碑碑体呈八角形，上面用梵语刻有佛教经典。唐碑的对面陈设着宋代方尖碑一块，碑面上雕有佛像，人物刻画栩栩如生。仁寿寺内有大梵天宫，里面供奉三尊精美塑像，造像技艺精湛，堪称藏式工艺的典范，而梵天宫后方的黄铜雕像的面部特征却呈现出叙利亚或波斯风貌。"③ 从布礼士的描述中不难看出威州仁寿寺建筑风格的多元化特征。另一篇文章《汉藏交接的山谷》，布礼士记述了他的科考队从灌县往西，沿岷江峡谷而行，穿越汉藏交接地带的考察经历。他们在杂谷脑和四门关观察到黄教、红教、黑教等各派并行，也有"不道德"的苯教流传；他们参观汶川土司管辖的瓦斯部落山里的堡垒。在理番以北 70 里的冈冈寨的红教喇嘛庙里，布礼士去拜访了 80 岁的住持和 10 岁的活佛，顺便研究绘在庙墙上精美的六道轮回图。离开冈冈寨，布礼士继续登山探险：

> 我们接着登山前行，穿过了一片茂密的森林，有橡树、落叶松、桦树、松树，然后抵达了海拔 12300 英尺高的树木线，再往上便是皑皑的积雪和一个方圆五六英亩的美丽高山湖泊。雪莲花生长在海拔 12000 英尺以上的地方。周围的景

---

① A. J. Brace, "West China Travellers", *JWCBRS*, Vol. 6, 1933 – 1934, pp. 20 – 23.
② A. J. Brace, "Historic Mountains about Chengdu", *The West China Missionary News*, June 1934, pp. 4 – 9.
③ A. J. Brace, "Notes on Wei Chow", *JWCBRS*, Vol. 1, 1922 – 1923, p. 64.

色简直就是名副其实的高山花园天堂，杜鹃花、绣球花、金合欢、报春花、龙胆花、铁线莲、兰花、美洲天南星、野蔷薇、忍冬和野草莓肆意怒放，美不胜收。①

从布礼士详尽的描写中可以看出，他不仅关注考察地域的宗教文化、人文风俗，也细致观察其自然地貌、气候植被。这也显示出他作为皇家地理学会会员良好的学术素养和敏锐的观察能力。

在岷江流域的实地考察中，布礼士还注意到当地居民的白石崇拜现象。三块据说是来自印度的白石，被虔诚地放置在山脊上，世世代代接受梭磨、霍番、博罗子等部落居民的崇拜。部落居民们筹集经费修建"白空寺"来供奉这些白色石英石，并在寺内悬挂牦牛角，燃烧刺柏枝举行祭祀仪式。人们把中间最大的石头命名为"白空"，一左一右的白石分别叫"白水"和"白龙"。布礼士认为，这些幸运之石也许是天上坠落的陨石。每年八月初八，人们会把一头牛犊放到寺外的田野，牛犊在野地里绕行，人们纷纷上前抚摸，希望它带走一整年的罪恶和疾病。其他时候人们会请来端公——一位"萨满教的巫师"，来此作法，以求祈福消灾。这些宗教仪轨让布礼士联想到圣经《旧约》里古犹太人的宗教习俗②。

20世纪30年代布礼士的重点考察地是甘孜的打箭炉（康定）。打箭炉具有悠久灿烂的历史文化，是川藏咽喉、茶马古道重镇、藏汉交汇中心，自古以来就是康巴藏区政治、经济、文化、商贸、信息中心和交通枢纽。布礼士发现打箭炉的市场多种货币可同时流通，例如一个墨西哥银币可以兑换两到三个卢比。外国货币大多来自英国、墨西哥、印度、尼泊尔等国，国内货币主要来自巴塘和拉萨，还有清光绪帝时期的银币。打箭炉及周边地区何时开始使用印度卢比的呢？叶长青告诉布礼士，说他1902年初到打箭炉时，东印度公司的卢比已在当地使用，只不过要比现在的硬币稍大。在一段时间内，尼泊尔曾获权向西藏提供货币，将印度卢比引入西藏，卢比的一面印着英王头像，另一面刻着发行日期。尼泊尔的举动引发了西藏货币"革命性的转变"：藏人建起自己的铸币厂，铸造自己的"卢比"，把光绪帝的头像印到上面。布礼士撰文《打箭炉的银卢比》，用以小见大的手法，记载下20世纪初国际形势、时代变迁和商贸发展对打箭炉的影响。布礼士也预言道："随着西藏现代化进程的加快，过不了多久，卢比也许会退出历史的舞台。现在，打箭炉的顾福安牧师仍能通过藏族商人之手收集到不同时期的卢比，但这种供应还能持续多久就很难说了"。③

布礼士在数次考察康藏之后，还将自己对藏区的了解和感受创作了一首英文诗，并请

---

① A. J. Brace, "Among the Foothills of the Chinese-Tibetan Border", *JWCBRS*, Vol. 6, 1933 – 1934, p. 108.
② Ibid., pp. 110 – 113.
③ A. J. Brace, "Silver Rupees in Tatsielu", *JWCBRS*, Vol. 7, 1935, pp. 131 – 132.

专人谱曲、演唱。这首诗歌因其内容有趣、通俗易懂、朗朗上口，深受西方人士的喜爱，后来发表在《华西边疆研究学会杂志》上。诗歌全文如下：

> On The Highland Road to Lama-Land
> On the highland road to Lama land,
> Yellow-robed monks on every hand;
> Pilgrims climbing their weary way
> Turning prayer wheels all the day.
> High o'er the pass yak-caravans wend
> As Chinese tea to Lhasa they send.
> Down the valleys wild cataracts roar
> From glacial peaks where eagles soar.
> Across the slender bridge of rope
> With many a prayer and pious hope.
> By night is heard the monastery bell;
> At even-song their beads they tell,
> While over all is cast the spell,
> Of incense sweet and chanting rare
> From deep bass voices of lamas there,
> Om-ma-ni-pad-me-hom their prayer. ①

作为皇家地理学会成员，布礼士对康藏地区有较为深刻的了解，从创作此英文诗歌这一有趣的典故，可窥见其独到的眼光和洞察力。

三、华西边疆研究中的汉学成果

布礼士在华24年，有当时西方殖民主义文化入侵的大背景，也有西方国家学人欲了解中国文化的学术动机。跟其他西方传教士一样，他发现必须面对完全异质的文明形态和完全不同的文化传统。中华文化传统深深植根于数千年的历史发展与数千万民众心灵中，

---

① A. J. Brace, "On The Highland Road to Lama-Land", *JWCBRS*, Vol. 7, 1935, p. 137. 笔者尝试将其译为汉文：通向喇嘛王国的高原之路，随处可见黄袍僧人；不畏艰险的朝圣者，终日转动着经轮。牦牛商队穿过高山关口，将汉地茶叶送至拉萨。深谷里瀑布飞溅，冰川上雄鹰腾空。怀着虔诚之心，渡过狭窄索桥。夜闻寺庙钟声，清晨诵经又起。咒语声起，烟雾缭绕，长号轰鸣，喇嘛祈祷：嗡嘛呢呗咪吽。

因而有着顽强的生命力。基督教与儒学、西方与东方之间的文化隔阂不是可以轻易抚平的。要想使宣教获得成效，必须在对中国文化加以理解的基础上进行文化适应，"以便使世界其余地区真正了解这个伟大的帝国，特别是使我们能够具有足够的知识在中国人中间进行传教活动，从而获得持久的成绩"。① 这也正是布礼士研究汉学的动因所在。

据笔者统计，布礼士的汉学成果主要分为两大类：第一类是英译汉语经典，第二类是汉学研究的论文，详见表1。

表1　　　　　　　　　　　　布礼士主要汉学研究成果

中文名称	英文名称	类型	年份
《中国古代战略战术》	Military Strategy of the Chinese in Early Times	论文	1923
《中国风水学》	Chinese Geomancy	论文	1924
《中国宗教的统一象征》	Unifying Symbolism of Chinese Religions	论文	1929
《三个中国哲学家》	Three Chinese Philosophers	翻译	1932
《中国宗教的灵魂与魔法》	Spirits and Magic in Chinese Religion	论文	1932
《杜甫草堂诗集》	Tu-Fu, China's Great Poet	翻译	1933
《论祖先崇拜的基督教化》	Christianizing Ancestor Reverence	论文	1933
《成都的历史名山》	Historic Mountains about Chengdu	论文	1934
《千字文》	Thousand Character Essay	翻译	1934

从表1不难看出，布礼士的汉学研究内容覆盖了军事、风俗、宗教、哲学、诗歌、历史和蒙学等多个方面。涉猎范围之所以如此广泛，一是因为中华文明丰富而悠久，以自身独特的魅力与光彩吸引着来自西方国度的人们。二是因为布礼士原来就有一定的文化素养，当他秉承教会的使命踏上中国领土时，一方面固然心怀对天国与上帝的虔敬，企图征服东方的异教精神世界；另一方面为了传教，他又努力学习中国的语言文字和典籍，了解中国社会，顺应中国风俗，并不断向自己的传教士同伴提供中国的真实信息。在宣传以基督教为核心的西方文明的同时，布礼士也感应着独特的东方文明。他主观上为传教而进行汉学研究，在客观上充当了中西文化交流的桥梁和媒介。

特别值得一提的是布礼士翻译的《杜甫草堂诗集》。唐代大诗人杜甫在中国古典诗歌中的影响非常深远，被后人称为"诗圣"。杜甫草堂是杜甫流寓成都时的故居，他先后在此居住近四年，创作诗歌240余首。草堂因杜甫的诗歌名扬天下，借诗圣而后世流芳。布礼士曾整理成都的历史地理和名人典故，其中涉及的社会人类学和历史研究非常重要。许多有关成都历史的翻译是史无前例的，尤其是布礼士翻译的《杜甫草堂诗集》使杜甫在草

---

① ［美］费正清编：《剑桥中国晚清史》（1800—1911）（上卷），中国社会科学出版社1985年版，第536页。

堂的诗作更加广为流传。① 如《丈人山》这首诗，布礼士的英文译文为：

Since I have become a guest at the Green Mountain range,
I dare not even expectorate in this famous place.
But I greatly love this charming Chiang Ren Mountain,
Because its high peaks are full of sacred mystery.
At the great temple's front are most auspicious clouds;
I should like to live here on the highest cloudy peak;
Then the golden elixir will chase away my hair of gray,
When you see my countenance, it will be like ice and snow. ②

评论家斯宾塞·刘易斯（Spencer Lewis）说："我们应该感谢布礼士先生，他从1200多年前的众多古诗中精选并编译了这部诗集。四川人尤其是成都人对此非常感兴趣，而且内心充满了自豪感。"③

至于布礼士的汉学论文，由于篇幅所限，笔者在此仅选取三篇，就其内容要点作简要介绍。

《中国风水学》内容要点：《撼龙经》是中国风水经典之作，唐朝末年杨筠松所著，明朝重新修订。风水学之于地理学犹如占星术之于天文学。天文学家的理论在风水先生的著述中占有很大比例。天文学中的天干地支，哲学中的阴阳、五行、八卦等，均为风水理论所吸收。印度教体系中将须弥山作为山河体系和世界的中心，而中国人将昆仑山作为世界中心，昆仑山把藏区和鞑靼之地分隔开来。风水的主要作用是指导中国人确定阴阳宅的位置朝向，以祈福免灾。风水先生在北方又叫作"堪舆先生"，"堪"指天，"舆"指地。风水理论认为山即是龙，一座山绕两河方为宝地，这就是灌县和其伟大的水利系统（指都江堰）被视作风水宝地的原因，外国人被禁止在此买地，因为这样做明显坏了风水，且不可思议。有人曾说，"中国虽然自然资源丰富，但像一个坐在钱箱子上挨饿的人"。正是因为担心破坏风水，制约了许多铁路、煤矿和其他商业、企业的发展。研究风水让我们了解中国保守思想的原因和影响。风水是进步的大敌，它阻碍一个国家工业的发展，用封建迷信禁锢聪明与创造。中国人越早忘掉风水学越好。只有科学的光芒和宗教的教导才能真正

---

① A. J. Brace, "Presidential Address", *JWCBRS*, Vol. 7, 1935, pp. 138 – 142.
② A. J. Brace, "Historic Mountains about Chengdu", *The West China Missionary News*, June 1934, p. 8. 杜甫的原诗为：自为青城客，不唾青城地。为爱丈人山，丹梯近幽意。丈人祠西佳气浓，缘云拟住最高峰。扫除白发黄精在，君看他时冰雪容。
③ A. J. Brace, "Tu-Fu, China's Great Poet", *JWCBRS*, Vol. 6, 1933 – 1934, p. 266.

让风水黯然失色。①

《论祖先崇拜的基督教化》内容要点：《礼记》是教育孝子贤孙的一部伟大的纲要，中国人信奉"天下一家"的大一统精神和传统的"五伦"概念，即父子有亲、兄弟有序、夫妇有别、朋友有信、君臣有义。汉族的祖先崇拜跟印度的坦陀罗崇拜和藏族的苯教信仰有共同之处，后者在修行瑜伽、凝神屏气时都能"看到遥远的思想和逝者的灵魂"。与西方人相比，如何"准备死亡"对中国人有不同的含义，这不仅意味着精神上的准备，还包括物质上提前预备好棺木和寿衣。在远古中国，皇室成员让侍从活人陪葬，达官贵人用木头、金属或陶制的模型陪葬，现代人葬礼上烧纸钱，甚至烧纸汽车。在汉藏交界的打箭炉，诸葛亮教会了当地人做馒头替代"蛮头"，即野蛮人的头颅，替代祭祀的牺牲。到底什么是祖先崇拜深层的内在动因呢？中国人普遍相信逝者需要生者的支持和照顾，而生者随时被逝者从另一个世界所关注，两者由虔诚孝道联系到一起。祖先崇拜认同本族而排斥异族，是家族的内部事务。生者和逝者同属家庭成员，死亡不会造成分离，永生长存是确确实实的。祖先神灵具有神奇的力量，能时时与后代沟通感应，庇佑儿孙。真正孝顺的孩子，他们的言行作为，都会像是逝去的先人们在看着他们一般。正如孔子所说，"事死如事生，事亡如事存"。祖先崇拜的研究属于社会人类学的范畴。只有真正了解祖先崇拜的实质，才可能对中国这一广为流传的习俗拥有"文化上的感同身受"，才能使中国的基督教徒们从中受益。传教士们应该通过教育实验、帮助鼓励，用社会人类学的方法最终解决祖先崇拜之争。②

《中国古代战略战术》内容要点：波斯、埃及、希腊、罗马都曾留下丰富的军事遗产和英雄故事，但是他们的帝国和文明全都烟消云散了。保守的中国至今犹存，到底是什么秘诀使得中华文明无与伦比地长久流传呢？有人说是"因为中国人从事农业而且热爱和平"，但中国人的战争史和征服史也长达4000多年。事实上，军事策略通常混合了政治和哲学的考虑。孔夫子主张维持和平的唯一方法是准备战争，"战阵无勇非孝也"。火药在汉朝末期为中国人所知，首先是用于制造烟火，后来才将其运用于军事。早期的阿拉伯历史学家将火药称为"中国雪"或"中国盐"。火药由中国传入阿拉伯，又由阿拉伯传入欧洲。公元前623年的城濮之战尤其令人难忘，因为晋国的一位将军用虎皮覆盖在战马身上吓唬敌人而取得了胜利。城濮之战的战术是想方设法让对手不寒而栗，在心理上打垮对方。中国古人所采纳的另一种有趣的策略是定约会盟。最有名的一次会盟是公元546年前的"晋楚弭兵"，晋、楚、齐、秦等强国聚在宋国订立盟约，春秋争霸战得以暂停。这次会盟本质上类似现代史上在荷兰海牙召开的国际和平会议。此外，中国古人还不遗余力

---

① A. J. Brace, "Chinese Geomancy or 'Fung Shui'", *The West China Missionary News*, June 1924, pp. 18 – 26.

② A. J. Brace, "Christianizing Ancestor Reverence", *The Chinese Recorder*, Vol. LXIV, December, 1933, No. 12, pp. 786 – 793.

地修筑伟大的军事工程,最有名的当数大运河和万里长城。①

四、结语

加拿大传教士布礼士从 1912 年入川到 1936 年返回多伦多,在华时间长达 24 年。在此期间,他不仅担任基督教青年会的总干事和华西协合大学的文科教授,还参与创立了成都双周俱乐部和华西边疆研究学会。作为这些机构的发起人和主要负责人,布礼士展示出较强的领导才能和组织能力。他数次参与川西北以及康藏地区的实地考察,以科学的态度记录考察结果。为了更好地传播基督教,精通汉语的布礼士还非常重视汉学研究,第一次将杜甫的《草堂诗集》英译出版。布礼士的一系列社会活动和学术研究主观上虽是为了用十字架征服中国,客观上却为华西边疆研究作出了积极的贡献。布礼士被后来的西方学者誉为"华西边疆研究的先驱",他的学术成就对今天的学界仍具有一定的借鉴意义。

A. J. Brace and West China Border Research

Zhu Yaling

(Center for Tibetan Studies of Sichuan University, Chengdu, 610065)

Abstract: As a pioneer anthropology missionary, A. J. Brace had made a significant contribution to West China Border Research in early 20th century, and was highly respected by western scholars. However, the domestic academic circles have few articles about him. Based on Brace's articles in *Chinese Recorder*, *West China Missionary News*, *Journal of West China Border Research Society*, and other related documents both in English and in Chinese, this paper aims to do a research on his field work and academic study. Objectively Brace's research played a role as a bridge between Chinese and Western cultures, and promoted the western Sinology to a certain extent.

Keywords: A. J. Brace; Missionary; West China Border Research; Sinology

---

① A. J. Brace, "Military Strategy of the Chinese in Early Times", *The West China Missionary News*, June 1923, pp. 5 – 9.

边疆学学科建设

本栏目主持人：孙宏年，中国社会科学院中国边疆研究所研究员

主持人语： 对于边疆研究人员来说，建构有中国特色、中国气派和占据一定理论高度的边疆学，是业内研究者多年所憧憬的一个目标，同时也是一项十分艰巨和繁复的工作任务。中国边疆学要确立起来，离不开几代人排除万难的不懈努力。本辑本栏目所选登的两篇论文，一篇是资深专家孙勇的《建构边疆学和学科体系的学理整合思考》，一篇是学界新锐熊芳亮的《难以"同归"的"殊途"：民国"边疆/民族"研究中的"派性"与"派系"》，两篇论文看似不太搭界，但却都道出了学术研究的艰辛。《建构边疆学和学科体系的学理整合思考》一文从某种意义上讲，是作者多年埋头边疆研究的观点与主张的聚合，将其响应者无几，但又坚持主张建构一般边疆学的缘由进行了学理解构，针对二十多年对边疆学研究的历程，用跨学科的方法进行了跨学科的分析，突出了边疆理论中哲学思考的蕴涵，指出了一种有别于他人的研究门径，其苦心孤诣，可见一斑。需要指出的是，孙勇教授与一些同仁近年来提出的"建构一般边疆学"之倡议和实践，有空谷传音之感，研究之路布满荆棘，行进艰难，需要得到同道人士的理解。本栏目的《难以"同归"的"殊途"：民国"边疆/民族"研究中的"派性"与"派系"》一文，挖掘出别人不大注意或者有意舍弃了的史料，将民国时期边疆研究之中所发生的门户之争展示出来，指出当时不正常的学术生态败坏了学人风气和学科旨趣，让民国时期的"边疆/民族"研究作茧自缚、病入膏肓，只有打破老套方有新的出路。这两篇论文以完全不同的内容，阐释了相同的道理，破除窠臼，革故鼎新，是边疆理论研究走向未来的命门所在。

建构边疆学和学科体系的学理整合思考

——形而上视角的边疆学探究合论*

孙 勇**

（四川师范大学四川文化教育高等研究院，成都，610068）

摘要：任何学科或理论在确立自身的体系之前或确立过程之中，都试图反映与揭示自然界或人类社会某一领域的基本形态与本质，更是试图将人类思维成果体现在该学科和理论发展演化的历史阶段和规律之中，以解决好学术逻辑与事实逻辑的一致性问题。从认识论的角度看，科学哲学与发生学的方法，可以是追溯边疆学成因的一种工具，亦可以是建构边疆学的一种方式；而隐喻理论的科学哲学内涵，则有助于相关研究人员检视国内外学界建构边疆学的过程，以情境语义学解悖边疆研究的悖论，也应该是从认识论解读研究对象的一种方法与方式，这些研究手段所围绕的一个指向，就是寻求边疆学跨学科研究的跨通。从这个意义上讲，对边疆理论的研究尤其是提升到边疆学层面的研究，须将研究对象置于跨学科的多层多维的把握上。

关键词：科学哲学；发生学隐喻；情境语义；边疆学；跨学科

近些年，"交叉研究""跨学科研究"的学术主张进入人文科学研究领域，并成为史学、法学、学术专著解构等研究的一种方法。中国大陆学界近年来对历史研究、中国法制史研究、马克思《资本论》发生学的研究等皆是例证。[①] 本文在简述近三十年边疆学研究情况之后，从科学哲学的基本要义出发，尤其是从发生学方法和隐喻理论解构，以及情境语义学解悖的角度，试综合整理笔者连续发表于《中央民族大学学报》上的几篇拙文，即

---

* 本文是作者应汪洪亮教授之邀，将三年来所发表的几篇相关论文进行整合，在加入了一些新的心得体会之后，纳入《华西边疆评论》第六辑，并收入《近代边政与边疆社会文化研究》一书之中。

** 孙勇（1956— ），男，祖籍河北，四川师范大学教授，西藏民族大学硕士生导师，长期在边疆地区工作，曾任四川大学教授、四川大学边疆研究中心研究员、涉藏问题研究中心主任；担任过国家社会科学基金重大招标项目首席专家；主要从事西藏社会经济发展研究、边疆问题和理论研究。

① 参见张乃和《发生学方法与历史研究》，《史学集刊》2007年第5辑；王海军《发生学方法与中国法制史的研究》，《中南大学学报（社会科学版）》2010年第6期；许光伟《保卫〈资本论〉——经济形态社会理论大纲》，社会科学文献出版社2014年版。

《建构边疆学中跨学科研究的有关问题探讨——如何跨通边疆研究学术逻辑与事实逻辑的一致性》和《建构边疆学的底蕴以及相关问题续探——再论建构边疆学的跨学科研究》中的研究思路,以及2018年夏天撰写的《边疆研究的共性与个性》《时空统一下的边疆》《一般边疆学视域下的互联网疆域与边疆》等文中的部分观点,以请教方家。

一、中国大陆学界建构边疆学命题导语

国内近三十年边疆学学科建设的大致情况,可概括为中国大陆学界在边疆理论研究中一直追求建构学科自身的理论体系。为此,1992年邢玉林先生提出要建立"中国边疆学",并且在论述了"中国边疆学研究的前提或基础"之后,对这个命题进行了"中国边疆学的社会功能""繁荣中国边疆学研究的途径"的阐释。邢玉林认为"中国边疆学是运用马克思主义的世界观和方法论揭示中国边疆及其硬系统和软系统及其形成、演变和发展规律以及中国边疆及其各系统相互关系的科学"。[1] 其后,马大正、方铁、周伟洲等学者纷纷撰写文章,对"中国边疆学"的研究对象、内容体系、研究方法等展开论述,从而引发了国内对边疆学学科如何建立的讨论。学人们所用的词语包括"构筑""建立""建设""构建""建构"等,尽管词义有所不同,但研究者使用时的中心意思都很接近,即通过跨学科研究方法,使一门应时而生的边疆学学科产生。

马大正先生认为,"中国边疆学是一门研究中国边疆形成和发展规律的多学科交叉的边缘学科"[2],这个学科研究领域应该包含基础研究与应用研究等方面。方铁教授指出,"中国边疆学以中国边疆地区的历史与现状为研究对象",具有"基础研究与应用研究并重、边疆理论与治边实践并重、边疆历史与边疆现实并重、人文社会科学与自然科学结合、研究成果既有学术意义也有应用价值等特点"。[3] 周伟洲先生将中国边疆学的发展历程,按照清末、民国、新中国的改革开放不同阶段划分为三个时期,其认为进入21世纪,学界就边疆研究体系构筑达成了基本共识;……针对构建现代中国边疆学的问题,周教授提出了迫切需要做的七个方面工作,赞成通过争鸣与相互探讨,尽快在一些重大理论问题上取得基本一致的意见;其还认为应更加重视和加强边疆现实问题的研究[4]。

马大正先生在近期按照其提出的学科构建三原则[5],将"中国边疆学"分为中国边疆历史学、中国边疆政治学、中国边疆经济学、中国边疆人口学、中国边疆文化学、中国边

---

[1] 邢玉林:《中国边疆学及其研究的若干问题》,《中国边疆史地研究》1992年第1期。
[2] 马大正:《关于中国边疆学构筑的几个问题》,《东北史地》2011年第6期。
[3] 方铁:《试论中国边疆学的研究方法》,《云南师范大学学报(哲学社会科学版)》2008年第5期。
[4] 周伟洲:《关于构建中国边疆学的几点思考》,《中国边疆史地研究》2014年第1期。
[5] 马大正在2016年出版的《中国当代边疆研究1949—2014》一书中,提出的构筑"中国边疆学三项原则"是:学科门类研究古今贯穿、边疆理论研究先导、基础研究与现实的应用研究相结合。

疆地理学、中国边疆民族问题研究七大部分；之后，这一划分引起了业内不同的反应。

与此前后时间，刘逖、厉声、邢广程、李国强、吴楚克、林文勋、郑汕、周平、杨明洪、张云、王欣、孙宏年、王春焕、吕文利、宋培军、袁剑、段金生、徐百永、冯建勇、朱碧波、孙保全、朱金春、赵泽琳、孙勇等也对中国边疆学学科建构提出了自己的意见和建议。有的学者著书立说，写出了《中国边疆政治学》《中国边疆学概论》《中国边政学新论》《中国边疆经济学》《国家战略下的大边疆战略研究》等专著，在这些著作之中，亦对边疆研究的指导思想、理论方法、研究体系建构等提出了各自的见解。需要指出的是，在如何建构边疆学乃至最基本的边疆概念等问题上，业内的研究直到现在也没有达成基本共识①。

近三十年来，建构"中国边疆学"的命题一直是中国大陆学界相关学科的专家们探讨的主题。进入21世纪，学者们建构该学科的讨论有三个指向：一是建构"中国边疆学"是理论发展与现实需求的必要之举；二是交叉学科、多学科与跨学科的研究视角与研究方法是"中国边疆学"学科建构不可或缺的部分；三是强调"中国边疆学"建构既要进行理论研究同时也要面向现实问题。这三点表明了相关学者对于建构"中国边疆学"的基本认识，也从一个侧面表明了近些年中国大陆学界在边疆研究以及学科建设方面认识上的总体进展。但边疆学很长时间仍未作为"学科"确立，原因或如人们经常归纳的，中国当代问题的原因"一是体制机制问题，二是人才使用问题，三是业务资金问题"等。毋庸讳言这些因素都是存在的。但从建立一个学科的视角看，最关键的问题是研究者对边疆学学科建构如何把握的问题。

有学者认为，一个真正的成熟理论并不只专属于特定的国度，而是可以为多个研究与被研究的对象所用②。边疆理论本质上具有"普遍性的猜想"和"确定性的寻求"，其学科的底蕴应当是"唯理论的知识见解"。学科是科学知识体系的分类，不同的学科意味着不同的科学知识体系，边疆学若能成为一门学科，必然要有这个学科的体系。一个学科体系的被承认，对于该学科的产生和发展是极为关键的。"中国边疆学"的学科建构之所以进展缓慢，有更深层次的原因。其中除了中国边疆研究的传统路径的影响，诸如传统的中国边疆研究以史地研究为主，偏重历史而忽视现实，侧重事实呈现而忽视理论建构……毋庸讳言，对学科发展与建构规律的认识不足应该是一个重要原因。正如许多学者指出的那样，边疆研究的一个重要特点就是多学科、跨学科的理论与方法被应用到这

---

① 方盛举：《新边疆观——政治学的视角》，《新疆师范大学学报（哲学社会科学版）》2018年第2期。该文作者也认为对基础性的研究仍难以达成共识；在庞杂的研究成果中对"什么是边疆"这个基础理论问题始终存在着见仁见智的分歧，难以达成共识。

② 在2015年底和2016年初有关边疆研究的论坛上，四川大学社会发展与西部研究院的学者曾提问："中国边疆学"的范畴只针对"中国边疆问题"，还是包括除中国之外的非中国的国家边疆？亦即中国边疆学的内涵仅仅是个特例？还是具有普遍性？如果不是特例，那么就与其他国家具有共性，然而为何要叫作"中国边疆学"？

一领域，这有助于深化对"边疆"的多元认识，但也有可能形成其他学科在边疆研究这一领域的延伸①，这是建构边疆学研究方式方法所面临的一个难题。二十多年来，随着讨论的深入，有的研究者提出了应该有一般边疆学的命题②。在建构一般边疆学（General bian jiang science）的进程中③，一些研究者用中国式的学术话语对边疆作了一个阐释性的定义：边疆是人类对各自划分疆域的认定与保有，以及同时可以具有交互作用的边缘空间，该空间随着人类的历史不断发生着变化，边疆具有时空的统一性。换言之，"边疆"（bian jiang）④ 来自人类群体活动疆域的（无论是陆疆的、海疆的，还是天空的、太空的，无论是实在的还是虚拟的）分割和再分割，即在有限的地球空间之中，对"疆域边缘"的划分与划定，在划分之中产生了"边疆"博弈的介入与反介入、认定与反认定等活动，在划定之后又产生了扩张与收缩、整固与分离等活动。这些活动即为政治、经济、外交、军事、法治、社会治理等国家行为体（有时也包括国际体系组织、社会一般组织、民众以及个人）的一系列行为。所谓边疆、边疆战略、边疆理论包括边疆学等概念，都来自人类的这种对疆域的实践活动⑤。这个实践活动，集历史与现实为一体又指向未来。边疆不仅是一个空间的概念，它还附着于时间并变化。

笔者认为：人类国家的所有边疆，都具有物质属性与社会属性，其中最基本的依据，是所有生物必须获取生存资源才能保证繁衍与发展。恩格斯曾经指出，由于人的物种来源决定了人是有动物性的，无非是在社会行为中体现动物性的多少而已⑥。在这里给我们的启示是，从一般群居哺乳动物都有占据资源圈行为的基因遗传性上看，人类所具有的动物性反应在空间上的表现与一般群居哺乳动物一样，对凡是能够利用的空间都有群体划疆划界的行为，参与这种行为的活动主体即行为体不断增加，于是疆域与边疆的现象就出现了介入与反介入、认定与反认定，在划定之后又产生扩张与收缩、整固与分离等活动，这些活动是具有连续性的，与空间一道构成了历史。为此，学界建构边疆学，应该注意学术逻辑与事实逻辑是否一致。即解决"在理论自身之中可以成立，却不能对应解释已经和正在发生的边疆现象，也不能揭示未来会出现的边疆现象"这样的问题。例如，国别边疆学不能解释为何你的边疆问题就不是别人的边疆问题；再如，强调建立在某单科平台上的边疆

---

① 朱金春：《学科"殖民"与建构中国边疆学的困境》，载《华西边疆评论》第三辑，民族出版社2016年版。
② 孙勇、王春焕、朱金春：《边疆学学科构建的困境及其指向》，《云南师范大学学报（哲学社会科学版）》2016年第2期。在这篇论文中，我们明确提出了要建构一般边疆学。
③ 近几年来我们所做的建构一般边疆学的工作，包含着云南大学杨明洪教授、四川大学朱金春博士的意见和建议，朱金春博士早就直接参与到了这个工作之中，从2013年起一道写作《国家战略下的大边疆战略研究》，就一般边疆学的对象、内容与方法进行过研究。
④ 汉语拼音，即汉字边疆，在一次研讨会有学者提出，西文的borderland、frontier等在他们的语境之中都有多种含义，若直接用汉语的发音bian jiang，中国边疆学可以有自己的定义。
⑤ 孙勇：《国家战略下的大边疆战略研究》，四川大学出版社2017年版，第18页。
⑥ 《马克思恩格斯选集》第3卷，人民出版社1972年版，第140页。——"人来源于动物界这一事实已经决定人永远不能完全摆脱兽性，所以问题永远只能在于摆脱得多些或少些。"

学，难以揭示不在该学科内的诸多的边疆现象，……这就是学术逻辑的一致性没有达于事实逻辑的一致性问题。在某一个单科理论的论证之中可以自圆其说的，一旦不能阐释同类问题，即没有达到两个一致性的叠合。这在多年来建构边疆学进程之中，是一个难以破解但必须破解的难题。

由此简言之，学界需要建构一个一般边疆学，犹如有了一般（普通）逻辑学，再有刑侦逻辑学、犯罪逻辑学、心理逻辑学……以此类推，亦即一个学科和学科体系能够立足，须体现出人类知识体系建构的图谱（Knowledge Graph）性蕴含，应该将一个完整的学科体系建筑在元理论（metatheory）研究、"源理论"（theoretical sources）以及"库理论"和"流理论"的研究（source-sink-translocation theory）之上①。毋庸讳言，这是我们建构边疆学和学科体系所遇到的最大瓶颈——业内很多研究者尚未认识到这一问题，如何建构边疆学的论题难以深入进行。

个人认为，一般边疆学可以把国别性的边疆研究提升到普遍的有价值的边疆研究上，因此具有认识边疆现象的思想属性与学理普适性，对人类社会的边疆现象进行尽可能追踪似的不断的研究并揭示出其规律性。从一般边疆学研究的对象看，人类对生存空间的活动，无论其属性如何，必定反映出人类疆域划分行为的规律性②。随着科学技术的发展，人类活动朝着更多的疆域持续扩展，疆域和边疆的泛化是必然的，这是一个客观的事实，它体现了人类活动的一种规律性。例如，随着科学技术的发展，互联网空间已成为国家继陆、海、空、天自然疆域之外的第五领域。互联网的扩展和划分以及对主权的认定，与人类社会以集团行为拓展和认定疆域范围有着高度的相似性，致使互联网的空间产生了边疆现象。互联网疆域的问题进入了各大国战略布局中。为此，中国明确了网络主权不可侵犯的原则。中国国家决策层的这个态度，已说明了世界性的边疆现象的泛化，这应当也必然要导致边疆理论的跟进，这是由各个大国边疆实践的事实所决定的，中国学界的边疆研究应破除窠臼，不再固守某个学科的背景而视实际情况于不顾，不能自设命题的圭臬，止步不前。无论是陆疆、海疆、空疆还是外空疆等空间，甚至包括人类对自己构建的互联网这个非自然性的空间，也有着人类自身活动规律性的体现③。清醒地看到国家所需，构建具有学术性与适用性相结合的边疆学，是相关研究人员的一个责任。业内研究者一旦能够明确地认识到这个道理，对建构边疆学和学科体系这一命题

---

① 在元理论即形而上的思考和指导下，笔者与同道者认为中国大陆学界现有的边疆政治学、边疆经济学、边疆安全学等先期出现的次级学科应该属于"源—库—流理论"的范畴（source-sink-translocation theory）；而西方学界很早就认识到不经过"元理论"的检验，"源理论""库理论"以及"流理论"会产生很多的缺陷，被证伪的成分很多。——四川大学社会与西部发展研究院2016年春季边疆学圆桌研讨会后研究者内部再讨论的一个观点。
② 王春焕：《关于边疆学研究对象和主要内容的思考》，载《华西边疆评论》第四辑，民族出版社2017年版。
③ 孙勇与同仁近期特地按照一般边疆学的研究对象对互联网的空间问题进行了研究，论文《一般边疆学视域下的互联网疆域与边疆——兼议国家网络主权的设置依据》已经成型。

的视域必会有极大的拓展。

二、科学哲学对建构边疆学和学科体系的引领作用

科学哲学（philosophy of science）是从哲学角度考察科学的一门学科。它以科学活动和科学理论为研究对象，主要探讨科学的本质、科学知识的获得和检验、科学的逻辑结构等有关科学认识论和科学方法论方面的基本问题。一般说来，科学哲学研究的是科学的本质、科学的合理性、科学的研究活动、科学方法论、科学认识论、科学的逻辑结构、科学发展的规律等，因而它与哲学的许多学科如形而上学、认识论和逻辑学有着密切的关系。以科学哲学为指导，解决研究之中学术逻辑和事实逻辑一致性的问题[①]，对于建构边疆学是一个新的明确的门径。

哥德尔（Kurt Gödel）是 20 世纪著名的数学家、逻辑学家和哲学家，其最杰出的贡献是哥德尔不完备定理。这个定理提出了"系统内总会存在一个不可判定的真命题、一个系统的正确性不能由这个系统的公理得到证明"的判析。哥德尔定理实际上也指出了从 20 世纪三四十年代到今天的边疆学建构的症结所在。在史学或民族学框架内的真命题，却很难将边疆的政治、经济、社会、文化、法治、军事等急切现实问题以及未来的指向性问题说清楚，更是难以对诸如虚拟世界的意识形态、网络、金融、经贸通过人工智能等划出来的疆域与边疆现象说清楚。换言之，从哥德尔不完备定理来看，史学、民族学本系统的正确性不能由本系统的公理来证明，更难以将一科的"公理"用于建构边疆学。中国的边疆研究，不打破"史学囹圄"[②]，边疆无论是 borderland 还是 frontier，仅以为史地研究、民族研究的平台就可以建构广义的边疆学，是不可能取得实质性进展的，从邢玉林到马大正等著名学者多年前就呼吁要进行跨学科研究的真意，恐怕也难以在边疆学学科建设上得以体现。

波普尔（Karl R. Popper）[③] 作为科学哲学大师，认为观察的结果与预测之间，存在两种可能，一是相合，二是相悖。相合时，这一社会理论就可以继续指导社会行为；相悖时，就应该抛弃旧有理论提出新的理论，进入下一轮的假说检验。所以"猜想与反驳"通过证伪不断推进科学包括各个学科建设的发展。"按照波普尔的证伪主义思想，反常就是

[①] "学术逻辑一致性和事实逻辑一致性"的含义与"逻辑与历史的一致性"是可以互换的。吴定求等在《中国人民大学学报》1995 年第 2 期《论逻辑与历史的一致性与非一致性》的论文中指出：在这里不仅是指客观现实的历史发展过程，亦指反映客观现实的人类认识的历史过程；所谓逻辑不仅是指人的思维对上述历史发展过程的概括、反映，即历史在理论思维中的再现，亦指这种反映和再现的方式。所谓逻辑与历史的一致，主要是指思维的逻辑与客观现实的历史以及思维的历史相一致。

[②] 乐嘉辉：《特纳边疆学说中的扩张理论对美国外交政策的影响》，《中央社会主义学院学报》2004 年第 5 期。

[③] 卡尔·波普尔（Karl R. Popper, 1902—1994），是当代西方最著名的科学哲学家和社会哲学家，代表作为《猜想与反驳》。

证伪，反常一经出现，原有理论内容即被证伪。"① 另一位科学哲学大师库恩（Thomas Samuel Kuhn）②不完全同意波普尔为科学知识增长划定的千篇一律的方法论以及"猜想与反驳"的图式。库恩认为：第一，根本没有超越历史的适合于一切时代的方法论准则；第二，以往科学史上的每一次重大发现都碰到许多反例，但并没有因被"证伪"而夭折；第三，科学发展模式是"阶段革命"论，即科学的增长总是通过常规科学时期的量的积累而进入科学革命时期非连续性的质的飞跃。此外，库恩还认为科学发展不是始于问题（problem）而是始于难题（puzzle）③。这与我们所要研究的边疆学的建构何其相似！一是近十多年的新边疆现象是传统边疆理论解释不了的，或至少是解释起来有着很大局限的，这即是"反常"或"相悖"，换言之已经被证伪；二是进入21世纪的中国边疆研究，已经不是一般的问题研究，而是大量难题的研究。目前边疆研究最大的难题，在于"边疆"随着各国博弈的进展，早就不再局限于陆疆的接壤地带，海疆、空疆的已知和未知问题交替出现，在此基础上又产生了外空疆问题，同时随着科技的快速发展，虚拟的疆域如互联网、跨国金融、意识形态领域等相继也产生边疆现象，传统安全与非传统安全的问题此起彼伏，而所有这些疆域和边疆问题，都作用于各个大国在地理边疆的介入与反介入、认定与反认定、整固与反整固等问题上，传统的边疆观与边疆理论试图用史地研究、民族学研究来建构一种理论体系，是根本不足以解释这些问题的；而包罗万象地把研究边疆现象笼统称为"中国边疆学"的做法，也面临着不能适应形势发展的窘境。因此，我们亟待建立一般边疆学，不仅从学术逻辑上达成一致，而且要从事实逻辑上达成一致，将古今中外和未来的边疆现象在学理上说清楚。

需要注意的是，库恩对科学发展持历史阶段论，对波普尔的"证伪"理论具有修补的作用，他认为每一个科学发展阶段都有特殊的内在结构，而体现这种结构的模型即"范式"。范式通过一个具体的科学理论为范例，表示一个科学发展阶段的模式，如亚里士多德的物理学之于古代科学，托勒密天文学之于中世纪科学，伽利略的动力学之于近代科学的初级阶段，微粒光学之于近代科学的发达时期，爱因斯坦的相对论之于当代科学。在不同的时代或阶段，科学研究或理论新旧范式的转换是整体性的转换，推动或完成这种转化即意味着科学的进步。库恩非常明确地指出范式在一般情况下的转换不具有"通约性"，竞争的范式之间要么是彻底的改变，要么根本不变。这主要由看问题的角度和立场决定，也包括知识的积淀和心理作用。

---

① 张铁山：《波普尔证伪主义思想的评析》，《漯河职业技术学院学报》2002年第1期。
② 托马斯·库恩（Thomas Samuel Kuhn，1922—1996），美国科学史家、科学哲学家，代表作为《哥白尼革命》和《科学革命的结构》。
③ 郑杭生、李霞：《关于库恩的"范式"——一种科学哲学和社会学交叉的视角》，《广东社会科学》2004年第2期。

拉卡托斯（Lakatos）[①]对科学哲学的贡献十分巨大，他在科学研究纲领（methodology of scientific research programming）的论述中，认识学科建构的方式有三个基本点：一是进步的新研究纲领（理论）能够预见新的经验事实的出现，对旧研究纲领的理论体系来说具有超越性的意义，新研究纲领（理论）更具有成长性；二是进步的新研究纲领（理论）能够从某个侧面证明新理论体系在旧的范围内也是科学的，即使是在旧的研究纲领中所指称的命题上，新的理论体系也是无可反驳的；三是进步的新研究纲领的理论体系超越旧研究纲领的部分，首先应该被学术共同体的成员所认可，其次对旧纲领理论体系的学术共同体要产生一定的说服力，然后进入整体的研究领域之中，成为一种自成体系的观点和理论。符合这三点，新的理论体系才得以产生和立足，才有可能推进理论的创新。笔者认为，建构一般边疆学要做的就是要努力符合这三点，争取形成边疆研究理论之中的"新的科学研究纲领"。

拉卡托斯与库恩大为不同的一个观点是，新旧理论在某种情况下具有"可通约性"。库恩认为不同的或竞争的范式之间是不可通约的或不可比较的，而拉卡托斯则认为竞争的研究纲领之间则是可以彼此贡献一定成分的，具有一定的"通约性"[②]。有鉴于此，我们的研究已经发现过去的边疆观与边疆理论"硬核不再能预测新颖的事实"（即旧的边疆理论虽然可以将过去的边疆研究成果保持学术逻辑的一致性，但已经不能与现在的边疆现象保持事实逻辑的一致性），例如边政学抑或是冠以"边疆学"的一些著述，为自己的论述设置了概念和定义并且划定了框架，可以在学术上自成一体，在某视域中也论述得通，但很难解释21世纪以来世界上所出现的新的边疆现象包括国外出现的新的边疆理论，这必然形不成学术研究与现实经验的一致性。这就是新旧边疆观和新旧边疆理论"不可通约"的部分。而无处不在的辩证法这个时候就显示出来——事物所具有的两面性是相反相成的。一般边疆学即使出现了与其他边疆学范式"不可通约性"的情况是极有可能的，但建立在前人研究基础上的一般边疆学从知识积累的角度看，例如在地理边疆的范畴中"可通约"的部分在客观上是存在的。

通过对哥德尔、波普尔、库恩等理论尤其是拉卡托斯科学哲学的梳理和相对的解构，对提高我们思考能力很有启发。拉卡托斯的科学研究纲领的体系论述，为我们的研究提供了一种哲思下的方法和方法论。跨学科并不是多个学科的简单拼凑，交叉研究并不是多个学科简单的穿插，肤浅的和不融通的"跨学科"研究，好比在焊接几个管道的同时将原本可以连通的管道焊死，或者把原先可以连通的管道焊得到处漏水。跨学科研究要的是跨通，只有跨通研究才能搭建人类知识大厦框架，跨通就是学术逻辑一致性和事实逻辑一致

[①] 拉卡托斯·伊姆雷（匈牙利语：Lakatos Imre，1922—1974），数学家、哲学家、科学哲学家。
[②] 对拉卡托斯和库恩部分观点的阐释，来自2010年一次学术研讨会一位学者的手写残页，没有注明出处，这里引用如果有侵权的嫌疑，请原作者与笔者联系。

性的相合，两者达于通融而提出假说，是一种知识体系产生基本隐喻、概念原型、范式或模式的条件。如人们熟知的马克思主义政治经济学，就是自身的学术逻辑一致性与历史（事实）逻辑一致性相合的产物。

一般边疆学的建构，应当依托于科学哲学的基本原理展开，从证伪和假说视域梳理过去边疆研究成果，以哲思引领探索建立新的研究范式。而在边疆学的建构过程之中，研究者需要大体明了建构的架构，以及所要看到的基本研究方法，同时需要在建构的活动中，通过学术共同体的努力，最终完成对一般边疆学与学科体系作为一门学科的逻辑起点。从这个意义上讲，一种研究范式与这个学术共同体的出现有着逻辑上的等价关系，也由此出现传承关系[1]。换言之，正因为学术共同体的产生，导致了某个学科研究通过研究者们的共同努力使其产生范式且逐渐成形，并产生了对学科建构的影响力以及代际学术思想传递（见图1）。

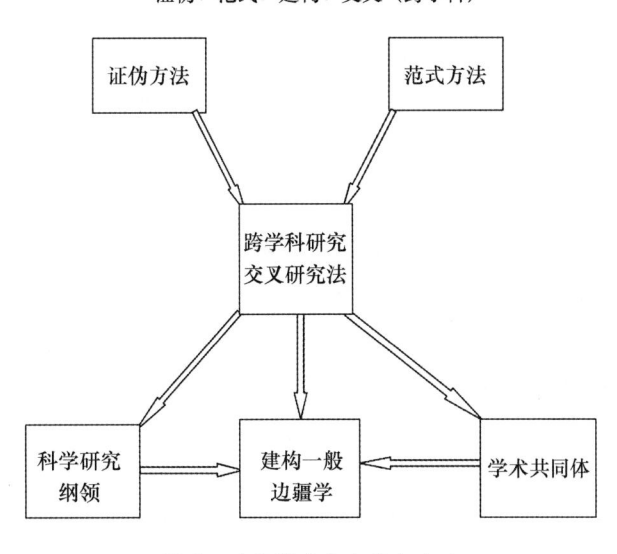

方法：
证伪、范式、建构、交叉（跨学科）

图 1 边疆学建构和基本方法

以上所叙述的基本研究方法相当于一般边疆学的方法论，是一个新学科建构最基础的方法；还有很多一般方法，在此不予赘述。

---

[1] 1962年，美国科学哲学家托马斯·库恩（T. Kuhn）在《科学革命的结构》中对"学术共同体"概念作了专门论述，指出："科学共同体是由一些学有专长的实际工作者所组成的。他们由所受教育和训练中的共同因素结合在一起，他们自认为也被人认为专门探索一些共同的目标，也包括培养自己的接班人。"

三、发生学方法和研究方式以及隐喻解析

学术界对发生学的研究由来已久,多年来在学术研究中十分广泛,从自然科学到人文科学,均有大量的成果。从源头上看发生学,这门科学起源于人们对动植物微观起源的研究,与生物学的繁殖过程研究有着直接的关系①。无论是对动物还是对植物的研究,从17世纪起西方学界探讨动植物的发生、发育和生物形态的繁衍研究,构成了近现代科学的生物学内容之一,至今仍然是自然科学研究的一个重要范畴。在这个背景下于19世纪产生的发生学,因其在认识论上的科学性以及方法上的系统性,逐渐扩展到诸多学科,乃至有学者从哲学的角度阐释发生学的形而上的认识②。有关发生学方法,中国大陆学者在21世纪有代表性的阐释认为:在研究中对自然和社会的认知对象,要以其起源和发展的过程为基础,进而把被认知的对象从初始状态中分离出来,探究研究对象发展过程的各个基本阶段和趋势③。

有学者认为,马克思早就提出了对这种方法的理解和认识④。中国大陆思想界对马克思主义的认识论有着公理性的认知,即这个认识论揭示了关于自然、社会和人的思想发展的普遍规律,为一切科学研究提供了方法论:其主要的原理体现为世界上的事物都是互相联系的,不能孤立地看问题,要按客观事物的本来面貌来认识世界,对事物发展变化要动态地看待;事物的现象与本质之间存在着矛盾,必须透过现象看本质,即抓住事物发展的规律性,才能真正认识到客观事物的真面目。毋庸讳言,在人类社会高端的认识论范畴中,这一认识的阐述是被广泛承认的。因而,发生学的系统发生方法被大多数研究人员普遍看作是历史唯物论的方法。

方法与研究方式有着必然的联系,发生学的研究方法和方式,通常将回溯事物的现象研究和展示发生的动态研究相结合以得出事物的本质内涵是什么。其回溯事物现象研究是对象研究的出发点,将研究对象的主要起因和条件作为考察的逻辑起点,再对这些起因和条件的形成和发展进行分析,其中,包括对研究对象未完成的形态与形态后续趋势作分析;在此基础上,再对研究对象之前的形态进行再分析,探寻其最本质的成因,发现规律和阐述各个现象的规律性,并沿着成因的规律性做出恰当的判断。这样的研究方法,与马克思主义认识论的方法相吻合,马克思曾指出:"反映和揭示自然界、人类社会和人类思

---

① "发生学"源自生物学领域的"遗传学"(genetics),由英国生物学家W. 贝特逊于1906年根据希腊语"繁殖"(generatione)一词正式命名的一门学科。
② 赵敦华:《杜威的进化发生学方法》,http://www.aisixiang.com/data/32094.html。
③ 顾远明:《教育大辞典》,http://10.1.1.35/kns50/crfd/detailcrfd.aspx?QUERYID=50&CURREC=1,2009年11月20日。
④ 王海军:《发生学方法与中国法制史的研究》,《中南大学学报(社会科学版)》2010年第6期。

维形式发展、演化的历史阶段、形态和规律的方法。主要特征是：把研究对象作为发展的过程进行动态的考察；有分析地注重考察历史过程中主要的、本质的、必然的因素。"①

发生学学术研究中的经验逻辑与事实逻辑，证明了这种方法是正确的。发生学产生之后的学术历程显示，这门学科已经成功地建构出了自然科学对生物研究的范式。在人文科学的研究中，也能用发生学方法建构出学科体系或推出新成果，如中国大陆学界的不少学者近几年以发生学方法开展研究，推出了学科研究的诸多成果，在人文学科的各个领域中相继取得了突破性的进展，且在今天还有着继续蔓延的趋势，这证明了发生学学科方法的科学性，也证明了这门学科方法的普适性。笔者认为，发生学对边疆学的建构也有着方法论的作用，因为从发生学的角度看边疆现象的研究，需要在对人类社会历史的过程中探查其产生与发展的整体情况，以及其中的动因、主要条件和本质原因，从而得出其历史发展的规律认识，形成我们对边疆现象的前瞻性和全局性的观察；更重要的是，当代研究者要对边疆现象的研究予以现实的学术关怀，从中发现研究对象的发展前景和趋势，与此同时对研究对象的发展前景和趋势予以科学的阐释。

在学科的学理上，判断一个事物的属性成为研究问题的起点，只有如此，人们才能更加深入地感受和感知这一事物，而在感知中不断认识被研判事物的属性，是对事物进行理性思维必不可少的环节。追根溯源，若要对边疆学的发生轨迹予以认识，需要人们在实践的过程之中得出理论的认识，即认识—实践—再实践—再认识……这样的递进过程。在笔者的拙作《建构边疆学的底蕴以及相关问题续探——再论建构边疆学的跨学科研究》②之中，给出了"人类对边疆理念认识的递进过程"这样一幅示意图（见图2）。

对这个"边疆认识进化图"，具有发生学知识背景的研究人员应该说是比较明白的，甚或是对发生学有了框架性了解的学者也不难理解图2的内涵，此图示的内容是被打上了发生学印记的一种认识，将边疆学这种知识的演化过程展示出来，能够直观地进行观察并厘清脉络。

科学哲学家波普尔（Karl Popper）认为，人类知识增长表现为科学的进步，是新的理论不断替代旧理论的过程，人类知识的完整性需要有"三个世界"的联系。波普尔在1972年出版的《客观知识——一个进化论的研究》一书中，对怎样建构一种主客观相互联系的知识体系提出了自己的看法："第一世界是物理世界或物理状态的世界，第二世界是精神世界或精神状态的世界，第三世界是概念东西的世界。"③波普尔认为人和科学知

---

① 冯契：《哲学大辞典（上）》，上海辞书出版社2001年版，第218页。
② 孙勇：《建构边疆学的底蕴以及相关问题续探——再论建构边疆学的跨学科研究》，《中央民族大学学报（哲学社会科学版）》2017年第2期。
③ ［英］卡尔·波普尔：《客观知识——一个进化论的研究》，舒炜光等译，上海译文出版社1987年版，第164—165页。波普尔在书中系统地提出了他的"三个世界"的理论，波普尔把"世界3"用来指人类精神活动的产物，即思想内容的世界或客观意义上的观念的世界，或可能的思想客体的世界。

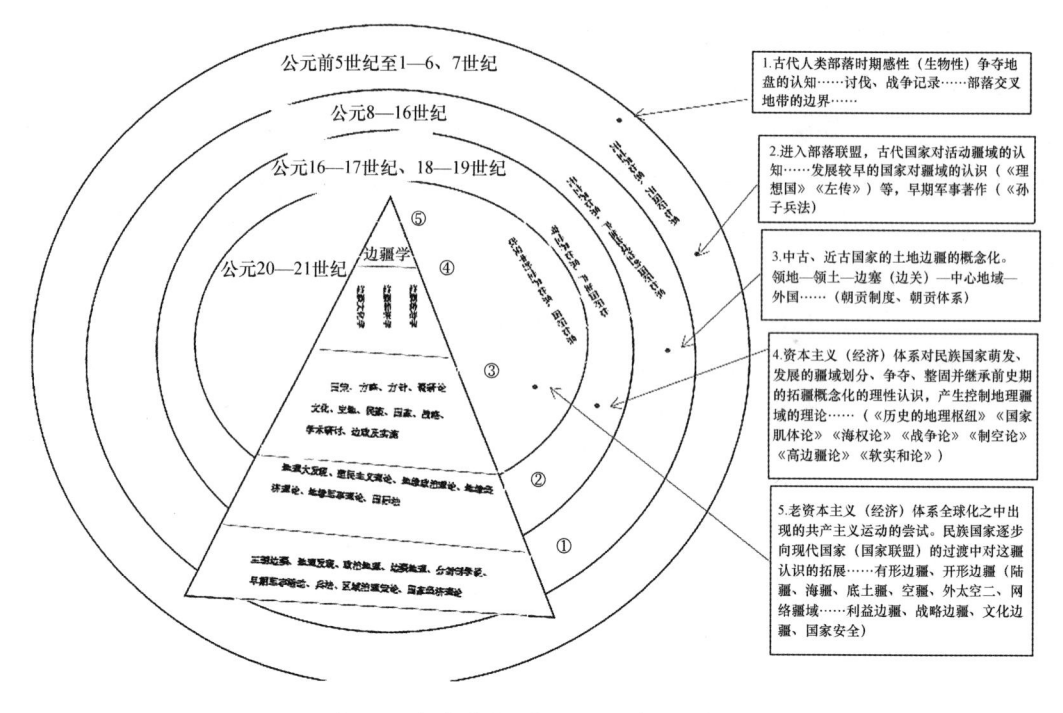

图2 人类对"边疆"认识的进化示意图

识的发展，应该都是通过这样的"三个世界"互相作用而实现的。如果看不到也不了解"三个世界"的存在和三者相互作用的关系，就不能对人及其科学知识的产生与发展作科学的理解和研究。

目前，在学界已有的边疆学建构的学术讨论中，还缺乏对这"三个世界"相联系的主动意识，殊为遗憾。研究的视野一旦贯通"三个世界"，就需要作回溯式的探源，需要以发生学的原理认识长期以来司空见惯的问题，摒弃思维的窠臼或学术门见去拓展研究领域，使边疆现象研究在探源观流的研究中，明白"元理论""源理论"与"流理论"相互间的关系①，产生洞见和发生思维的飞跃。

无论采用什么样的方法和方法论，都免不了使用概念在立论上的隐喻（Metaphor），从发生学角度看某个理论研究，同样也存在隐喻理论的解题。对"隐喻"进行学术的研究后，可以看到这是人类的一种认知方式，涉及与思维密切相关的一般认知形态，以及引发思考的哲学思辨对象之一②。

隐喻认知科学认为，隐喻所形成的推理，促成和扩展了人们对世界及自我的理解，是

---

① 笔者在《建构边疆学的底蕴以及相关问题续探——再论建构边疆学的跨学科研究》一文中，专门论述了"元理论""源理论"与"流理论"的形态和关系。
② 参见束定芳《隐喻学研究》，上海外语教育出版社2000年版，第17—18页。

非常重要的认知手段①。简言之，人文科学的学术研究中概念存在着隐喻，是目标概念域和始原概念域（Target conceptual domain and the original conceptual domain）中两个相同意象和意象图式互相映射的结果。概念隐喻理论的出现，引发了科学隐喻的研究。乔治·莱考夫（George Lakoff）和马克·约翰逊（Mark Johnson）在《我们赖以生存的隐喻》一书中首先提出隐喻对问题认知的方式。② 这两位学者把隐喻分为三类：空间隐喻、实体隐喻和结构隐喻（Spatial metaphor, entity metaphor and structural metaphor）。

富有科学哲学蕴意的隐喻理论的核心内容有：一是人类社会的隐喻既是一种认知手段也是一种阐释的方式，日常生活与科学研究中都广泛地存在隐喻；二是对问题的隐喻表达要通过一定的概念性词语表述，抽象概念通过隐喻来具体化，并加深对抽象概念本质的理解；三是隐喻是从始原域到目标域部分的、系统的映射，隐喻体现了跨概念域的系统映射，而映射系统一般遵循概念域恒定原则等。西方学界熟稔的传统是，凡是能引发哲学讨论的命题，一定会有著名学者关注其科学哲学的探讨，隐喻现象所蕴含的科学隐喻问题也不例外。中国大陆有学者早已注意到科学隐喻对于方法论的作用，并发文介绍科学隐喻问题得到了科学哲学家的关注③。

隐喻理论及其方法的提出，最先得到了语言学界、文艺理论界的重视，随之引起了认知科学界和认知哲学界的关注，在中国大陆进而延展至逻辑学研究、信息处理研究、中医学理论研究等领域，这体现了较早的研究者对跨学科研究方法的探索及运用。在中国学界的边疆研究之中，出现跨学科研究的呼声已经有十多年了，但就边疆学本身如何跨通交叉学科，一直难以深入，即使是近期在寻求方法解题的探讨中，如何跨通也未引起充分的注意。而正因为如此，在关于边疆学如何建构的众说纷纭之中，研究人员进行跨学科研究时需要拨云见日，对边疆学隐喻的"始原域"问题作再认识，辨析出哪些是跨概念域的系统映射，有没有出现映射遵循恒定原则的问题。

从这个角度看，发生学与隐喻理论在源头与源流的学术指向上，已经汇合到了一起。即两种理论都重视事物的初始形态研究，并将初始形态的成因以及发展看作是一个系统动态延伸的必然。而一个系统的动态延伸，是结构变化的过程，自然界如此，人类社会也如此，科学研究同样如此。因而，发生学的方法与隐喻理论的方法，显示出边疆学的建构不可能是某些单个学科的拓展就可以完成的，进行跨学科研究存在着必然性，需要进行跨通研究，而跨通最难的地方在于研究者有没有意识到始原域的系统映射问题。

仅就隐喻认知的形式本身来看，一般指的是人们言语中某些语词的特殊用法，往往是

---

① 李越：《隐喻的认知研究：解读〈我们赖以生存的隐喻〉》，《长春理工大学学报（高教版）》2010年第1期。
② 参见［美］乔治·莱考夫、马克·约翰逊《我们赖以生存的隐喻》，何文忠译，浙江大学出版社2015年版。
③ 郭贵春：《科学隐喻的方法论意义》，《中国社会科学》2004年第2期。

事物 X 指称暗含了 Y 事物的意义，并赋予 X 指称新的概念，进而通过对新概念的阐释达于对 Y 事物新的认知①。而在人们思维中广泛存在的隐喻，多数情况是概念化的约定以及破除老概念再形成概念化的过程②。正是在这种意义上，学科的框定以及跨学科的重新框定都是隐喻性的。

"边疆学"这一概念，在中国大陆学界的实际隐喻有四种情况：一是将所有研究边疆的文史资料予以解读，侧重在地理边疆的史料挖掘、整理、阐释进而由此抒发对现实问题的关怀；二是将对边疆所有现象的论文进行集辑，包罗万象地将学术论文、调研资料、对策研究等整理成册，以供边疆研究的机构和个人阅读学习；三是将地理边疆的各个学科研究的单项成果汇集起来形成某学科，类似于分头对问题域所涉及的政治、经济、文化、社会、民族、宗教等研究对象提出单个学科的建构，并且付诸写作成专著的行动；四是试图对边疆学学科体系的建构从原理上予以阐释，突破史地研究、边政学、民族学/人类学、社会文化学的囹圄，在问题域和靶域的集合上找到所有边疆现象的交集，并对这些交集作具体分析和提出新的概念，以形成新的理论③。

恩格斯说过："一门科学提出的每一种新见解都包含这门科学的术语的革命。"④ 恩格斯的这句话，是从经济思想史和经济学理论体系上评价《资本论》的科学成就时所讲的，但精辟地将所有学科术语（或概念）的生成与发展作了概括。这个概括，也对中国大陆学界的"边疆学"术语使用具有揭示隐喻认知前提的意义。上面粗略叙述的目前中国大陆"边疆学"的四种情况，前两种"边疆学"隐喻是"概念化的约定"在不同阶段的反映，后两种"边疆学"隐喻的是"破除老概念再形成概念化的过程"。笔者在相关论文所给出的图示（见图 3），也显示了运用这种方法的认识。

通过图 3，研究者能够分析出最后的一种"边疆学"概念，隐喻了"跨概念域的系统映射，并遵循映射恒定原则"的解题方法，一旦解题成功，出现边疆学跨概念域的系统映射，则意味着边疆学这个术语概念的内涵会有革命性的变化。

在新的边疆观和边疆理论的问题域和靶域之中，边疆学研究的对象可以分为三个层次：一是人们对疆域边疆时空统一性的感知，包括从语词、概念、哲学思辨等方面的研究；二是人们对疆域边疆具体形态的认识，包括陆疆、海疆、空疆、外空疆等可见疆域以及互联网等虚拟疆域的研究和分析；三是人们在人文地理的基础上对疆域边疆政治、经济、文化、

---

① 在隐喻认知研究中对"时间就是金钱"这一隐喻的阐释是个例证：时间 X 的指称暗含了"价值"Y 的意义，这里对"时间"概念的理解，是通过"金钱""有限资源""有价商品"去实现的，形成了对新概念的认知。

② 莱考夫和约翰逊（1980）根据始原域的不同，提出结构隐喻的意义，始原域的特性映射到目标域上，形成其部分特性，而目标域的其他特性是由其他始原域的特性扩展的。结构隐喻通过一个结构清晰、界定分明的概念去构建另一个结构和定义模糊或缺乏内部结构的概念。

③ 参见孙勇《建构边疆学中跨学科研究的有关问题探讨——如何跨通边疆研究学术逻辑与事实逻辑的一致性》，《中央民族大学学报（哲学社会科学版）》2016 年第 3 期。

④ 中央编译局：《马克思恩格斯全集》中文第一版第二卷，人民出版社 1957 年版，第 34 页。

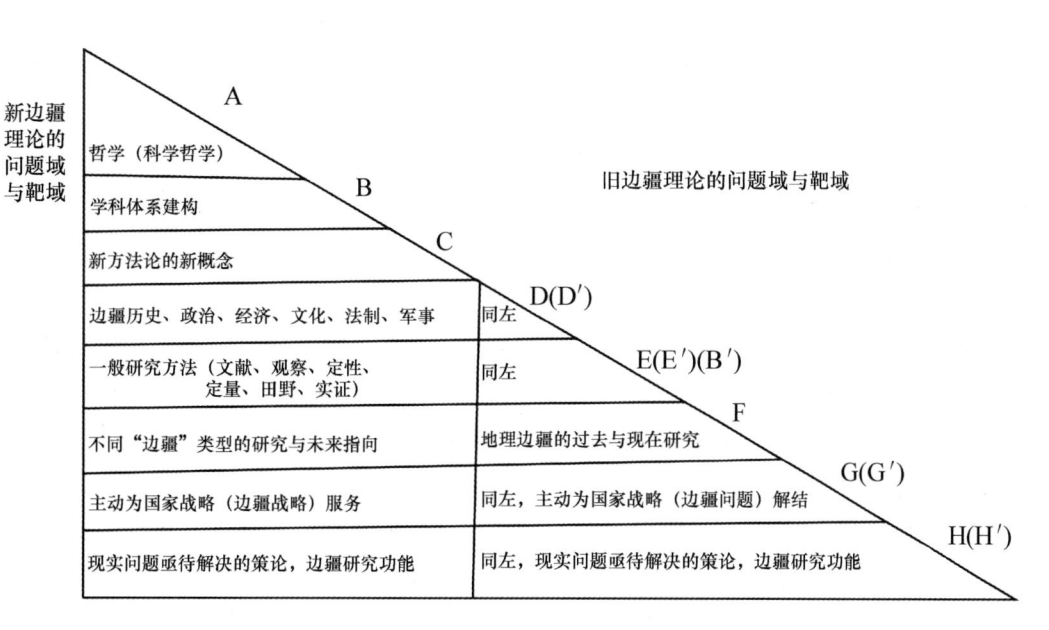

新边疆理论的问题域与靶域		旧边疆理论的问题域与靶域
A 哲学（科学哲学）		
B 学科体系建构		
新方法论的新概念	C	
边疆历史、政治、经济、文化、法制、军事	D(D′)	同左
一般研究方法（文献、观察、定性、定量、田野、实证）	E(E′)(B′)	同左
不同"边疆"类型的研究与未来指向	F	地理边疆的过去与现在研究
主动为国家战略（边疆战略）服务	G(G′)	同左，主动为国家战略（边疆问题）解结
现实问题亟待解决的策论，边疆研究功能	H(H′)	同左，现实问题亟待解决的策论，边疆研究功能

图 3 新旧边疆理论的问题域与靶域

社会、法治、军事等控制活动的考察和学理判定，包括既有有形的地理疆域边疆，又有无形的文化扩张、国际法规制，以及互联网等疆域边疆问题的研究。这三个层次在近几十年通常是隐形的和交叉的，并没有十分清晰的界限，只是由于到了一般边疆学学科建构阶段需求而作的划分。总之，在经过了哲学思辨之后，以系统论、耗散结构论、信息论、控制论、协同论、突变论等方法打通跨学科研究的"管道"，实现跨通研究，边疆学的问题域和靶域将是很丰富的，能够对不同国家古往今来和未来的边疆现象以及趋势予以阐释。

四、对发生学以及隐喻理论的哲学思辨认识

在"中国现代外国哲学学会年会2004"上，北京大学赵敦华教授在其论文《杜威的进化发生学方法》中解析了胡适在早期翻译的错误，并且将杜威（John Dewey）的发生学方法的哲学思辨作了深入的阐释。据赵教授的论述，西方学界的发生学哲学研究其实很早就进入中国。杜威和皮亚杰（Jean Piaget）都是在"发生方法研究"上极具影响的学者，而近些年大陆学界对皮亚杰的发生学哲学认识的贡献评价很高，不少学术论文将发生学的哲学研究渊源归于皮氏[①]，而实际上皮亚杰与杜威在发生学观察的起点上，都来自对幼儿

---

① 中华人民共和国成立之后，发生学方法在中国大陆的研究高潮兴起于20世纪80年代，随着皮亚杰的《发生认识原理》被翻译介绍，学界关注到此种方法，也将其逐渐运用到人文科学的研究当中，主要的领域是哲学和文学、语言艺术等人文学科，而其他学科对发生学还比较陌生，近几年逐渐渗透到史学、经济学等学科，而对建构边疆学来说目前几乎无人涉及。

教育的实验,并通过进一步的研究上升为哲学的认识,但在关于事物认识的历史观上,杜威的历史哲学色彩更为浓郁,皮亚杰的研究则更接近科学哲学的内涵。

如果说自然科学发生学研究的起点出自生物进化论,那么,人文科学发生学研究的起点则出自发生认识论。杜威在20世纪初就提出:"发生的方法是实验的学问、历史的学问,不是从前提'引出'或'演绎'出结果。不是将结果消解、溶解于以前出现过的事情之中。"① 杜威认为"哲学放弃了对绝对起源和绝对终极性的研究,才能对产生出它们的具体价值和具体条件进行探讨"②。皮亚杰的《发生认识论原理》是发生认识论理论的重要体现③,该书较为集中、系统地阐述了皮氏对认识论的观点。皮亚杰深刻地指出,"发生认识论的特有问题是认识的成长问题",而研究认识的发生发展是认识论不可缺少的一个部分;并指出发生认识论的第一个特点是研究各种认识的起源;第二个特点是"它的跨专业性质"④。从这里我们得到的启示就是,发生学所积淀的厚重底蕴完全应该为今天构建边疆学所用,取其精华,既丰富研究者的思考内容,也丰富研究者的思维形式。

综合地看,发生认识论的主要指向,是解释新事物是怎样在知识发展过程中构成的。认知体验和学术研究通常会导致人的知识不断地构造和扩展着,而在每一次新的认知中,总会有新发现(新概念)被提出来;人类社会的知识在阶段性的跨越中,总有一些理论以结构变动为标志,产生出新的理性认识。这完全符合科学哲学家拉卡托斯(Lakatos)关于"科学研究纲领"的原理,拉卡托斯在其理论中提出了一个科学发展动态模式,一个理论的进化和退化的客观标准,在于它是否建构了能够阐释现象的内在结构⑤。因此,在科学哲学的角度看发生认识论所阐释的中心,实际上是指人类在认知新结构构造机制所提出的问题。皮亚杰与杜威在发生学探究与认识相关问题的具体研究中,不仅探讨了认识是"如何"发生的,也探讨了认识是"为何"发生的。而恰恰在厘清了"如何"与"为何"的问题之后,在特定的阶段,思想家的思维可以先于经验活动,并且可以用内省的分析法找到并解释如何界定抽象概念,概念性抽象的过程会导致一种高度发展的活动形式,因为其中包含了人们的复杂学习过程,即不断被刷新的思维将产生新的思考,最终导致出现新的发现和形成新的研究方式,推进认知能力的提高。

如果不刻意地辨析现实形态(实验方法)与长过程形态(历史研究方法)的差别以及两者的综合,极有可能产生杜威所说的"唯物论的悖谬"(materialistic fallacy)⑥。需要

---

① [日]中岛隆博、龚颖:《"中国哲学史"的谱系学——杜威的发生学方法与胡适》,《中国哲学史》2004年第3期。页注3:John Dewey, "The Evolutionary Method as applied to Morality", in Essays on Logical Theory 1902 – 1903, p.10。
② 赵敦华专栏:http://www.aisixiang.com/thinktank/zhaodunhua.html。
③ 参见[瑞士]皮亚杰《发生认识论原理》,王宪钿等译,商务印书馆1981年版。
④ 360百科词条"发生认识论原理",http://baike.so.com/doc/1600994 – 1692439.html。
⑤ 参见[英]拉卡托斯《科学研究纲领方法论》,兰征译,上海译文出版社2005年版。
⑥ 赵敦华:《杜威的进化发生学方法》,http://www.aisixiang.com/data/32094.html。

特别指出的是：历史研究方法其实没有将事物生成过程的某个片段当作一种事物存在的全过程，不认为最早发生的事物形态会贯穿这个事物发展的全过程①，亦即也不认为一种研究方式不变的状态是正确的，因为不变的研究方式对事物发展的认识，不可能将所有本质性的东西完全囊括②。执着于甚至执拗于现实形态的研究（例如以民族学来囊括边疆学），通常不会注意事物"始原域的系统映射"问题，而是认为被关注的研究对象本身就是研究的"始原域"，是可以被一般化地体现出本质来的。例如，中国大陆学界十多年来所通行的"边疆学"阐述范式，就是沉溺在这样的思维窠臼之中，浸润在某个学科的学者便将那个学科作为"始原域"，视为边疆研究的起点，形成"概念域"，试图对变化多端的边疆现象在截取一个断面后展示于某学科平台上，便认为已经揭示了边疆学研究的路径，发现了边疆研究的本质，由此影响其他研究者朝着这样的研究范式靠拢。

但在发生学的历史方法研究中，对某一种截面的展示，被认为不能把事物的现实形态概括为本质的揭示，而只有将事物产生和发展过程的动态予以考量之后，产生新的观点才具有揭示本质的价值。如杜威所说："从某种观点来看，时间上较早的东西有较大的价值，但这只是方法上的价值，而不是存在的价值，后来的东西以太复杂和混乱的形式掩盖了它们的面目，但却能以相对简单和明白的样式表现在较早的东西中。"③ 这样的哲学阐释，亦可以理解为人们研究某个事物所确定的起点只是一个设定的条件，它本身并不能推导出甚至不能演绎出其后的事实来。例如，近二三十年世界上所出现的诸多边疆现象，已经超越了早先人们对地理边疆的一般性认识，甚至超越了对文化边疆的特性认识，"始原域的系统映射"现象早已经出现，而中国大陆学界的边疆学研究依然停留在单科论证史地、政治、文化、民族、宗教对边疆认识的阶段上，甚或执意要以某个单科的学术搭建边疆研究的平台，几乎不理会世界上边疆现象发生的新情况，更缺少要对这种新情况的趋势进行分析的学术愿望。那么，假使套用民族学（民族志）的研究方式，怎么可以推导或演绎出空疆、天疆乃至互联网空域等边疆的形态呢？最多不过是在地理边疆的考察中，反反复复地研究一国边疆地区的广义社会学或文化学的形态，诠释某个理论的隐喻，夯实单个学科实证基础的一种学术活动。换言之，在哲学思辨的阐释上，就是事物早先存在的价值与形态会随着其后的演变而改变，而后起的研究，比起早先设定在某个条件下的研究更有价值也更为重要；但研究者只注意事物早先的形态，而对后起的演变所产生的存在价值则茫然不知。这对于当今的边疆学研究，是有哲学思辨的重要启示的。因此，已经列入"中国边疆

---

① 对这句话的通俗阐释，以细胞发育为胚胎再发育为完整的个体生物为例，一个完整的动物个体绝不是早期的胚胎形态，更不是细胞的形态；以部落到部落联盟再到国家的发展为例，现代国家的形态绝不是部落联盟，更不是早期的原始部落形态。

② 对这句话的通俗阐释，以人类的研究方式由早期神话编造发展到非实证的猜想，再发展到科学的研究为例，现代科学的学术研究方式绝不是非实证的猜想，更不是早期的神话编造。

③ 赵敦华：《杜威的进化发生学方法》，http：//www.aisixiang.com/data/32094.html。

学"的大量内容基本上是资料的汇编和阐释性的论文,不可能具有建构边疆学学科体系的存在价值(existence value),而一般边疆学则"以相对简单和明白的样式表现在较早的东西中",既有方法的价值也有存在的价值。这里说的"存在价值"是哲学意义上的,如马克思所说,"充其量不过是从对人类历史发展的观察中抽象出来的最一般的结果的综合。这些抽象本身离开了现实的历史的历史就没有任何价值"①。请注意马克思"离开了现实的历史的历史"这样的说法,并由此判断出抽象本身一旦在"现实历史的历史"命题上不能综合,这个抽象了的概念便没有价值。

有学者指出:从某种意义上说,发生学从自然科学"嫁接"到人文科学,推动了人文科学学术范式的转变②。这种转变的特征就是在学术研究中,将一般的现象描述转向动态的发生学分析,从一般的形式要素聚合转向到系统的功能研究。在研究中,注意到历史的时空主客观条件的变化,不仅关注研究对象的事实结果,也关注研究对象的产生过程以及发展的趋势,从事件与现象的历史性展现之中,将观念与认识、经验与事实的逻辑性完全贯通。在这个意义上,边疆学的发生学视野与内在含义,决定了这一人文学科的跨学科研究的方法与路径,应当将不同的研究主张在隐喻性上做出解构,以辨析出即使是"要进行跨学科研究"的多种提议背后的真正含义。

乔治·莱考夫(George Lakoff)指出:"隐喻普遍地存在于我们的日常生活中,不但存在于语言中,而且存在于我们的思维和行为中。我们赖以思维和行为的一般概念系统,从本质上讲是隐喻式的。"③隐喻理论揭示,所有的提议和主张都是隐喻性的,哪怕是在名词和指称上完全相似的主张也不例外。隐喻研究的对象,包括显性隐喻表述,也包括隐性的、表面看来不是隐喻但其形成过程是隐喻的。中国大陆边疆学研究的四种隐喻情况,恰恰印证了隐喻理论所指出的现象背后的差异——同样都在使用"边疆学"名词的研究者,所用的概念内涵迥异,即隐喻的对象千差万别。笔者在以前的三篇论文中,已经比较清楚地列举了中国大陆学界的关于"边疆"与"边疆学"的多种含义,在此不再赘述。

学术研究中的隐喻现象,究其本质应具有创造性和开放性,这一点在隐喻者的主张提出的初始阶段是明显的,邢玉林、周伟洲、马大正、方铁等学者当初提出建构"中国边疆学"时④,都主张进行"跨学科研究",在其初始倡议的主张中,都体现出了创造性和开放性,有利于吸引相关研究者参与其中。但由于每一个隐喻的经验依据不同,也往往会出

---

① 《马克思恩格斯选集(第1卷)》,人民出版社1984年版,第31页。
② 汪晓云:《人文科学发生学:意义、方法与问题》,《光明日报》2005年1月11日。
③ 谢之君:《隐喻认知功能探索》,复旦大学出版社2007年版,前言。
④ 参见邢玉林《中国边疆学及其研究的若干问题》,《中国边疆史地研究》1992年第1期;周伟洲《世纪之交中国边疆史地研究的回顾与展望》,《中国边疆史地研究》2001年第1期;马大正《关于中国边疆学构筑的几个问题》,《东北史地》2011年第6期;方铁《试论中国边疆学的研究方法》,《云南师范大学学报(哲学社会科学版)》2008年第5期。

现同一个名词概念的歧义性和含混性,如果隐喻本身在发生学的起点上不一样,同一个名词的隐喻出现非逻辑性的情况是不可避免的。上面提到的这几位学者,虽然都提倡"跨学科研究",但以什么样的学科平台进行研究是有各自隐喻的,这些隐喻就是笔者在前面指出的研究者各自长期从事的学科研究背景,即边疆史地研究、民族学或文化学的研究等,而相对于有军事科学知识背景的学者,如乔良、张文木等学者的研究,更倾向于以战略学为平台的边疆跨学科研究,他们眼里的"边疆学"隐喻的是边疆战略研究。事实上,隐喻的经验导致了人们认知事物的"路径依赖"。能否清楚地认识到这一点,是打破思维窠臼的一个重要前提。

五、发生学隐喻解悖对边疆学跨通学科研究的意义

人文科学的范畴决定了研究对象的确定性,即必须将人的研究作为对象,既要研究人类社会的历史发展,也要研究人的思维认识发展。因此,从哲学方法论的角度看,人文科学的各个具体领域最终都会有交集,产生相互的印证与旁侧效应[①]的阐释。由此,发生学在人文学科的一些具体研究之中,具有跨学科研究的导向作用。如果我们对发生学的发展过程本身作考察,百十年来这门学科从自然科学延伸到人文科学的事实,完全可以看到其所具有的内在逻辑产生了要跨学科的必然,而这个逻辑之中的方法本身就有着跨学科的内涵。跨学科的实践在发生学的方法论中,意味着在学术研究中一个单纯小系统向着复杂大系统演化的形式,这符合人们所能观察到的绝大多数客观事物发展的规律性。

发生学从自然科学"介入"(嫁接)到人文科学中的现象,被哲学家、科学哲学家所关注,乃至其方法被心理学、语言学、经济学、社会学、法学、史学、信息学、逻辑学等学科的研究者所运用,证明了发生学的方法在被"介入"的研究领域中具有跨通的功能,而不仅仅是该学科给予了研究者一种新的视角或者新的方法。笔者认为:跨通功能产生在发生学的学术历程中,也不断丰富着发生学的学术历程。人文科学的跨学科应当蕴含历史总体性的观点[②],对诸多研究的对象须贯穿事物主客体共同作用的认知,这不仅是哲学的命题,也是实践活动的命题。无论是在自然科学还是人文科学的研究中,一旦运用发生认识论的原理,很多片段似或截面似的看法和结论就会被打破,单一学科的窠臼就会"破茧",跨学科的跨通才有可能出现。因此,跨学科应当是在一个有着有机联系的研究大系

---

① "旁侧效应"原本是经济学用语,指的是主导产业的兴起会影响当地经济、社会的发展,如制度建设、国民经济结构、基础设施、人口素质等。在这里的含义指的是人文科学的某一学科的与其他学科在交集时,出现的带动效应,如用社会学的方式阐释经济现象,旁侧的效应是社会经济学,反之又旁侧出用经济学阐释社会学即经济社会学。

② 参见周娟《卢卡奇与列宁的辩证法思想比较》,《哈尔滨学院学报》2001年第1期。格奥尔格·卢卡奇(Szegedi Lukács György Bernát)认为,要透过事物的表面现象和直接存在方式深入揭示它们的内在联系和隐蔽内容,了解其本来的历史制约性,把客体当作统一的整体来把握,这就需要运用辩证的总体性方法。

统中发生的，而很难在一个堆砌起来的研究小系统中产生，这犹如现代国家经济社会的生产方式、产业结构、社会制度、政策研究诸元的联通，是国家大系统有机形成的，而在原始部落中不会产生，即使是外界强行植入也没有要联通的需求。这对于边疆学如何跨通交叉学科具有一定启示性，诸多学科在边疆研究"跨"的过程中总是无功而返，其根本原因就是学术视野狭小，阻塞了系统发生学的进路。有学者指出：系统发生学的方法论意蕴在于达成对"辩证法主义""科学主义"的内在抵制，从根本上拒绝一切非历史的现象主义和解释学的分析进路。[①]

发生学将人们平时所说的某一事物的发生存在，以及这一事物相关的起源概念区分开来的。由于事物本身的动态变化与对事物存在的观念上有着不同的本体论，发生学才具有了认识论与方法论的意义。在经验主义的本体论上，发生学强调的是认识结果；而在实证主义的本体论上，发生学则强调的是追溯起因。两者合二为一，就形成了一个具有"熵"性质的系统[②]。进一步地看，发生学符合系统论（亦即这个"学"的本身就是耗散结构的，具有熵的形式）的基本原理。发生学的方法在系统论的视野中，既是对系统发生前的逻辑探索，也是对系统存在后的逻辑论证。换言之，系统发生学的认知逻辑是，事物的发生蕴含着发展着的系统，而事物发展的系统具有系统化的过程。从发生到系统化，对于一个事物来说，首先要有存在的形式，其次要有内在的质变过程，最终要有成熟的本质规定。这一点，对生物的细胞发育、胚胎发展的生物发生学是如此，对人类社会的部落形成、国家发展的历史发生学也是如此，对人们的思想由初级到高级的思维发生学还是如此。因此，发生学原理认为，事物的系统化是一个逐步成长的过程，每种事物的发生过程不一定具有该系统质的规定，但发生过程确切的与必定的趋势方向，就是该系统质的内涵。再换言之，系统化过程意味着质的飞跃，成为系统质变引发产生新事物的内在依据。由此，边疆学建构在发生学的方法中，不能仅局限于某一个学科平台的单一小体系阐释，需要对边疆的形式范畴、整体和层次、结构与形式、性质的特征、动力机制、表象及规律、不同的模式等做出系统的分析和阐释，这样才能使边疆学的建构不再模糊，最终形成一个集历史与现实、事实与逻辑于一体的学科体系。

在这里，隐喻理论的原理提示我们，任何一种学科的自命题和真命题应该注意情境语义（Situation semantic）的辨析。在边疆学的建构中，诸多学者会提出自命题，并认为自命题就是真命题。但是，这些命题以及命题之间往往是悖论的。例如"边疆问题的实质是民族问题"这一命题，一旦放到中国南海边疆问题的解题之中，显然就不是一个真命题，

---

① 许光伟：《〈资本论〉第二卷的逻辑：系统发生学》，《当代经济研究》2012 年第 1 期。
② 参见［美］杰里米·里夫金、特德·霍华德《熵：一种新的世界观》，吕明、袁舟译，上海译文出版社 1987 年版。简言之，"熵"有三个重要结论：一是如果没有外部能量输入，封闭系统趋向越来越混乱；二是如果要让一个系统变得更有序，必须有外部能量的输入；三是当一个系统（或部分）变得更加有序，必然有另一个系统（或部分）变得更加无序，而且"无序"的增加程度将超过"有序"的增加程度。

但是回到中国西部省区的边疆研究之中则是一个真命题。这种边疆研究悖论比比皆是，例如类似"边疆问题没有民族问题只有狭隘的民族主义问题"的说法更是明显的悖论。研究者如何对边疆学对象的悖论解悖，可以从情境语义学（Situation semantics）中找到解悖方案，情境语义学提供了学术悖论问题研究中的新方法，可以被看作是悖论研究的重要典范①。王建芳等学者认为，Situation semantics 学术贡献的一个重要的方面，就是既坚持了世界的一致性，又保留了世界的完整性。这与发生学所隐喻的方法是完全吻合的。

那么，怎样对边疆学建构的悖论作解悖呢？有学者指出：近代逻辑学中的"罗素、策墨罗、哈克"（以三人的名字字母简称"RZH"）解悖标准内含两个条件：严格的"形式刻划"和不严格的"哲学说明"②。然而，这一阐释并未就此止步，有学者认为 RZH 解悖标准的内容主要包括三个方面：逻辑矛盾必须消失、解悖范围的要求和非特设性。（原文如此——引者注）③ 由此，建构边疆学对于悖论也有三个解悖步骤：按第一解悖要求，就是边疆学的学科体系在学术逻辑与事实逻辑上要达于一致性，即只要学术的命题与历史经验不相符合，就需要重新设置命题或改变概念的内涵；按第二解悖要求，就是边疆学研究的范围应当置于人类社会历史与现实所有的边疆现象上，凡是小于这个范围的研究就不能称为边疆学，更不能称为边疆学学科体系；按第三解悖要求，就是凡是不符合第一、第二解悖要求的，只要能够对边疆现象做出一定的阐释就要采用包容的方式，可以将其纳入边疆学的系统层级之中。这个层级，亦即"准确地刻画了与一个语句相关的情境的变化所带来的语义变化，而使得同一语句普型在不同的情境中可以表达不同的命题，并获得不同的真值"④。从第三解悖要求上看，中国大陆学界现有的边疆政治学、边疆经济学、边疆安全学等是可以成立的，并能够为边疆学学科体系的建构做出贡献。逆向反推，第三解悖要求回溯到第二解悖要求直至第一解悖要求，隐喻了发生学的内省性，即在建构某学科的过程中，跨学科研究的机理往往在悖论中产生，边疆学的建构也是如此。本文前面提到的杜威"唯物论的悖谬"（Materialistic fallacy）到此已经被近代逻辑学的解悖方法消解。

在找到解悖的方法之后，有理由认为现有的"中国边疆学"形式，以资料汇集和史料阐释的方式作为认知的基础，有着很重要的基础作用，但仍然是远远不够的，多学科的排列展示也不等于跨学科研究，这样也许是一种避免悖论的做法，其结果却是学科建设缺乏主线与脉络，也缺乏严格意义的学科框架，更不能形成体系。研究者以材料的解读来叙述边疆的问题、以单一学科为平台来阐释边疆的现象，只能是不同论文的串联和偏科知识的延展，对建构边疆学的学科体系几乎是无能为力的。以发生学原理作隐喻的边疆学，一方

---

① 参见王建芳、赵卯生《语义悖论研究的新思路——情境语义学解悖方案探析》，《哲学研究》2005 年第 9 期。
② 黄展骥：《形式派的"解悖偏见"——略评"RZH"标准》，《河池师专学报》2003 年第 1 期。
③ 王建芳、赵卯生：《语义悖论研究的新思路——情境语义学解悖方案探析》，《哲学研究》2005 年第 9 期。
④ 王建芳、赵成生：《非特设性——情境语义学解悖方案的重要特征》，《西安电子科技大学学报（社会科学版）》2004 年第 1 期。

面要对事物的起源进行科学的梳理，陈述事物的源流以及源流的必然性；一方面要有哲学意义的"反思"，即对事物存在的前提重新（有时候是反复的重新）提出质询，回到事物最初状态以及对事物发展的轨迹深挖其表象背后的因素，才有可能从研究对象的起点与脉络出发，揭示其复杂的发展过程，形成对研究对象有比较完整的追溯以及对研究对象的趋势性勾勒出比较完整的框架，达于学科建构的体系性。

对于这些问题的交叉，我们需要厘清诸多学科和方法与建构边疆学之间的关系，找到在方法论上跨通的路径。通过对一般边疆学有着旁侧关联的学科或方式方法的初步探查和思考，可以引发出系统的闭环设计（The closed-loop design of the system），即可以构成一个具有跨通功能的反馈系统（见图4）。

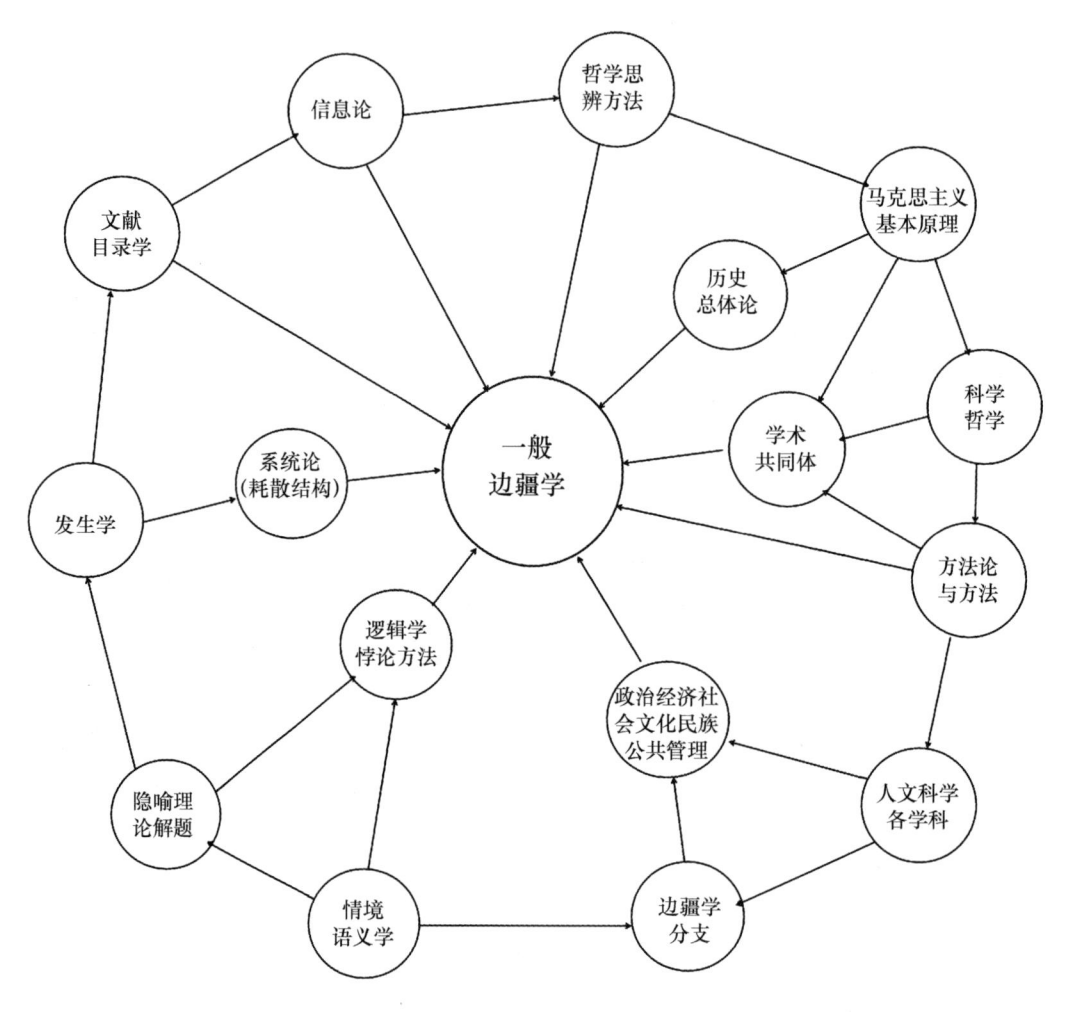

图4 一般边疆学的双闭环结构

对图4中的解释简言之：一定要对研究对象有哲学的思辨，这是一个类似北斗指针的重要前提，马克思主义哲学提供了我们建构边疆学的重要指导思想，在科学哲学的引导下需要有恰当的方法与方法论，边疆学的理论（包括假说）核心与外壳的构造才有明确的分层结构，做好这些研究确实需要由科学共同体来进行，而已有的边疆学研究成果成为下一步建构边疆学的基础，但是必须对那些在以往研究中存在的悖论进行解悖，而发生学的原理与方法结合隐喻理论通过情境语义学的方式可以实现这个意图……图4所蕴含的思路是一个双闭环结构的、符合控制论的基本原理，即在一个系统构成之中为求得反馈需要形成闭环形态。所谓反馈，指的是行为动作有着一定功效并能够引发出效能和效果。建构边疆学的学术呼唤需要付诸学术实践，而两者的统一，反映到思路上应该是一种传递有序、相互联系、彼此可嵌的映射，最终这样的思路还要体现到学术活动之中。只有这样，建构边疆学的倡议才不会落于"空箱"操作。

结语

边疆研究人员无论在主观意识上愿不愿意参与建构边疆学，实际上都有可能处于皮亚杰认识发生论所揭示的陷阱里，即凡是止步于新认知方法之前的人，不可能发展出新的认知能力。目前，中国大陆的"边疆学"的现状，是以经验现实主义方法结合各人认知体验的基础进行边疆研究的。因此，边疆学在中国大陆不仅遇到了来自主管部门对学科认定的障碍，也遇到了学界自身建构边疆学的方法与方法论的障碍。笔者认为，这两个障碍是在边疆研究上不能形成中国学派的症结所在，尤其是在后一个方面的障碍，使得我们已经陷入了一个怪圈——希望有突破却恪守老旧的认知难以突破，恪守老旧的认知却希望取得突破而实际上做不到建构学科的突破……对此，我们确实到了需要找到解题方法和思路的时候了。笔者不揣谫陋，发文三篇，大致以思辨的方式提出一些意见，抛砖引玉，期望有志于此的同仁同气相求。

参考文献

1. 中央编译局：《马克思恩格斯全集》中文第一版第二卷，人民出版社1957年版。
2. 许光伟：《保卫资本论——经济形态社会理论大纲》，社会科学文献出版社2014年版。
3. 张乃和：《发生学方法与历史研究》，《史学集刊》2007年第5期。
4. 刘建明：《宣传舆论学大辞典》，经济日报出版社1993年版。
5. 冯契：《哲学大辞典（上）》，上海辞书出版社2001年版。
6. 张扬：《发生学方法与中国哲学史研究》，《兰州大学学报（社会科学版）》1988年第3期。
7. 王海军：《发生学方法与中国法制史的研究》，《中南大学学报（社会科学版）》2010年第6期。

8. ［瑞士］皮亚杰：《发生认识论原理》，王宪钿等译，商务印书馆1981年版。
9. ［美］杜威：《哲学的改造》，许崇清译，商务印书馆2002年版。
10. 申光：《情景语义学概述》，《河南社会科学》2004年第5期。
11. ［英］卡尔·波普尔：《客观知识——一个进化论的研究》，舒炜光等译，上海译文出版社1987年版。
12. ［美］乔治·莱考夫、马克·约翰逊：《我们赖以生存的隐喻》，何文忠译，浙江大学出版社2015年版。
13. 于沛等：《全球化境遇中的西方边疆理论研究》，中国社会科学出版社2008年版。
14. 吕一燃：《马克思恩格斯论国家领土与边界》，黑龙江教育出版社1992年版。
15. 《列宁选集》第2卷，人民出版社1973年版。
16. 孙勇主编：《国家战略下的大边疆战略》，四川大学出版社2017年版。
17. 王恩涌：《政治地理学：时空中的政治格局》，高等教育出版社1998年版。
18. 吴楚克：《中国边疆政治学》，中央民族大学出版社2005年版。
19. 马大正：《关于中国边疆学构筑的几个问题》，《东北史地》2011年第6期。
20. 张世明、龚胜泉：《"边疆"一词在世界主要法系中的镜像：一个语源学角度的考察》，《中国边疆史地研究》2004年6月第2期。

Reflections on the Integration of Frontier Science and Discipline System
—A Study of Borderland Inquiry from Metaphysical Perspective

Sun Yong

(Sichuan Higher Institute of Culture and Education,
Sichuan Normal University, Chengdu, 610068)

Abstract: Any discipline or theory before or during the established its own system, trying to reflect and reveal the nature or human society in some way to know the form and nature of the, is trying to human thought reflects in the discipline and the evolution of theory development and the law of historical development, to solve the problem of consistency of good academic logic and the logic. From the perspective of epistemology, the method of philosophical science and genetic science can be a tool to trace the cause of frontier studies and a way to construct frontier studies; And philosophy of scientific connotation of theory of metaphor, it can help the related researchers to examine the process of construction of frontier science scholars at home and abroad, to the frontier research of paradox, situation semantics solution should be from the epistemological interpretation, a method of the research object and methods of the study of a pointer to a means of, is to seek the frontier of interdisciplinary research across in this sense, the study of the frontier theory especially ascend to the frontier science research, should be the object of study in the interdisciplinary multilayer multidimensional grasp.

Keywords: Philosophy of Science; Genetic Metaphor; Situational Semantics; Frontier Studies

难以"同归"的"殊途":民国"边疆/民族"研究中的"派性"与"派系"

熊芳亮

(国家民委政策法规司,北京,100800)

摘要:长期以来,学界对于民国时期的"边疆/民族"研究有一个简单的"二元区分":属于或倾向于中国共产党的民主进步力量,以及属于或依附于国民党反动派的反动势力。这种以政治或党派立场进行的区分,在分析和解读国共两党"边疆/民族"政策的不同取向方面固然有效,但在分析和解读整个民国时期特别是"国统区"的"边疆/民族"研究时,则显得力不从心。实际上,在政治派性、政治派系和学术派性、学术派系的双重影响之下,民国时期的"边疆/民族"研究一直处于"派性"与"派系"的笼罩之下,"政治派""史学派""社科派""地学派"群雄并起,乱象纷呈。"派性"与"派系"虽然给民国"边疆/民族"研究带来了短暂、浮夸的繁荣景象,但也败坏了民国时期的学术生态、学人风气和学科旨趣,让民国"边疆/民族"研究作茧自缚、病入膏肓,根本不可能找到一条符合中国国情、妥善解决"边疆/民族"问题的学术方案或政治道路,更没有能力、没有机会最终实现之。一批有识之士终于认识到只有打倒国民党的腐朽专制统治,打破学术研究的学科壁垒和门派之见,才能迎来"边疆/民族"研究新境界、新纪元。

关键词:边疆;民族;派性;派系

前言:问题的提出

在民国时期,"边疆/民族"研究堪称"显学",不仅在学术界一度十分繁盛,在社会上也曾引起广泛关注,对民国政治也有一定的影响。长期以来,学界习惯于将民国时期的"边疆/民族"研究进行简单的二元区分:属于或倾向于中国共产党的民主进步力量,以及属于或依附于国民党反动派的反动势力。这种以政治或党派立场进行的区分,在分析和解读国共两党"边疆/民族"政策的不同取向方面固然有效,但在分析和解读整个民国时期,特别是"国统区"的"边疆/民族"研究时，则显得力不从心：除了国共两党的分歧与论战之外，民国学界在"边疆/民族"领域无论是私下的分歧还是公开的论战，既频繁、激烈，又不可调和，有的时候面红耳赤、火花四溅，有的时候学人形同陌路、互不理睬。笔者以为，深究隐藏这些现象背后的历史原因，具有十分重要的理论和现实价值，既能加深我们对民国时期"边疆/民族"研究的认识，更加明晰地了解民国时期学界的学术生态、学人的学术心态、学说的学术背景，又能管窥民国时期"边疆/民族"研究由盛而衰、由"显"而"隐"的历史原因。

学界对于民国时期"边疆/民族"研究的关注可谓众矣，关于学人、学说、学史、学科等方面的解析与解说成果既丰富又丰硕。近年来，史学界对国民党统治集团内部政治格局与政治派系的研究成果颇丰①，其中亦有不少涉及对民国学界、学人的部分和内容②。但总体而言，目前除了有个案式的研究之外，当今学界对民国学界内部情况及其与政界的恩怨、矛盾乃至冲突的关注和研究，对其"派性"与"派系"③进行整体性、专题性、体系性的关注和研究，对其派性、派系影响、左右甚至操控民国学术走向的关注和研究，都还十分匮乏。这一方面是基于政治立场和意识形态的二元分野的惯性思维使然，对"国统区"内部的派系与派性视而不见；另一方面，所涉学人在中华人民共和国成立后或赴海外，或渡台湾地区，即便坚守大陆也在特定的历史环境之下或主动或被动地与民国历史"划清界限"，或淡化（隐藏）其政治瓜葛，或改删其敏感文章④，或修正其"不当言论"与"反动学说"，使得民国时期的许多学案，直至今日仍隐秘不彰。就此而言，也就不难理解为什么后人对于民国学界的解读和研究成果浮于表面、沉溺表象，常常"差之毫厘，谬以千里"了。

总体而言，民国时期的"边疆/民族"研究，经历了由"隐"而"显"、由"盛"而"衰"的历程⑤，其"盛"与"衰"基本上都发生在南京国民政府统治时期，因此本文研究的重点，也主要放置于1928—1949年。

---

① 主要的论著有：郭绪印：《国民党派系斗争史》，上海人民出版社1992年版；王奇生：《党员、党权与党争——1924—1949年中国国民党的组织形态》，上海书店出版社2009年版；金以林：《国民党高层的派系政治——蒋介石"最高领袖"地位的确立》，社会科学文献出版社2009/2016年（修订本）版；桑兵：《历史的本色——晚清民国的政治、社会与文化》，广西师范大学出版社2016年版。

② 主要包括：桑兵：《国民党在大学校园里的派系争斗》《1948年中山大学易长与国民党的派系之争》，载桑兵《历史的本色——晚清民国的政治、社会与文化》，广西师范大学出版社2016年版；金以林：《蒋介石与政学系》，载金以林《国民党高层的派系政治——蒋介石"最高领袖"地位的确立（修订本）》，社会科学文献出版社2016年版。

③ 本文所称的"派性"与"派系"，是同一事物的一体两面。"派性"，指的是民国学界在复杂的时代背景之下深入骨髓的"派系"基因；"派系"，则主要指的是民国学界内部那些或隐秘或公开、或紧密或松散、或封闭或开放的各种各样的小圈子。

④ 以《边政公论》为例，其中很多文章都没有被著录入其在中华人民共和国成立后出版的各种全集、文集之中。

⑤ 笔者将另文专题进行分析与探讨。

一、民国时期"边疆/民族"研究中的政治派性与派系

党的派系化与派系的党化,是中国国民党和南京国民政府统治时期的重要特征之一①。综合史学界的研究成果,国民党统治集团的政治派系可以划分为蒋(介石)系、汪(精卫)系、胡(汉民)系②、孙(科)系③,上述派系相互之间曾激烈争夺国民党集团的最高权力。直至抗日战争爆发前后,蒋介石才集党权(中央政治委员会总裁)、军权(军事委员会委员长)、行政权(国民政府主席)于一身,逐步确立了其在国民党统治集团内部的领袖地位。此消彼长之下,汪系、孙系的地位虽然有所降低,但仍然不失为制约、掣肘蒋系,使其不能为所欲为的重要力量。在上述派系之中,除了作为党国领袖蒋介石必须关注"边疆/民族"问题之外,孙科对"边疆/民族"问题的关注尤为突出。作为孙中山的长子,孙科对捍卫和践行"三民主义"有着更浓厚的情结。孙科在20世纪30年代倡导成立了中山文化教育馆④,内设研究部和编译部⑤,研究部下设"民族""民权""民生"三个研究组,其中"民族组"延请著名学者黄文山(任组长)、卫惠林等创办了《民族学集刊》杂志(1936—1949年共出版了5集),产生了一定的影响力。同时,孙科在主掌立法院期间,对"边疆/民族"方面的立法项目也有一定的关注和助力。芮逸夫在1946年当选立法委员,背后就有孙科的运作和支持。

在蒋介石统治集团内部,也是派系林立,其中着力关注、介入"边疆/民族"研究的政治派系主要包括:以戴季陶、蔡元培为代表的"元老系";以朱家骅为代表的"政学系";以陈立夫、陈果夫兄弟为首的"CC系"。

作为国民党的"右派理论家",戴季陶一直以孙中山先生"三民主义"的继承人自居,通过歪曲、伪篡孙中山先生的"三民主义",炮制了所谓的"戴季陶主义"。戴季陶顽固地"以文化定义民族的边界,以民族定义国家的边界",主张对蒙藏地区采取"放任主义"的政策。在南京国民政府任行政院考试院院长的戴季陶,还长期把控行政院蒙藏委员会,主导南京国民政府的蒙藏事务,被世人称为蒙藏委员会的"太上委员长"。蒙藏委

---

① 参见王奇生《党员、党权与党争——1924—1949年中国国民党的组织形态》,上海书店出版社2009年版。
② 胡汉民(1879—1936),广东番禺人。清末在日本留学期间加入同盟会,辅佐孙中山创办《民国》并曾任《民报》主编,著名的"三民主义"即出自他手。孙中山去世后,撰述《三民主义的连环性》一书,编辑出版《总理全书》,争夺"三民主义"的阐释权,成为国民党统治集团内部"粤系"的领军人物。
③ 孙科(1891—1973),广东香山县人。孙中山长子。南京国民政府成立后,曾一度短暂出任行政院院长,因蒋介石作梗无奈辞任,不久后转任立法院院长(1932),并长期担任此职。
④ 中山文化教育馆正式成立于1933年3月12日,由孙科任理事长,蔡元培、戴季陶、孔祥熙等任常务理事,林森、蒋介石、汪精卫、胡汉民等为理事,国民党统治集团的元老和实权人物悉数参与其中。
⑤ 编译部主任为吴经熊,曾编辑出版的《时事类编》《中山文化教育馆季刊》《中山文化教育馆集刊》等杂志,在民国时期有较大影响。

员会主办的《蒙藏月刊》《边疆通讯》《边政公论》杂志，是民国政要和学人交流"边疆/民族"研究成果的重要平台。1932年，戴季陶创办了新亚细亚学会。在中国民族学会、中国边政学会、中国边疆学会等专业学会成立之前，以该学会名义编辑出版的《新亚细亚》期刊，是最有影响的"边疆/民族"研究领域的学术期刊之一。亚细亚学会还编辑发行了"边疆丛书"，资助出版了一大批研究"边疆/民族"问题的书籍。

同为国民党元老的蔡元培[①]，对"边疆/民族"问题也颇为关注。在德国莱比锡大学、汉堡大学留学期间，蔡元培就对民族学产生了浓厚的兴趣，先后发表了《说民族学》《民族学与社会学》《民族学上之进化》等文章[②]。有学者认为，"民族学"这个概念的使用，始于蔡元培1926年在《一般》杂志上发表的《说民族学》一文[③]。蔡元培对民族学厚爱有加，曾表示要"以研究民族学终老"。创办"中央研究院"并任院长期间，蔡元培大力支持"中央研究院"历史语言研究所、社会科学研究所的建设，甚至亲自领导社会科学所民族学组（后并入历史语言研究所）的工作[④]，为两所开展"边疆/民族"方面的研究，创造了得天独厚的物质条件和研究环境。由吴敬恒、蔡元培、王云五等人主编的"新时代史地丛书"[⑤]，也出版了包括张其昀《中国民族志》等在内的一系列"边疆/民族"领域的著作。

"政学系"的朱家骅[⑥]也是热心于边疆问题及边疆研究的高官，良好的教育背景，以及其在任中山大学、中央大学校长期间深植的学界人脉，为他开展"边疆/民族"工作、推进"边疆/民族"研究创造了相当便利的条件。在任中山大学校长期间，朱家骅大力支持傅斯年、顾颉刚等人筹办《中山大学语言历史学研究周刊》，国内最早的人类学著作——杨成志所著《云南民族调查报告》就刊载在该刊物上[⑦]，开创了中山大学"边疆/民族"研究的历史传统和学术基础；在任国民党中央调查局局长期间，朱家骅在中央调查局设立了蒙藏调查室，加强蒙藏地区的情报工作；在任国民党中央组织部部长期间，朱家骅专门组织召开了边疆工作座谈会，并发表了一系列关于边疆工作的谈话、讲话，还成立了边疆语文编译委员会，资助顾颉刚编辑综合性研究期刊《文史杂志》，延揽著名史学家傅斯年、顾颉刚等为其所用。

---

① 蔡元培（1868—1940），浙江绍兴人。南京国民政府成立后筹建"中央研究院"并长期担任院长职务。
② 台湾中华书局曾汇编为《蔡元培民族学论著》出版。（台湾）中国民族学会编：《蔡元培民族学论著》，（台湾）中华书局1962年版。
③ 胡起望：《蔡元培与民族学》，中央民族学院研究部，1980年9月。
④ 参见李济《傅孟真先生领导的历史语言研究所——几个基本观念及几件重要工作的回顾》，载《李济文集》（卷五），上海人民出版社2006年版，第169页。
⑤ 由商务印书馆出版。
⑥ 朱家骅（1893—1963），字骝先，浙江省湖州人，民国时期曾在高校及学术机构（中山大学校长、"中央研究院"总干事）、国民党中央（国民党中央调查统计局局长、中央组织部部长），国民政府（教育部部长），以及地方（浙江省省长）担任要职，在民国政界、学界颇有人脉和影响力。1949年后随蒋去台。
⑦ 《国立中山大学语言历史学研究周刊》（第十一卷、第一二九至一三二期合刊），1930年。

陈立夫、陈果夫两兄弟①所主导的"CC系"，对把持和掌控意识形态领域亦是非常上心，对"边疆/民族"问题及其学术研究也颇看重。由"CC系"所创办的正中书局，编辑出版了大量解读孙中山"民族主义"，以及边疆问题、民族学方面的书籍。1932年，陈立夫与戴任、马鹤天等人一起创设了开发西北学会②，出版《开发西北》刊物③。在主政教育部期间（1938—1944年），陈立夫延揽著名人类学家凌纯声任蒙藏教育司司长。

除此之外，在国民党和南京国民政府的军事机构中，也设立有研究"边疆/民族"问题的专门机构。例如，参谋本部设有边务研究所，黄慕松曾任所长；国防部二厅五处设有边务研究室等。而蒋君章、曾问吾、高长柱等则是国民党军事机构中研究"边疆/民族"问题的代表人物。

在地方层面，国民党的政治派系就更加复杂，势力较大、掌握较多中央权力的是江浙系和粤系④等。处于边疆地区的地方派系，如云南的龙云⑤，广西的白崇禧、黄绍竑⑥，贵州的杨森⑦，甘青的马步芳，西康的刘文辉，新疆的盛世才等地方军阀/实力派系，也曾出于各种目的，以多种形式和途径资助、关注、支持过"边疆/民族"研究。

二、民国时期"边疆/民族"研究的学术派性与派系

虽然上述政治派系长期介入、关注、支持"边疆/民族"研究，但学界才是"边疆/民族"问题研究真正的主力和主阵地。民国时期，边疆多事，时局艰困，刺激民国学人对"边疆/民族"问题投入极高的关注和热情。加之抗战期间，民国学人的活动重心整体向西南、西北地区转移，更使他们有了研究"边疆/民族"问题的条件和资源。总的来看，如果暂且排除政治派系的介入和干扰，仅是以研究学术标准进行区分，民国时期的"边疆/民族"研究可以大致划分为以下几大"派系"：

一是"政治派"。这一派的突出特点就是从国家政治的角度出发研究"边疆/民族"问题。此一派除了国民党统治集团的要员与幕僚，也有部分学者参与其中。根据其政治立场，此派又可以区分为两大派系：一个是"主义派系"，打着贯彻实施孙中山先生"三民

---

① 陈果夫（1892—1951）、陈立夫（1900—2001），陈其业（陈其美之兄）之子，两人曾长期把持国民党组织及党务工作，被称为"CC系"。
② 1936年更名为西北建设协会。
③ 汪洪亮：《民国时期的边政与边政学（1931—1948）》，人民出版社2014年版，第114页。
④ 徐松石之《粤江流域人民史》、陈香林之《客家源流考》、陈序经之《疍民的研究》等著作，都有广东省地方政府方面资助和支持的背景。
⑤ 昆华民众教育馆1930年代编辑出版的《云南边地问题研究》（上、下）得到龙云的支持。抗战期间，云南省政府在民政厅设立边疆行政设计委员会（主任是人类学家江应樑），编辑出版了《云南全省边民手册》等书籍。
⑥ 白崇禧曾任蒙藏委员会副主任。黄绍竑在任内政部长期间，曾参与处理内蒙自治运动及新疆有关事务。费孝通、王同惠赴广西大瑶山调查，写成了《广西花瑶社会组织》一书，亦是应广西省政府邀请。
⑦ 在杨森主政期间，贵州省政府于1945年设立边胞文化研究会，并编辑出版《边锋》期刊。

主义"的旗号研究"边疆/民族"问题，主张根据孙中山先生的"三民主义"处理和解决"边疆/民族"问题。戴季陶、孙科是这一派的典型代表。值得注意的是，他们对孙中山先生"三民主义"的认识和理解并不一致。另一个是"边政派系"，主要从维护国家主权（外交）、强化国民党统治（内政）的"国家主义"角度，研究"边疆/民族"问题，提出的意见建议主要集中在如何与西方列强交涉边疆领土争议，强化对"边疆/民族"地区的控制、治理、开发，如何促进各民族（宗族）的融合与同化等。朱家骅、杨森等是这一派的典型代表。

二是"史学派"。这一派的突出特点是以史学为基础，主要应用文献考据的方法，进行"边疆/民族"研究。根据此派学者的学术背景和对待传统史学典籍的基本立场，也可以区分为两大派系：一个是"传统史学派系"，主要依托传统的史学典籍、地方志、蛮夷志等史料进行"边疆/民族"研究，撰述了近代中国最早的一批"中国民族志""中国民族史"著作。刘师培、王桐龄、吕思勉等人，是参与其中的代表人物。另一个是"现代史学派系"。与"传统史学派系"相比，这一派系受到西方现代史学和现代社会科学的影响，对传统史学典籍、地方志等史料存在"辨识""辨伪"的立场和态度，对"边疆/民族"现实问题研究倾注了更多的心血和精力。傅斯年、顾颉刚、谭其骧等是参与其中的代表人物。

三是"社科派"。这一派的突出特点是以现代社会科学为基础，主要应用社会（田野）调查的方法，进行"边疆/民族"研究。民国时期，凌纯声、芮逸夫、徐益棠、吴泽霖、吴文藻、李济、杨成志、江应梁、李安宅、林惠祥、黄文山、卫惠林、罗香林、徐松石、陈序经、罗常培、费孝通等许多接受人类学、民族学、社会学、语言学、考古学等学科专业教育的学者，利用西方现代社会科学的理论和方法，积极投身"边疆/民族"研究，涌现了诸如《云南民族调查报告》《松花江上的赫哲族》《湘西苗族调查报告》《客家源流考》《粤江流域人民史》《泰族僮族粤族考》《中国民族的形成》《疍民的研究》《广西花摇篮组织》等一系列拓土创新、垂范后世的学术作品。

四是"地学派"。这一派的突出特点是以现代地理学为基础，重点关注"边疆/民族"地区的地貌地质、经济地理、人文地理、人口分布、民族分类等。相对于前面的政治派、史学派和社科派，这一派在中华人民共和国成立后几乎湮没无闻，鲜有人提及，但地理学家们开创中国"历史地理学""人文地理学""边疆地理学"的学术贡献，以及他们在民国"边疆/民族"研究中的影响和地位却不容遗忘和抹杀，尤其是丁文江对西南地理及西南少数民族分类法的早期探索[①]，胡焕庸[②]、张其昀[③]关于中国民族人口分布规律的发现，

---

① 丁文江：《彝文丛刻自序》，《地理学报》1935年第4期。
② 胡焕庸：《中国人口之分布——附统计表与密度图》，《地理学报》1935年第2期。
③ 张其昀：《中华民族之地理分布》（一）（二），分别载于《地理学报》1935年第1、2期。

更是一直影响至今。总体来看，地学派有两个研究"边疆/民族"问题的中心，一个是清华大学地学系，主要以翁文灏、黄国璋、张印堂、董文弼等为代表；一个是以竺可桢为首的中央大学/浙江大学的地学系。竺可桢认为，地理学是介于自然科学与社会科学之间的交叉学科，"以自然科学为立足点，以社会科学为观察点"，与经济学、政治学、社会学、史学等有密切的"连带关系"，并以地理学作为教育的"中心枢轴"①。在竺可桢的影响和带动下，中央大学、浙江大学培养了一批关注、研究"边疆/民族"问题的地理学家，胡焕庸、张其昀、蒋君章、严德一等是其中的代表人物。

三、"派性"与"派系"对民国时期"边疆/民族"研究的影响

"派性"与"派系"在民国时期"边疆/民族"研究中具有很强的"封闭性""排他性"，其突出表现就是在学术上、政治上的"党同伐异"。

学术上的"党同伐异"，集中体现在对其他学科门类的偏见甚至压制上。西方现代各学科（所谓"西学"）与古代中国的传统学问（所谓"中学"）之间，以及西方现代各学科相互之间在治学理念、治学范围、治学方法上的对峙、激荡、砥砺，是刺激、推动民国时期学术繁荣进步的重要原因。但无论是西方现代社会科学，还是西方现代自然科学的各学科，基本上都是在清末和民国初期逐步传入中国，在争取学人和国人的接纳和认可方面，不同程度地都存在一些水土不服的情况。一些民国学人虽然接受了比较全面的西式（现代）教育，甚至有较长时期的西方留学经历，但在特定的历史背景下，因为一些特定原因，仍对其他学科抱有"敌意"。

傅斯年是民国学界的一位传奇人物，他与蒋介石、蔡元培、朱家骅等政界要人过从甚密，颇获倚重，曾长期担任"中央研究院"历史语言研究所所长职务，主持"中央研究院"的日常工作，还曾代理过北京大学校长，在民国学界享有盛誉。他在推进历史学、语言学发展方面不遗余力，建树颇丰，但对民族学、人类学、社会学等社会科学，却一直存有较深的偏见甚至敌意。在傅斯年看来，民族学"专刺激国族分化之意识，增加部落意识"，不过是"'帝国主义在殖民地发达之科学'之牙慧"②，认为由吴文藻等人组织的"所谓民族学会"就是"一段笑话"③；不仅"此等学问""大可不必提倡"，一向标榜"不主张政府统制学术"的傅斯年甚至还曾要求国民政府对民族学"必取一个断然的立场"④，加强对民族学研究的政治管制。对民族学的态度如此，傅斯年对人类学、社会学

---

① 竺可桢：《中央大学地学系之前途》（1928年7月），《地理杂志》第1卷第1期，载《竺可桢全集》（1），上海科技教育出版社2004年版，第588页。
② 王汎森、潘光哲、吴政上主编：《傅斯年遗札》（第二卷），社会科学文献出版社2015年版，第768页。
③ 同上。
④ 同上书，第669—770页。

等学科的态度也好不到哪里去。傅斯年曾对吴文藻直陈其对社会学"所知等于零",且对"此学"有"不少疑虑"①。虽然"中央研究院"历史语言研究所设有人类学组(第四组),但因为傅斯年对人类学的态度颇为暧昧,并阻滞"中央研究院"专设人类学所,引起人类学组成员凌纯生、吴纯一等人的不满,吴曾当面质问傅斯年是否认为人类学为"中央研究院"所需要的一门学科②。究其关键,在于傅斯年所看重的人类学,仅限于"体质人类学"和"考古人类学",对于凌纯生所代表的"文化人类学"方向,则以"民族学""地理学"之名鄙之,认为"凌主要的是一个地理学家",而不是人类学家③,其研究也主要属于"自然科学",而不是真正的"人类学"。

傅斯年对人类学、民族学、社会学等"社科派"有偏见和敌意,另一方面,在"社科派"看起来,"史学派""政治派"对"边疆/民族"的研究,都不是"科学的"研究④。青年时代的费孝通曾撰文主张,中国民族的成分和结构才是"边疆/民族"研究的"基本的问题",各成分间的"分合、盛衰、兴替、代谢和突变"才是中国民族的"根本的事实",所谓"政治的现象"只不过是"表面上的一些浪花"。在费孝通看来,要了解"各成分的分合、盛衰、兴替、代谢、突变",就"势必先明了(中国民族)各成分的情形",只有"能明了中华民族的结构"之后,"才能明了现在种种的民族问题"⑤。

政治上的党同伐异,则集中体现在组织人事上的笼络攀附与相互倾轧。一方面,各政治派系为争夺意识形态和边疆/民族事务上的决策权、话语权和影响力,十分注重延揽、笼络专家学者为其所用。为实现此目的,政治家们频频利用地缘纽带(家乡渊源)、师承关系(教育背景)、业缘关系(工作背景)物色可靠的辅助人选。

中央大学地学系的蒋君章进入蒋介石的侍从室工作,是"地学派"直接影响、介入国民党中央边疆事务的重大事件。蒋君章1925—1930年在东南大学(后更名为中央大学)地学系求学,其时正是中央大学地学系的黄金时期。毕业后,蒋君章即先后撰写出版了《中外地理大纲》(1934)、《新疆经营论》(1936)等著作,在边疆地理研究领域崭露头角,逐步得到国民党高层的赏识。1938年,蒋君章涉足国民党军政事务,先后在国民党中央军委政治部一厅、国民党中央训练委员会等部门工作。1941年10月,蒋君章在蒋介石的核心幕僚陈布雷的举荐之下,进入蒋介石侍从室第二处工作,不久后即任陈布雷的机要秘书,成为陈布雷的政治亲信。抗战期间,蒋君章先后完成了《西南经济

---

① 王汎森、潘光哲、吴政上主编:《傅斯年遗札》(第二卷),社会科学文献出版社2015年版,第529页。
② 王汎森、潘光哲、吴政上主编:《傅斯年遗札》(第三卷),社会科学文献出版社2015年版,第927页。
③ 同上书,第1042页。
④ 费孝通:《分析中华民族人种成分的方法和尝试》(1934),载费孝通《怎样做社会研究》,上海人民出版社2013年版。
⑤ 同上书,第172页。

地理》(1943)、《缅甸地理》(1944)、《中国边疆地理》(1944)及《康藏问题论丛》初稿等著作,加上其特殊的工作背景,使蒋君章的影响和地位举足轻重。在陈布雷和蒋君章的操作下,"地学派"在民国时期的"边疆/民族"研究中的影响力不断扩大。在顾颉刚看来,同样毕业于中央大学地学系的张其昀创办《思想与时代》杂志、垄断《大公报》社论,都是蒋介石和陈布雷支持的结果①。张其昀的表现让蒋介石颇为满意,抗战胜利后蒋介石曾力邀张其昀为其幕僚,代为文字及编辑工作,只是张因故未往而暂时作罢②。

朱家骅在任国民党中央组织部部长期间,利用其曾任中山大学校长职务的背景,极力笼络曾在中山大学任教的傅斯年、顾颉刚在"边疆/民族"事务上为其谋划、助力。从现有文献来看,朱家骅关于边疆问题的很多重要文稿、讲话,都是傅斯年和顾颉刚在背后参与甚至直接起草、审定的。在朱家骅的影响之下,傅斯年、顾颉刚也或多或少、或深或浅地介入了国民党的派系政治之中。从顾颉刚的日记来看,朱家骅多次或明或暗地点拨顾颉刚在涉及 CC 系的某些人事问题上避嫌。顾颉刚不仅知悉朱家骅与陈立夫两派系之间的矛盾③,甚至还甘当马前卒,在参政会上故意质问陈立夫使其难堪④。顾颉刚一方面指责张其昀等人有"政治野心"⑤,认定胡焕庸等人是"CC 系"⑥,同时又自表心迹,称:"许多人都称我为纯粹学者,而不知我事业心之强烈更在求知欲之上。我一切所作所为,他人所毁所誉,必用事业心说明之,乃可以见其真相。"⑦ 其矛盾心态,可见一斑。但顾颉刚玻璃一般的"事业心",很快就被残酷的政治现实所狙击。一来朱家骅并不完全信任顾颉刚,虽委以顾颉刚边疆翻译委员会副主任的职务,但主事者却另有其人,使顾颉刚心生"傀儡"之感慨⑧。加之顾颉刚与傅斯年两人早有心结,而朱家骅在一些问题上对傅斯年反而更为信任和倚重,使得顾颉刚屡屡怀疑傅斯年在其背后作梗,直以"政敌"视之⑨而无可奈何。二来顾颉刚亦认为朱家骅"不足与谋",辅助朱家骅纯粹属于名利交换。为了争取顾颉刚"出山",朱家骅出手阔绰,为顾颉刚所办刊物提供大笔工作经费,并资助中国禹贡学会,顾颉刚"方认彼为知己"⑩,最终同意赴重庆协助其工作。三来陈立夫有意给了

---

① 顾颉刚:《顾颉刚全集·顾颉刚日记》(卷四),中华书局2011年版,第602页。
② 1949年6月,张其昀渡台后,即受到蒋介石的重用,任其为国民党总裁办公室秘书组主任,其后更是屡获重用,在台湾权倾一时。
③ 蒋介石刻意在陈立夫与朱家骅两派系之间玩谋略、搞平衡,两人两次互换"教育部长"与"中央组织部长"之职,两派人马亦随之互遭清洗。
④ 顾颉刚:《顾颉刚全集·顾颉刚日记》(卷四),中华书局2011年版,第753页。
⑤ 同上书,第602页。
⑥ 顾颉刚:《顾颉刚全集·顾颉刚日记》(卷五),中华书局2011年版,第58页。
⑦ 顾颉刚:《顾颉刚全集·顾颉刚日记》(卷四),中华书局2011年版,第689—690页。
⑧ 同上书,第610页。
⑨ 顾颉刚:《顾颉刚全集·顾颉刚日记》(卷五),中华书局2011年版,第271页。
⑩ 顾颉刚:《顾颉刚全集·顾颉刚日记》(卷四),中华书局2011年版,第610页。

顾颉刚一个"史学会会长"的虚名①，顾颉刚受宠之余不仅未推辞反而认为"使教部肯出钱，许做事，则我担负其责固无不可"②，成功离间了本就不太牢固的朱、顾关系。朱家骅与顾颉刚各取所需的短暂合作，也就此画上了一个不太圆满的句号。

四、几点思考和结论

从上面的分析我们看出，政治上的幕后操控、专业上的门派之见、观点上的互相攻击、人事上的党同伐异、"派性"与"派系"与民国时期的"边疆/民族"研究可谓如影随形、伴随始终，是后人照亮民国学界隐暗历史的火把、开启民国学术大门的密钥。

"派系"与"派性"在民国"边疆/民族"研究领域横行无忌，既有政治方面的原因，也有学术自身的问题。就政治而言，在民国时期派系政治与派系斗争极其复杂的时代背景之下，象牙塔内的学术界自然也难以独善其身、孤芳自赏。一方面，国民党内部各种政治派系要争夺意识形态领域的话语权、"边疆/民族"事务的决策权，势必需要控制相关高校、科研机构，笼络、驱使相关学者为其所用；另一方面，存亡绝续的艰困时局，使民国时期众多学人自觉不自觉地身怀"救世""救国"的理想与使命，有的还有"学而优则仕"的政治抱负，他们或主动或被动地卷入政治旋涡，难以自拔。除了来自政治方面的原因之外，学界自身存在的"派性"与"派系"对民国时期的"边疆/民族"研究同样有着十分重大且深远的影响。一方面，民国学界对于中国的前途和命运有着各不相同的认识与看法，开出的"药方"大相径庭：有的要"复古"，有的要"西化"；有的要"自由"，有的要"独裁"……各执己见、针锋相对。另一方面，社会学、人类学、地理学、语言学、地理学等西方现代学科在民国时期大批传入中国，古代中国的传统学问（"中学"）与现代学科（"西学"）之间的关系，接受传统教育与有留洋背景的学人之间的关系，都还要相当的时间进行调适和磨合。

"派性"和"派系"，既是刺激民国"边疆/民族"研究表面繁荣的兴奋剂，也是扼杀民国"边疆/民族"研究创见与活力的慢性药。从积极的方面来看，"派性"和"派系"的相互竞争、砥砺，在学术上刺激、繁荣了民国时期的"边疆/民族"研究，加深了国人对"边疆/民族"问题的了解和认识，在政治上对蒋介石统治集团错误的"边疆/民族"政策也起到了一定的牵制、制衡作用。从消极的方面来看，"派性"和"派系"的急功近利、相互倾轧，在很大程度上也固化了学人的门派之见，助长了追名逐权的学术风气，败坏了民国时期的学术生态，遏制、扼杀了民国时期"边疆/民族"研究的学术活力和创造

---

① 不明所以的顾颉刚在惊喜之余，还揣测是蒋委员长给教育部"发条子""举我之名"，所以"彼辈不能不推我出来"。参见顾颉刚《顾颉刚全集·顾颉刚日记》（卷五），中华书局2011年版，第50页。
② 顾颉刚：《顾颉刚全集·顾颉刚日记》（卷五），中华书局2011年版，第50页。

力,最终不可避免地沦为政治斗争的工具和牺牲品。总的来说,在民国"边疆/民族"研究的诸派系中,以戴季陶、陶希圣代表的"政治派",以顾颉刚、傅斯年为代表的"史学系",以胡焕庸、张其昀、蒋君章为代表的"地学派",或多或少地受到了国民党统治集团各政治派系的接纳和青睐,而"社科派"则在政治上和学术上受到了来自蒋介石统治集团和其他学术派系的双重压制和遏制,相对疏离、游离于国民党统治集团及其各政治派系之外。

"派性"与"派系"的肆无忌惮,决定了民国"边疆/民族"研究的所谓"繁盛",只不过是在特定时代背景之下的一种"假象"和"幻景",根本不可能找到一条符合中国国情、妥善解决"边疆/民族"问题的学术方案或政治道路,更不可能有能力、有机会最终实现之。顾颉刚抱着"救国"的事业心涉足国民党的党政,到头来却被残酷的现实捉弄,灰头土脸、头破血流。"政学两界不能作事"[①] 的窘境,竟使顾颉刚一度心生从商之心,民国学术生态之恶劣可见一斑。"学界争名太甚""政界争权太亟"[②] 的残酷现实,终于使一部分民国学人渐渐清醒过来。他们有的在政治上对国民党统治集团的腐朽专制统治心灰意冷,积极加入民主党派,渐次向中国共产党所领导的人民民主阵营靠拢;有的则在学术上逐渐注重打破专业壁垒,去除门户成见,汲取众家所长。伴随着新民主主义革命的胜利和中华人民共和国的成立,"边疆/民族"研究也即将迎来它的新境界、新纪元。

Cannot Reach the "Same Goal" by "Different Means": "Factions" and "Sectarians" of "Frontier/Ethnic" Research in Republic of China

Xiong Fangliang

(Policy and Legal Department of State Ethnic Affairs Commission of China, Beijing, 100800)

Abstract: For a long time, there has been a simple dichotomy between the frontier/ethnic research in the Republic of China, one is the democratic progressive force of the Communist party of China, the other is the reactionary force attached to the Kuomintang reactionaries. This distinction based on the political parties and groups is good for analizing and explaining the difference of the frontier/ethnic policy of the Kuomintang and the Communist Party of China but is unavailable for analizing and explaining all the frontier/ethnic studies in the period of Republic of China, es-

---

① 顾颉刚:《顾颉刚全集·顾颉刚日记》(卷五),中华书局2011年版,第271页。
② 同上书,第64—65页。

pecially in area under the Kuomintang's control. In the fact, the frontier/ethnic research was always riven with factional fighting and sectarian polictics. In this circumstances, political school、history school、social science school and geonomy school sprang up all over the country. Although factinal fighting brought empheral and superficial prosperous, it also destroyed academic enviorment, brought down the tone of research, which making the frontier/ethnic research in Republic of China can not find a way solve the frontier/ethnic problem, not mention the realization. At last, some people of insight realized that if we want to have a new beginning of era and new trends of frontier/ethnic research, we can not nothing but overthrow the Kuomintang's Adminstration and destroy the discrimination of sectarian.

Keywords: Frontier; Ethnic; Faction; Sectarian

边疆史地研究

本栏目主持人：张永攀，中国社会科学院中国边疆研究所研究员

主持人语：无论从哪个角度讲，从事边疆研究的基本功还得是边疆史地研究。国内做边疆研究的专家学者，绝大多数都在边疆史地研究之中浸润过多年，从历史的一个个片段之中积累了很多的知识，才不断加深了对边疆的感性认识，才逐步提升到了对边疆的理性认识。本辑本栏目收录的两篇论文，一篇是学界新人杨继伟的《清嘉庆到宣统时期卡外哈萨克与清朝卡伦相关问题研究》，另一篇是新疆学者贾秀慧的《试析近代新疆商会与内地商会的差异》。前一篇论文在挖掘题材之后运用了大量史料，呈现了一段当时清廷大员松筠对新疆涉外涉边的史实陈述，使得今天的读者重新唤醒了对那段远去后逐渐陌生的景象的历史记忆。从文中的陈述来看，清代一段时期基于正确研判时势而做的决策，对卡伦的管理差不多达到了"依法治边"的程度，读者还可以从中读出一些历史简述背后所含的那些隐痛。后一篇论文所展示的区域依然在新疆，这篇论文相当耐读，对近代新疆商会有关近代史料做了部分梳理与陈设似的叙述，一方面看到了近代新疆商会与内地商会的相似性，另一方面又看到了那些并不太多的差异。文中指出当时"闭关自守的新疆，故步自封的经营模式和传统的经商理念……"导致商会没有办报纸、开夜校、培训班、参与政治等，但我们却在文中读出来当代新疆商会在这些方面还是有所作为的。怎么理解其中意蕴？那真的是要见仁见智了。其实，一段段新疆的历史，无不包含着在中国疆域之中的骨血关系，这是我们在中国边疆研究之中必须要把握住的。

清嘉庆到宣统时期卡外哈萨克与清朝卡伦相关问题研究

杨继伟[*]

(新疆师范大学历史学院,乌鲁木齐,830017)

摘要：清朝在新疆地区设置了一些针对卡外哈萨克的卡伦,但伴随着清嘉庆到宣统时期的国势日衰,卡伦衰微,虽然这一时期清朝也针对卡伦弊端进行了一些改革,但收效甚微,再加上俄国的侵略,卡外哈萨克越界越来越频繁,并由此引发了一些治安和刑事案件,这些案件最终由中俄双方按照"司牙孜会谳制度"审理。

关键词：清中晚期；卡外哈萨克；卡伦

关于卡伦的含义,有学者认为,"卡伦是清朝在其管辖区域内关隘、要塞等处设置的一种特有的管理或防御设施,它在清朝的社会治安、生产、资源管理以及边防建设等方面都具有举足轻重的地位"。[①] 卡伦作用主要分为对内和对外两种,对内卡伦主要是维持某地区的社会治安或加强某方面管理,一般设置在边境线以内；而对外卡伦主要是防止外番民族越界或入侵,它们一般设置在边境线附近。本文讨论的卡伦主要是针对卡外哈萨克的对外卡伦或边境卡伦。

一、卡伦设置与哈萨克关系

清朝有一部分卡伦的设置是针对哈萨克的,"至于境外,自北而西,则有哈萨克,自西而南,则有布鲁特,壤界毗连,具禁在于盗窃,故设卡置官派兵巡守。领队大臣分管卡伦,每年春、秋二季,各巡查所属卡伦一次。惠宁城领队大臣所辖卡伦八处,锡伯领队大臣所辖卡伦十一处,索伦领队大臣所辖卡伦十处,察哈尔领队大臣所辖卡伦二十一处,厄鲁特领队大臣所辖卡伦十三处,营务处专辖卡伦二处,以上共八十二处卡伦。侍卫撒袋一

---

[*] 杨继伟(1990—),男,山东潍坊人,新疆师范大学历史学院在读研究生,主要从事中国史研究。
[①] 宝音朝克图：《清代北部边疆卡伦研究》,中国人民大学出版社2005年版,第3页。

付,弓二张,披子箭十三枝,马三匹,腰刀一把。佐领马五匹,余与侍卫同。防御马四匹,余与侍卫同。骁骑校与侍卫同。空蓝翎撒袋一付,披子箭九枝,腰刀一把,马二匹。催总与蓝空翎同。前锋撒袋一付,披子箭九枝,腰刀一把,马二匹,手枪一枝,梅针箭二十枝,弓(原文缺)张,马(原文缺)匹。(原文缺)撒袋一付,梅针箭二十枝,腰刀一把,弓一张,马二匹。兵鸟枪一杆,长枪一枝,马二匹"①。

注意此文成文时间是嘉庆年间,此后卡伦又有一些调整变化。但由此可见,卡伦官兵多是固定在卡伦内进行定点防卫,流动性和灵活性较弱;虽然卡伦数、守卡官兵数量众多,但卡伦官兵武器多是以刀、箭等冷兵器为主,适合短距离拼杀,在较长距离之内就不好控制;而且卡伦信息传递应该是通过骑马送信的方式,信息获取和传递的速度较慢。而现代化的电报直到19世纪90年代才在伊犁和塔尔巴哈台地区开始建设,当时应该还具体不到下面的卡伦,"随后,在建造喀什噶尔电报线影响下,通往伊犁、塔尔巴哈台的电报线也得以相继建成。这样经过1893—1894年的陆续建设,连接新疆重要地区的电报线网络基本形成"②。卡伦的这些特征都不利于拦截擅长游牧流动的卡外哈萨克。且领队大臣巡查哈萨克边界卡伦季节都是固定的,巡查哈萨克边界精确到每年秋季八月左右。"每年八月间,领队大臣巡查哈萨克边界一次。"③"每年秋季,分巡查哈萨克边界之时派两满营协领一员,惠远城满营官二员,兵七十名,巴燕岱城官一员,兵四十名,锡伯营官一员,兵三十名,索伦营官一员,兵三十名,察哈尔营官二员,兵六十名,厄鲁特营官二员,兵七十名,共官十员,兵三百名。"虽然巡查官兵人数更多,但巡查时间几乎固定不变的特点就导致一方面相关卡伦官兵检查执勤容易懈怠,只需差不多到巡查时候的一两个月时间内装认真一点往往就可以蒙混巡查;另一方面这个规律也易于被越界哈萨克人掌握利用,只要避开巡查的这个"敏感期"就易于越卡成功。而且对哈萨克所设卡伦有一部分属移设卡伦。所谓移设卡伦,是指"在清代,从防御上或管理上的需要出发,守卡官兵一年内因季节的变化或防御、管理对象的转移等原因在两个以上的固定据点之间转移,此种卡伦被称为移设卡伦"④。如巴燕岱领队大人管辖卡伦,"巴燕岱领队大人管辖:塔尔奇卡伦,侍卫一员,大城满营官一员,兵十五名,巴燕岱兵五名,厄鲁特兵十名,共兵三十名。春天,哈萨克来时,添巴燕岱官一名,兵五名,锡伯兵五名,当差不来之时,仍行撤回。干珠罕卡伦,侍卫一员,巴燕岱蓝翎骁骑校一员,大城满兵十二名,巴燕岱兵八名,厄鲁特兵二十五名,共兵四十五名。春天,哈萨克来时,添巴燕岱官一员,当差不来之时,仍行

---

① (清)永保:《总统伊犁事宜·北路总说·边卫》,张新泰等:《中国新疆历史文化古籍文献资料译编:哈萨克族(二)》,新疆人民出版社2016年版,第785页。
② 王东:《边疆危机与清末新疆电报线的建设》,《西域研究》2014年第1期,第68页。
③ (清)永保:《总统伊犁事宜·北路总说·官制兵额》,载张新泰等《中国新疆历史文化古籍文献资料译编:哈萨克族(二)》,新疆人民出版社2016年版,第789页。
④ 宝音朝克图:《清代北部边疆卡伦研究》,中国人民大学出版社2005年版,第14—15页。

撤回。库库哈玛尔卡伦，此卡官兵于五十九年冬，全数撤回。四年七月，巴燕岱大人回明奉谕：仍添设巴燕岱官一员，大城满兵十名，巴燕岱兵五名，厄鲁特兵五名，共兵二十名。冬天，雪深不能行走之时，撤回。春天，雪消之时，派往。鄂卜尔奇尔卡伦，巴燕岱官一员，兵十五名。每年春天，雪深不能行走之时，禀报候示，移住卜罗布尔哈苏。春天，雪消以后，仍移鄂卜尔奇尔。库库鄂罗木卡伦，巴燕岱营官一员，兵十五名。冬天，雪深不能行走之时，禀报撤回。沙拉布拉克卡伦，巴燕岱城官二名，兵四十名。哈萨克来时安设，不来之时，撤回，处于塔尔奇卡伦拨派兵五名，移住此卡"①。这些移设卡伦官兵到底何时撤回、何时安设，并没有很细致具体的时间规定，卡伦官兵具体去留时间也就不十分固定，这也很容易让卡外哈萨克人钻空子趁换防间隙越卡闯入。当然为加强管理临时加派官兵的行为总体有利于加强卡伦控制和管理，但是加派官兵与驻守官兵之间彼此应该不熟悉，没有任何史料表明加派官兵和驻守官兵之间关系是固定的或彼此是熟悉的，所以万一有什么紧急情况相互之间的沟通配合协调也是问题，如果相互合作不好无疑会削弱卡伦功能和作用的发挥。而且，官方因为财政危机经常拖欠卡伦官兵工资，尤其是到了咸丰朝因为协饷拖欠财政危机非常严重，给守卡官兵的生活造成了很大影响，"到咸丰朝以后，由于协饷欠额逐年增加，使新疆财政发生严重困难，使原本依靠俸饷过日子的广大官兵及其家属的生活立即陷入困境"②。从而导致官兵守卡积极性较低，自身生活得不到保障，也容易让守卡官兵产生"徇私舞弊，贪赃枉法"的不法企图。"贿赂和贪赃枉法在清帝国的所有公共事务和司法机关中也很盛行。"③"各级守边官员（主要是守卡官员）贪腐成性，不能尽职尽责。他们为了个人私利，或伙同商人越境交易，或收受贿赂，勒索哈萨克牧民的牛羊、马匹等，种种弊端，不胜枚举。"④

另外，卡伦官兵多是老弱病残，有些还吸食大烟，所以卡伦官兵的战斗力也不强。"军队征兵要求不一定是本人，而可以雇他人去替代，在和平时期基本上是雇来的人服役，所以看守边防哨所的都是些不能在田间劳动的老弱或游手好闲之徒，他们的形象极易引起过境人员的厌恶和怜悯。因为财政状况不好，政府早已停发了守卡官兵每月3个卢布的薪金，所以大家都尽量派去家里不能劳动的成员，或者低价雇人代替自己。低价能雇到的往往是那种懒汉，他们把挣来的钱喝酒花完后，就在那里熬日子，只要不饿死就行。我曾亲眼在哨卡见到过这样的锡伯和索伦人。这些人，因营养不良和吸食大烟，被折磨得惨不忍睹，他们实际上是一群乞丐，而不是什么边防卫士。上级长官对边务和军事的这种忽视态

---

① （清）永保：《总统伊犁事宜·营务处应办事宜》，载张新泰等《中国新疆历史文化古籍文献资料译编：哈萨克族（二）》，新疆人民出版社2016年版，第778—779页。
② 齐清顺：《清代新疆的协饷供应和财政危机》，《新疆社会科学》1987年第3期，第79页。
③ ［英］C.P. 斯克莱因等：《马继业在喀什噶尔：1890—1918年间英国、中国和俄国在新疆活动真相》，贾秀慧译，新疆人民出版社2013年版，第23页。
④ 白剑光：《晚清阿尔泰边防研究》，博士学位论文，河北师范大学，2009年，第61页。

度，从一方面分析，可能巩固了戍民的经济地位，但是完全泯灭了军气，使其在危机时刻不能有力地为政府效劳。"①

道光时期，朝廷曾针对卡伦进行了一些改革，但笔者觉得作用有限。如道光八年（1828），道光帝命裁撤伊犁、塔尔巴哈台卡伦侍卫②，改由驻防官员接任。"伊犁、塔尔巴哈台两处地方所设各卡伦，多有毗连哈萨克、布鲁特、鄂罗斯诸夷交界，防御、巡防、稽查例禁出境货物，在均关紧要。在侍卫等初至口外，人地生疏，情形不能熟悉，遇有驱逐哈萨克追踪等事，往往添派本处巡防熟悉人员前往办理。及至该侍卫等情形稍熟，已届瓜代之期，是该员等往返程途，驿站夫马供支，徒滋糜扰，而于防守均无实益。将现在伊犁卡伦侍卫十一员，塔尔巴哈台卡伦侍卫八员，全行裁撤，俱改由本处驻防官内挑选小心干练、通晓夷情者，派令接替巡防守御，不独边防得力，而经费亦可撙节。"③ 笔者认为，这项改革主要目的是为了节省经费，但有"一刀切"的弊端，这些被裁撤的卡伦侍卫难道都不"熟悉情形"，而接替他们的驻防官就都能做到"熟悉夷情"？官方应该对这些卡伦侍卫具体考察之后再做安排，决定其去留，而新接替的驻防官去卡伦后就算再"熟悉夷情"，到了完全陌生的新环境，与附近哈萨克还有原来的守卡官兵也需要有一段时间的"磨合期"才能彼此熟悉。

后在道光十四年（1834），朝廷又对卡伦巡边和卡伦官兵相关日常事宜进行了具体细致的规定，"伊犁沿边大小卡伦七十余座，周围地逾数千里，各卡相离数十里至百余里之遥，每卡仅设弁兵十余名及三十余名不等，惟按月周巡，可期声势联络，其索伦、锡伯、察哈尔、额鲁特四营，每月派总管副总管佐领等官一员，各带本营兵丁三十名，于该管卡伦挨次行查，至各营交界会哨，其中隔大山无路可通，及所管各卡伦隶于境内者，均毋须巡查会哨，统计各营每月各派官兵会哨一次，如该官兵巡见哈萨克等私越开齐，即当追逐惩创，惟不准追出卡外，希冀邀功，至冬末春初，冰雪封山，收入卡伦时，即行裁撤，仍令本管卡伦官兵自行会查，以后按年照办，所有出差官员兵丁，各令按月轮派，仍令各领队督率巡防，认真查察，如有会哨误期，及虚报巡查等弊，查明参办"④。原来是把巡查官兵集合起来一起巡边，现在是各营只巡查自己所属卡伦，无疑会节省时间，提高效率；原来是一年一查，现在是一月一查，肯定会在一定程度上提高守卡官兵的认真态度；还有一月一巡查也有利于阻止哈萨克越境。"据称各边卡伦相去甚远，中间旧设瞭墩间有坍损，

---

① ［俄］B. B. 拉德洛夫：《西伯利亚日记（第九章）》，载张新泰等《中国新疆历史文化古籍文献资料译编：哈萨克族（二）》，新疆人民出版社2016年版，第985页。
② 关于卡伦侍卫的情况，详见耿琦《清代驻守新疆"侍卫"职任考述》，《清史研究》2015年第4期，第120—122页。
③ （清）曹振镛等：《平定回疆剿擒逆裔方略》卷65，载张新泰等《中国新疆历史文化古籍文献资料译编：哈萨克族（二）》，新疆人民出版社2016年版，第887页。
④ 《清宣宗实录》卷254，载张新泰等《中国新疆历史文化古籍文献资料译编：哈萨克族（二）》，新疆人民出版社2016年版，第919页。

不足以资守望，各卡马匹，向系散牧荒滩，难以固守，请饬令各卡修理马圈，朝放暮收，加意提防，将各卡瞭墩，随时严整，照依向例，令该管卡员派令健壮兵丁，轮流坐守，不许刻离，见有贼迹，立即禀报，如各卡官兵稍有疏懈，立予严惩，其应行修整之处，饬令该领队大臣，督率各营认真查办，仍严饬管领巡兵之员，选派精壮兵丁，各带鸟枪器械，按期会哨，遇有私越贼犯，协同守卡官兵就案擒拿，不准轻出，以杜衅端。"① 修饬卡伦设施及令卡伦官兵提高防守意识，也可以在一定程度上提高卡伦防范哈萨克的能力，但"不准轻出"也使卡伦处于"被动防御"中，对越境哈萨克的威慑力也有限。朝廷对卡伦官兵玩忽职守、贪赃枉法等不法行为也予以惩戒，以提高卡伦官兵的守卡意识和规范其行为，如因卡伦官员玩忽职守导致哈萨克越境抢劫并杀害守卡士兵，"此案前鄂尔霍珠尔坐卡佐领伊昌阿，于所管格根卡伦之委官达什等私离卡地遣往取粮，毫无觉察，以致哈萨克贼犯偷入开齐，戕毙弁兵四名之多，非寻常疏防可比，仅予革职不足蔽辜，伊昌阿著革职，再加枷号三个月，传示各卡伦，以为玩视边防者戒。其更换之佐领土瓦强阿，经过格根卡伦，于委官达什带兵遣出，无难立即查办，乃迟至数日，始行申报，并不切实根究，亦属有乖职守，著即行革职"②。还有因守卡官员贪赃枉法而导致办事不力，"寻奏，讯明巴噶土尔扣留牛马羊只，合计一百四十余匹之多，又诓取哈萨克骑马，将哈萨克交纳租马抵换，又自行纵放贼犯，诬指克特什布纵放，种种不法，拟革去协理台吉，发新疆效力，克特什布不能严防边界，转与哈萨克妇女通奸，实属卑鄙无耻，拟革职枷号三个月，满日发伊犁充当苦差。"③ 朝廷对这些犯错误的守卡官兵进行惩戒虽然严厉，但只是"就案论案"，难以从根源上杜绝对哈卡伦的弊端。

在光绪年间，又改设卡伦查禁逃哈，"新疆改设卡伦，查禁逃哈，地广兵单，难期得力，拟仍分段设哨，责以防哈捕盗，省经费而收效易"④。虽然官方也针对卡伦的一些弊病采取了很多措施，但是总体来说是"头痛医头，脚痛医脚"。只是从一些不关键的地方进行一些表面上的改革，治标不治本，始终无法突破卡伦固有的弊端，致使其效果有限，也使哈萨克与卡伦产生了越来越频繁的联系。但是，实际上，"到嘉、道之时，巡边次数愈来愈少，巡边路线愈来愈向内靠，而且哈萨克、布鲁特部落在卡外境内云集，又长年不迁，致使清政府不得不把边防的主要任务放在卡伦上。再加上清政府将'内属'部落与'外藩'部落相混淆，对卡外边境地区采取不管的态度，致使卡伦在边防中的作用，实际

---

① 《清宣宗实录》卷261，载张新泰等《中国新疆历史文化古籍文献资料译编：哈萨克族（二）》，新疆人民出版社2016年版，第920页。
② 同上书，第925页。
③ 《清宣宗实录》卷287，载张新泰等《中国新疆历史文化古籍文献资料译编：哈萨克族（二）》，新疆人民出版社2016年版，第924页。
④ 《清德宗实录》卷569，载张新泰等《中国新疆历史文化古籍文献资料译编：哈萨克族（二）》，新疆人民出版社2016年版，第1300页。

上升到第一线"①。

二、卡伦衰微与哈萨克越界相关问题

在卡伦防务越来越衰微的情况下，卡外哈萨克越界越来越常态化，并引发了一系列问题，"百余年来，他们被迫四处流亡，处境极其困苦。为了生存，难免有人'攘窃成风'，或'寇略生事'，或'藉势逞强'，或抗拒官兵，不仅加剧了蒙哈之间的矛盾，也严重影响了边疆地区的稳定"②。"查哈萨克潜住新疆境内，事已多年，初不始于前岁。该省幅员辽阔，哈自潜牧大泽深林兴民继庄园田亩各不相涉，故初亦无人过问，近年民齿益增，污莱渐辟，而哈亦日聚日众，地方胥吏之需索，与哈众逾越争占之事，即相因而至。狱讼纠纷，日形悍格，于是始议驱哈，诚亦不得已之举。"③ 朝廷虽多次驱逐，并针对卡伦官员的违法行为采取了严厉的惩治措施，但屡禁不止，以道光年间哈萨克伊扎噶土等多次潜居乌梁海问题为例，为什么这一时期哈萨克越界特别频繁而典型，"进入19世纪20年代，在浩罕汗国避居的维吾尔族封建主、大小和卓后裔张格尔，进入南疆大肆侵扰，清朝调集大兵前往镇压，北疆防务空虚。沙俄侵略势力乘机向斋桑淖尔、喀拉额尔齐斯河等地渗透，受其影响，在斋桑淖尔一带住牧的一部分哈萨克再次东移，越过清朝卡伦，进入科布多所属阿尔泰乌梁海蒙古部落的游牧地"④。其中俄国的因素是最主要的，如在此时期，沙俄政府举行了西伯利亚和亚洲问题委员会会议，决定扩张侵略，"遵循一些渐进步骤和慎重态度，不去惊扰中国人，但是必须贯彻始终地、渐渐地使他们理会到额尔齐斯彼岸的一切土地，沿阿亚古斯、列普萨科克佩克丁斯各河流，并继续向前到斋桑湖，直到中国卡伦线，都是属于俄国的"⑤。而"在沙俄侵占的中国西北边疆地区的领土中，大部分是经清朝政府同意后由越境游牧的哈萨克牧民生活的地区。因此，沙俄对哈萨克草原的吞并和对中国西北地区的侵略，不仅使中国大片领土沦入沙俄之手，也迫使哈萨克更进一步向中国境内迁徙"⑥。

由此可见，沙俄侵略是引发这一时期哈萨克大规模越界的最主要原因。"乌梁海地方，哈萨克聚至数千户之多，必应严行驱逐，该将军奏请勒限一月，令其迁移，无任再潜内地，并乌梁海西界添设卡伦四处，添兵防守，俱照所议行。该参赞大臣即晓谕哈萨克等，

---

① 马曼丽：《中亚研究：中亚与中国同源跨国民族卷》，民族出版社1995年版，第188页。
② 白剑光：《晚清阿尔泰边防研究》，博士学位论文，河北师范大学，2009年，第56页。
③ （清）瑞洵：《散木居奏稿》卷22，载张新泰等《中国新疆历史文化古籍文献资料译编：哈萨克族（二）》，新疆人民出版社2016年版，第1287页。
④ 白剑光：《晚清阿尔泰边防研究》，博士学位论文，河北师范大学，2009年，第57页。
⑤ ［俄］伊·费·巴布科夫：《我在西西伯利亚服务的回忆（1859—1875年）》（上册），王之相译，商务印书馆1973年版，第161页。
⑥ 齐清顺：《论近代中俄哈萨克跨界民族的形成》，《西域研究》1991年第1期，第88页。

各居边界，安静守分，仍饬卡伦官兵，认真搜查，毋得日久生懈。其乌梁海散佚大臣莫罗木达尔扎、布彦德勒克，副都统德勒格呼库，总管棍布，纵属私留商民，向哈萨克买取羊只，俱著罚俸二年。其潜赴哈萨克地方贸易之商民，著交参赞大臣审明，照例治罪。所有卡伦侍卫官员，著塔尔巴哈台、科布多参赞大臣，查取职名交部议处。"① 但这部分哈萨克私越卡伦往往是"退又复进"，与官方打"游击战"，"哈萨克私越开齐，入乌梁海潜居，上年经富呢扬阿派员会同塔尔巴哈台委员，及乌梁海官兵前往驱逐，伊扎噶土带领六百余户，藉词推诿，不肯搬移，复经富呢扬阿调取土尔扈特、乌梁海二处官兵弹压，催逐出境。兹据毓书奏称，伊扎噶土带领数百余户哈萨克，于本年三月二十二日夜间，复渡博尔济河，在乌尔图布拉克地方潜居，抗拒不移，伊扎噶土不过一梗顽哈萨克，即所带数百余户，人数无多，毓书惟当严切晓谕，驱逐出境，一面知会塔尔巴哈台、乌梁海会同弹压，倘仍抗拒不遵，自当示之以威，但须体察情形，妥为办理，如控制失宜，或致激成事变"②。从官方措辞语气可以看出，朝廷既想驱逐这部分哈萨克，又存在因害怕处置不当激化矛盾的"投鼠忌器"的矛盾心理，这种心理会导致下面具体执行时犹豫不决，也会无形中助长这部分哈萨克的嚣张气焰，但之后官方针对越境哈萨克越来越多的嚣张势头不再犹豫不决，较之前坚决彻底，"伊扎噶土等前由土尔扈特南入察汗通格台一带地方，旋复先后散向北行，仍入土尔扈特游牧肆行抢夺，拒捕伤人，现在所调杜尔伯特官兵俱已集齐，派令游击和明带领前往，会同哈楚遑剿办，惟该哈萨克前赴青吉勒河与伊满聚会，若自乌梁海阑入苏尔巴哈台境内，必须会同查拿等语。伊扎噶土伊满等累年侵占滋扰，致烦驱逐，今又率众在乌梁海、土尔扈特等处抢掠伤人，若不严行剿办，何以服众蒙古之心，而杜众哈萨克觊觎之渐"③。

后官方甚至动用了几千军队驱逐这部分哈萨克，"哈萨克伊扎噶土等，屡次潜入乌梁海游牧，侵占草厂，历经驱逐，不知悛改，此次胆敢率领二千余户，扰害土尔扈特等处，抗拒官兵，不法已极，自应调兵防堵，驱逐出境，以安游牧，所有毓书调派杜尔伯特左右两翼官兵一千名，蒙古官兵一千名，及保昌奏调兵二千名，俱著车林多尔济带往剿捕，保昌著毋庸前往，毓书著留于科布多弹压地方，转运粮饷，其由屯田当差兵内抽调之六十六名，并汉兵六十名，俱著留于科布多，以资防御，所有毓书派出之文武各员，著车林多尔济酌量带往差遣，以专责成，车林多尔济当相度机宜，奋勇剿捕，悉数迅速驱逐出境，以示惩创，倘匪徒儆惧，逃窜出卡，亦不值深入穷追，致烦兵力，毓书

---

① 《清宣宗实录》卷37，载张新泰等《中国新疆历史文化古籍文献资料译编：哈萨克族（二）》，新疆人民出版社2016年版，第855页。
② 《清宣宗实录》卷283，载张新泰等《中国新疆历史文化古籍文献资料译编：哈萨克族（二）》，新疆人民出版社2016年版，第923页。
③ 《清宣宗实录》卷314，载张新泰等《中国新疆历史文化古籍文献资料译编：哈萨克族（二）》，新疆人民出版社2016年版，第928页。

于转输粮饷各事宜，是其专责，尤当预为筹备，源源接济，无得迟延，如有贻误，惟毓书是问"①。朝廷后对犯了一点小错误的官员毓书严肃处理，依然是积极剿办，也希望余下相关官员能尽职尽责，"现在剿办哈萨克，文报固不可贻误，若如毓书所奏，于每台站添设兵丁二十余名，过事张皇，俨然大举，殊属不晓事体，著每站只准添兵四五名，足敷差委，不准浮滥。至车林多尔济，现已带兵驰赴该处，务当剀切晓谕蒙古王贝子等，趁哈萨克散行南移之际，各宜振作精神，聚集兵众，会同剿办，早一日扫除丑类，即早一日乐业安居矣。其毓书所派主事职衔哈楚湮，带领千总马桂林，把总尹世忠、马炳，绿营兵四十名，并前往杜尔伯特各兵丁，计已先后驰抵该处，著车林多尔济酌量调遣差委，务期迅速蒇功，倘该匪徒等闻风悔惧，逃窜出卡，著仍遵前旨，不必深入穷追，以惜兵力。至毓书能否剿办，且不必论，甫有征调之事，兵丁数目已先错乱如是，何无能至此，已另降谕旨，将毓书交部严加议处"②。后来官方又开始谨小慎微，防止事态扩大化，"卡外哈萨克等攘窃成风，原不值与之深较，其带领属户潜入卡内，图就水草住牧者，亦历年常有之事，向皆一经驱逐，即行挪移，又何能耸动别项哈萨克同恶相帮，该大臣等惟当持以镇静，倘伊扎噶土等胆敢前来，即行截拿，毋令众哈萨克潜入藏匿，所有卡外附近过冬之哈萨克王公台吉等，著即剀切晓谕，令各照旧安度日，毋许轻听传言，致生疑惧。又另片奏，接准保昌等咨，伊扎噶土等现在乌梁海居住，设逐入塔尔巴哈台界内，即派员先往会办，著关福即令丰绅驰抵察罕鄂博时，遴派熟悉夷情晓事之员前往，帮同科布多官员分别查拿驱逐，毋得过于威促，致开边衅而滋事端"③。官方对此事的最终处理也极其宽大，甚至首犯都免其一死，"朕思此种冥顽梗化之徒，即概予诛戮，亦无足重轻，但抚驭外藩，必应宽以济猛，或可启其归化向善之心，现在该三犯已解赴科布多地方，著毓书即将该犯等押往哈萨克边界，晓谕各部落，天朝驭下仁厚，该犯等冥顽无知，大皇帝格外施恩，贷其一死，尔等将三犯领回，痛加惩创，倘再滋事，万难幸逃显戮，并发去谕帖一件，著详细译出，剀切传示，总使各部落人等激发天良，各安本业，毋再滋扰"④。但终因伊扎噶土傲慢无礼，不思悔过而正法，余二犯监禁，"伊满、胡班拜二犯伏地碰头，自认糊涂，尚未驯顺，惟伊扎噶土仍恃凶顽，立而不跪，且躺卧狱门，不受刑具，其押解在途时，并敢逞其刁野，辱詈官兵，种种情形，实数可恶，是其自外生成，法无可贷，伊扎噶土著即行正法，伊满、胡

---

① 《清宣宗实录》卷313，载张新泰等《中国新疆历史文化古籍文献资料译编：哈萨克族（二）》，新疆人民出版社2016年版，第927页。
② 《清宣宗实录》卷314，载张新泰等《中国新疆历史文化古籍文献资料译编：哈萨克族（二）》，新疆人民出版社2016年版，第928页。
③ 《清宣宗实录》卷315，载张新泰等《中国新疆历史文化古籍文献资料译编：哈萨克族（二）》，新疆人民出版社2016年版，第929页。
④ 《清宣宗实录》卷317，载张新泰等《中国新疆历史文化古籍文献资料译编：哈萨克族（二）》，新疆人民出版社2016年版，第931页。

班拜二犯仍暂行监禁"①。

朝廷对这部分越界哈萨克处理态度上主要经历了软弱—强硬—软弱的变化，以软弱态度为主，从其后来对官员毓书的另一处理意见也可看出，"前因哈萨克伊扎噶土等率众潜入游牧滋扰，经朕特派车林多尔济带兵往捕，现据该大臣奏称，驱逐已尽，并拿获哈萨克十余人，均叩头乞命，情愿出境，并未诛戮一人，边卡安静，办理实为妥速，深合机宜。前据毓书奏，哈萨克私越开齐，潜入乌梁海土尔扈特游牧，抢夺滋绕，派兵驱逐，并请亲带官兵随后督办，朕即觉其过事张皇，是以降旨令车林多尔济带兵前往，相机妥办，现已驱逐净尽，撤兵蒇事，向来哈萨克偶有滋扰情事，不过随时驱逐，即经蒇事，设令当时派令毓书前往，必至所带员弁贪功生事，糜饷劳师，其弊不可胜言，毓书身任参赞大臣，于抚驭外藩之道毫无识见，遇事过于张皇，纷纷征调，实属冒昧无能，不晓事体，毓书著交部严加议处"②。清政府这种以软弱为主的态度无疑会助长哈萨克越界的势头，但在当时清朝国势日下的背景下也无力采取强硬态度手段。哈萨克越界也日益频繁，随着哈萨克越界又产生了一系列复杂问题。

（一）进卡放牧

"哈萨克部落本各自有游牧之区，不应进之天朝边界，从前因哈萨克生计困苦，特于每年冰冻后，将额尔齐斯河、雅尔等处各卡，稍向内徙，准其在彼游牧，至春融雪化之后，始将各卡展至原设处所，驱令出外，实属格外施恩，今松筠等又以该哈萨克近来穷苦益甚，欲将夏季展设边卡之处一并停止，使得常川游牧，无论哈萨克穷苦之故，实缘连年风雪灾伤，不善牧养，是以较前苦累，非由每年搬徙所致，且以天朝兵力平定之地，竟委为哈萨克常年游牧之区，将来年复一年，哈萨克将视为己有，而附近之布鲁特等，设亦相率效尤，纷纷呈请，又何以塞其无厌之求。"③清朝视哈萨克为外番，因此清廷对哈萨克越界放牧，在冬季移设卡伦内徙后暂时允许，在其他时期是明令禁止的，但也屡禁不止，随着哈萨克进卡放牧，也产生了一些问题，如相互之间偷盗牲畜案件频发，"卡伦之设，原为禁止哈萨克等私行出入，朕闻从前塔尔巴哈台西北卡内，即有哈萨克人等私入游牧，今穆陇鄂托克地方哈萨克牲畜被窃，欲入塔尔巴哈台卡内，向私行游牧之哈萨克索讨，可见哈萨克等平日私入游牧，并未一律逐出，今卓勒齐阻止哈萨克不准入卡，尚属恭顺，著松筠于行围之便，前赴塔尔巴哈台，示以威重，实力严查，将私入游牧之

---

① 《清宣宗实录》卷318，载张新泰等《中国新疆历史文化古籍文献资料译编：哈萨克族（二）》，新疆人民出版社2016年版，第931—932页。
② 《清宣宗实录》卷316，载张新泰等《中国新疆历史文化古籍文献资料译编：哈萨克族（二）》，新疆人民出版社2016年版，第930页。
③ 《清仁宗实录》卷164，载张新泰等《中国新疆历史文化古籍文献资料译编：哈萨克族（二）》，新疆人民出版社2016年版，第823页。

哈萨克按名逐出，以肃卡伦，并将偷窃牲畜贼匪查明办理，至此项哈萨克私入游牧始自何年，彼时容留之大臣均系何人，著一并查明参处"①。朝廷对此处理极其严厉，但终究还是治标不治本。

(二) 偷盗牲畜

"凡遇盗马之哈萨克等，皆即行正法。"② 在理论上，官方对盗马哈萨克处理极严，"皆行正法"。但在实际执行操作中，除非有其他恶劣情节，一般往往对主犯实行正法，从犯发配。"哈萨克司茹卡伦窃案得财者，首犯即行正法；从犯发烟瘴。"③ 对偷盗牲畜，一般大部分物归原主，一部分赏赐有功人员或充入公用。而对于相关官兵会追责或奖赏，失职渎职往往追责，有功会有奖赏。"该部马甲巴桑之马十一匹，为哈萨克为所盗。该副总管希伯克沁当即报知附近春稽等卡伦哨兵满洲防御托克托布等，一同率兵蹑踪追贼，至公爵台去阿迪勒所属阿勒占鄂托克，指交踪迹，索要盗贼。台吉阿迪勒当即派人，用阿哈拉克齐伊喇木伯克等查获贼犯二名，与原被盗之马十一匹及二贼所骑鞍马二匹，一并交给防御托克托布等押送到城。经奴才饬审，一名觉伦，一名玛赖沙尔，皆系色格斯萨喇鄂拓克之哈萨克，同住一处放牧。十一月内，觉伦因生计贫困，遂起邪念，约玛赖沙尔谋盗牲畜共同分用。玛赖沙尔从其言，各自骑马先后起身，深更半夜，潜入会哨处，盗去厄鲁特游牧之马十一匹，抵其游牧，有官兵追至，阿哈拉克齐伊喇木伯克等将其缚获，交给官兵解来事实等因，取供具呈。奴才会同领队大臣等复审无异。查得，凡哈萨克等妄生邪念，潜入会哨处偷盗马匹牲畜者，俟其就获，立即正法。至于从犯，发往烟瘴之地。今哈萨克贼犯绝伦，敢起邪念，潜入会哨处偷盗马匹，甚无法纪，情节恶劣。故将绝伦立即正法，从犯玛赖沙尔照例发往烟瘴之地。此外，厄鲁特马甲巴桑，放马不慎，致为所盗，故将其马十一匹，照前办之例，一半六匹得给原主，余一半五匹及贼犯所骑之马二匹，皆分别赏给拿贼出力之厄鲁特副总管希伯克沁、锡伯空蓝翎萨依木布等。其余出力兵丁，仍酌赏布匹羊只，以资鼓励，阿迪勒所属哈萨克阿哈拉克齐伊喇木伯克等，经满洲官员指交踪迹，即同该台吉阿迪勒所派之人将二贼全行拿获，照数查出原马，交给官兵带来，颇为恭顺效力，故伊喇木伯克等，皆由奴才赏给布匹，以资鼓励。春稽等卡伦哨兵满洲防御托克托布，闻讯之后，即率兵蹑兵追贼，直至哈萨克游牧，将贼犯及马匹全行索取，效力亦属可嘉。"④

---

① 《清仁宗实录》卷184，载张新泰等《中国新疆历史文化古籍文献资料译编：哈萨克族（二）》，新疆人民出版社2016年版，第824页。

② 《清仁宗实录》卷20，载张新泰等《中国新疆历史文化古籍文献资料译编：哈萨克族（二）》，新疆人民出版社2016年版，第799页。

③ 《钦定理藩院则例》卷34，载杨选第等校注《钦定理藩院则例》，内蒙古文化出版社1998年版，第144页。

④ 中国第一历史档案馆：《军机处满文月折档》，载张新泰等《中国新疆历史文化古籍文献资料译编：哈萨克族（二）》，新疆人民出版社2016年版，第819—820页。

在相关史籍记载中，这种相互之间偷盗牲畜类似案件还有很多，措辞和处理结果与以上类似，限于篇幅，不一一赘述。再后来俄方也介入清哈相关案件中，给这类案件审查审理造成了很大的难度和障碍，"土尔扈特游牧屡被哈萨克窃去马匹，该蒙古未经报官，因认有原马，即将哈萨克马群赶来作质，虽有不合，而俄官听信哈萨克一面之词，不问曲直，大肆抢掠，竟将贝子固山达等拘执赴伊，实属非理，荣全现已行文俄国查询此事，即著催令该国迅速咨覆，详悉具奏，此事荣全务当妥为办理，毋任哈萨克倚势妄行，以安蒙古"①。

（三）人命案件

"江阿拜因生计贫困，造意约纳尼雅尔，于六月内，不记得何日，日暮时分，各骑私马，携带绳棒，行四日，趁夜潜入卡伦会哨处，见一骑马之蒙古人背枪，在马上打火。我等二人恐其向我等开枪，迅速靠近，将蒙古人打落于马，缚之。纳尼雅尔抽出佩刀，割蒙古人之颈，当即死去。我等二人连枪鞍马皆掠之，仍由原路返回，见山坡上有马七匹，无人放牧，遂偷之，一起赶回游牧。适有我阿哈拉克齐必巴图尔、提留协同官兵，将我等追捕，同原偷七马及所劫蒙古人之鞍马、鸟枪，一并解送到城。再无同伙，所供属实等因，取供具呈。奴才会同领队大臣复查无异。查得，嘉庆八年，有哈萨克贼犯爱仔勒、呼鲁木拜偷盗驼只，伤害追去之厄鲁特兵。经审明后，不论首从，皆立即正法在案。今哈萨克贼犯江阿拜、纳尼雅尔敢入卡伦会哨处，伤害人命，抢走枪支，甚无法纪，情由恶劣可恨之至。应照前办之例，不论首从严加办理。故经奴才等审明，当前来卖牲畜之哈萨克等面，将贼犯江阿拜、纳尼雅尔皆立即正法，首级带至犯事地方悬之示威。此外，贼犯所劫库伦图古勒原马、枪支，仍还给库伦图古勒家。厄鲁特马甲巴图，于失马之初，追至卡伦，协同官兵追赶，拿获贼犯。请将被盗之马七匹，仍得给巴图。贼犯所骑鞍马二匹，请赏给在事出力官兵，仍准记名，以示鼓励。至于驻春稽卡伦之锡伯佐领色明阿，虽失查贼犯入卡踪迹，但查出其走出踪迹，即行追赶，将二名贼犯及被偷马匹全行拿解，尚属奋勉效力。色明阿请功过相抵，毋庸议。"② 史料也有诸多类似记载，限于篇幅，不一一细述。对于牵涉人命案件，无论首犯从犯，一般皆就地正法。"劫案得财者，不论首从，即行正法。"③ 但这类案件一般发生在清朝边境地区，人员往来复杂，流动性强，且往往团伙作案，有时还要涉及对俄交涉，因此该类案件侦查逮捕难度很大，"塔城毗连俄境，中俄哈萨克种类混淆，任意出入境内，无可限制。哈萨残酷性成，每以窃掠为生，塔属明火抢杀

---

① 《清穆宗实录》卷353，载张新泰等《中国新疆历史文化古籍文献资料译编：哈萨克族（二）》，新疆人民出版社2016年版，第1130页。
② 中国第一历史档案馆：《军机处满文月折档》，载张新泰等《中国新疆历史文化古籍文献资料译编：哈萨克族（二）》，新疆人民出版社2016年版，第895—896页。
③ 《钦定理藩院则例》卷34，载杨选第等校注《钦定理藩院则例》，内蒙古文化出版社1998年版，第144页。

案件层见叠出，地方良善，不得安居。即如上年驮户马老六小马在高家墩被劫之案，支解二命，惨不忍闻。嗣经查明，原系中俄哈萨伙同拦抢，中哈塔亦克等三犯也已获案，讯取确供，羁禁待质。其俄哈正犯都特拜克、乃生、恰克里克，屡经照会驻俄领事行文缉捕，迄今未据送交，此案久悬未结，嗣后，俄属贼哈劫杀华民，或与中属哈萨同犯重案，几至莫可纠诘。若非早定严办专条，莫就范围。此边境贼风日炽、地方受害无穷之情形也"①。命案频发给清朝边境治安防控和社会生产生活秩序带来了很大压力。

（四）相关案件审理

原来涉及清朝境内哈萨克案件审理判决权在清朝，但后来在边界局势复杂的大背景下，以这一时期的伊犁地区来看，"现查伊犁中俄哈属互控之案，自光绪八年至今，积压至一千四五百宗之多。其中尚有中国官兵及汉缠商民遭其戕害之事。若再不清结，将来愈多，深恐枝节横生，更形棘手"②。

而对伊、塔地区而言，"伊、塔地区在清代一直是哈萨克部落的游牧地带，蒙回缠哈等各民族都活动于此，且民籍复杂，由于没有制定处理这些跨界民族的法律，长期以来的案件都成为积案。《勘分西北界约记》和《塔尔巴哈台界约》签订之后，中俄划定了塔城地区的边界，帝俄侵占了新疆大片领土，这些领土上的哈萨克人人随地归归入俄国管辖。这些哈萨克人自恃有俄保护，不断入境侵扰我国土地，甚至持械抢劫，酿成冲突，自这一时期以后，塔城地区哈萨克民族的纠纷案件剧增，积案也越来越多"③。因此在俄国入侵且积案甚多的大背景下相关案件审理机制不得不转向中俄会商办理，"无论在行政方面还是司法方面，俄国臣民均受驻中国的俄国领事管辖。因此，中国当局不能审判和惩治任何一个俄国臣民……如果他触犯了中国的或俄国的法律，每遇这种情况，关于他的罪责问题，应由俄国领事审理或在必要时由领事或中国当局共同审理，而不是由中国当局单独审理"④。因此笔者认为，"入境贸易的哈萨克部众如有偷窃等犯罪行为，由新疆官府查办"⑤ 这种说法有待商榷，尤其是放在后面哈萨克俄属内附的复杂背景下似乎不能成立。

"边界历年积案，现已派员援案会同俄官讯办，以弭后患而固邦交。"⑥ 这种案件审理

---

① 王彦成等：《清季外交史料·宣统朝》，张新泰等：《中国新疆历史文化古籍文献资料译编：伊犁（一）》，新疆人民出版社2016年版，第220页。
② （清）王树枏：《新疆图志·交涉志·卷四》，李之勤整理，《西域史地三种资料校注》，新疆人民出版社2012年版，第398页。
③ 冯琬琦：《帝俄驻新疆领事馆研究（1851年—1917年）》，硕士学位论文，兰州大学，2015年，第30页。
④ [俄]尼·维·鲍戈亚夫连斯基：《长城外的中国西部地区》，商务印书馆1980年版，第116—117页。
⑤ 苗普生等：《新疆史纲》，新疆人民出版社2004年版，第359页。
⑥ 《清德宗实录》卷237，载张新泰等《中国新疆历史文化古籍文献资料译编：伊犁（一）》，新疆人民出版社2016年版，第165—166页。

方式即司牙孜会谳制度①。具体审理流程是："先由两国边界官员将未结各案事由及原被人证姓名汇造清册,彼此互换,预定日期,择中俄交界水旱两便地方设立会所,两国另派妥员各带办事人等届期同赴会所传集案内人证,秉公持平剖断;不用中俄法律,各遂其俗,察酌案情大小,或罚或赔,一经断结,两结不得再有翻异。"② 这样一来,案件审理速度效率就会降低,"查伊、塔两城边界,均以哈萨克为屏蔽,其内附者奉贡效职,虽著诚恳,而剽劫之性习为故常,即其酋长亦莫能禁遏,外属者尤甚。臣前在塔尔巴哈台习知其事,遂知照俄官,三年会讯一次,不用中俄法律,仍依哈萨克旧俗经典章程办理,或罚或赔,向有条例。其中或有未合、应行增删添改者,亦先期派员会同俄官拟定,以免临时掣肘。臣莅伊后,查知中俄所属哈萨克等互控之案,自光绪八年(1882)至今,积至一千四五百起之多,若再不清结,将节外生枝,愈积愈多,更形棘手。六月间,臣即知照俄国七河巡抚官佛哩德,以历年边界之案从未办理,应各照塔城办理之例,派员会讯,以清积案。旋准佛哩德回文,许即派员会办,并送到预定条件二十八条。臣遂与约定于七月初一日开办,咨会护理巴彦岱领队大臣德克津布,委游击刘得胜,与俄国驻伊领事官吴司本会商,添拟八条,前赴霍尔果斯河迤北、中俄边界克伊根地方,设立会所。会同俄国派来乌雅仔乃官色哩斯克依,调齐中俄所属各哈萨克人证卷宗,逐一讯办。计自七月初一日起,至九月二十日止,将两国哈萨克互控之案,会同讯结五百六十五起。现因天气渐寒,两国人民疑难久候,彼此将已结之案,互换文约,用印画押。所有未结各案,订于明年天暖,遵照条款,秉公接续办理"③。而且相关哈萨克也会利用国籍身份的敏感问题掩护从事违法犯罪活动和逃避打击,无形中也会加大案件侦破和审理难度,"窃为伊犁远悬边徼,紧接俄境,俄国向设领事官于宁远城,专办通商事务。自光绪八年(1882)收还伊犁后,缠回、哈萨克此逃彼越,浑籍不清,遇有事故,则声领事为护符,假俄籍以规避,以致大而命(案)抢劫,小而钱债婚姻,纷至沓来,奸诡百出"④。因此俄领事对相关案件所起的作用很大,"办理一切交涉事件,故赖中国官员动中机宜,尤须该国领事守约持平,庶能稍息事端,免滋口实"⑤。但实际上,往往"每遇俄民或冒称俄人者犯事,俄国领事即百般抵赖包庇,而当俄民在新疆受害,俄方不问是否属实,便对中国官员不依不饶。可见中

---

① 所谓"司牙孜会谳制度",也称为"边境仲裁会议"或"民间边界会议",是指为了处理边境积案,清政府与俄政府选定时间与地点,双方官员共同审理这些案件。
② 蔡晓容:《清代中俄"司牙孜"会审制度再探:一个民族习惯法的视角》,《西北民族大学学报》2009年第2期,第99页。
③ (清)奕䜣等:《平定陕西甘肃新疆回匪方略》卷319,载张新泰等《中国新疆历史文化古籍文献资料译编:哈萨克族(二)》,新疆人民出版社2016年版,第1214页。
④ (清)马亮等:《伊犁将军马(亮)广(福)奏稿》卷1,载张新泰等《中国新疆历史文化古籍文献资料译编:伊犁(三)》,新疆人民出版社2016年版,第1492页。
⑤ 同上。

俄双方在司法问题上地位极不平等"①。"而俄国领事馆对其属民则百般袒护，每次发生这类民事、刑事案件，地方官署都不得不与俄国驻当地领事馆交涉，结果往往是中国公民一方有冤难申，中国人民处于受屈辱的境地……随着帝俄领事势力遍布全疆，领事裁判权被滥用到骇人听闻的地步，逐渐变成了对俄国臣民所犯罪行的公开包庇。"②

这样一来，案件办理效率和公正性就会大打折扣，"额鲁特领队大臣春满奏言：前署参赞大臣明春，派补用参将李正荣、候选知县范一照，分办西、北两路积案。臣接任后，据范一照禀报，会同驻斋桑俄官披哩斯托普玛益斯格伊，将塔城北路积案四十二件，一律办结。并据李正荣禀报，将西路积案，会同驻阿雅大斯俄官乌雅仔乃玛依斯格依，办结一百四十二件，下余未办之案，俟明春再议续办"③。虽然也有不少弊端，但是其进步意义是主要的，毕竟，其审结了积压很长时间的很多案件，"自1879年到清朝统治结束，中俄共举办司牙孜会16次，匡计办结中俄两属人民互控积案总数当在35000件左右"④。这对于维护边界安全稳定和减少边民纠纷，促进民族和谐团结起了很大作用。"所以，在19世纪末出现了调解俄中关系的新形式，促使边界形势趋于平稳。"⑤

Qing Jiaqing to the Xuantong Period of Kazakh and the Qing Cullen Related Problems

Yang Jiwei

(Institute of History, Xinjiang Normal University, Urumqi, 830017)

Abstract: To the Qing dynasty in xinjiang region set up some CARDS kazakh Karen, but with Qing Jiaqing to Xuantong period the state of decline, Karen decline, although this period of the Qing dynasty also disadvantages for Karen made some reforms, but with little success, coupled with the invasion of Russia, the outside Kazakhstan cross-border more and more frequent, some public security and criminal cases have been filed, the case finally by the two sides in accordance with the system of "division of tooth transcribing will be brought to trial."

Keywords: Late Qing Dynasty; The Outside; The Kazakh; Karen

---

① 张滢：《饶应祺与清代新疆外事》，《伊犁师范学院学报（社会科学版）》2013年第3期，第41页。
② 冯琬琦：《帝俄驻新疆领事馆研究（1851—1917年）》，硕士学位论文，兰州大学，2015年，第30页。
③ （清）奕䜣等：《平定陕西甘肃新疆回匪方略》卷319，载张新泰等《中国新疆历史文化古籍文献资料译编：哈萨克族（二）》，新疆人民出版社2016年版，第1214页。
④ 古丽夏·托依肯娜等：《清代中国哈萨克族习惯法初探》，《创新》2012年第6期，第75页。
⑤ [哈] K. Ш. 哈费佐娃：《国际会审法庭——19世纪下半叶调解俄中关系的新形式》，阿拉腾奥其尔译，《中国边疆史地研究》1994年第2期，第81页。

试析近代新疆商会与内地商会的差异*

贾秀慧**

(新疆社会科学院历史所,乌鲁木齐,830011)

摘要: 商会在新疆的设立与发展,是新疆商业近代化的一个重要表现形式。近代新疆商会与内地商会相比,有诸多相同之处,是当时最具近代特征的团体,在经济、政治、文化、民政等方面都发挥了积极作用,促进了新疆社会的近代化进程;由于种种原因,其与内地商会主要差异有三点:对待辛亥革命态度不同,"开商智、兴商学"方面落后,财经制度疏松粗糙。

关键词: 近代新疆;商会;差异

近代新疆饱受列强和境外侵略势力的宰割和欺凌,新疆内部则政治腐败、社会动荡、战乱频仍,贫穷和战乱严重制约经济和社会的发展,可谓内忧外患、民不聊生。但也就是在这个时期,新疆社会的政治、经济、文化等许多方面都发生了重要的近代化变迁。

19世纪末20世纪初,清政府为挽救严重的统治危机,开始积极实行鼓励发展商业、奖励实业的政策。1904年(清光绪三十年)1月清政府允许商人成立自己的组织——商会,制定了《商会简明章程》26条,规定"商会总理、协理有保商、振商之责",有代商向地方官"秉公伸诉之权"[①]。即商会可以处理商务诉讼,还负有调查商情,处理商人破产和倒骗,受理设立公司,申请专利权,进行文契、债券的公证以及发行标准账簿等职责。可见,设立商会是中国传统商业向近代商业转化的一个重要标志。在清廷的倡导下,全国各级商会次第成立。

在汉族商帮人士的鼎力支持下,新疆最早在轮台、伊犁两地成立了商会,然后在省会迪化成立了新疆总商会。1909年(清宣统元年)6月,轮台县商会成立,会长为汉族商人

---

* 本文系作者主持的2012年国家社科基金项目"近代新疆的汉族商帮研究"(12BZS089)阶段性研究成果。
** 贾秀慧,女,汉族,1973年4月生。历史学硕士学位,副研究员。研究方向:新疆近现代史。研究专长:近代新疆社会经济史、近代新疆社会生活史。
① 《奏定商会简明章程》,《东方杂志》第1卷第1期(光绪三十年正月二十五日,即1904年3月11日),上海商务印书馆发行,"商务",第5页。

高文祥，会董 30 名，会员 60 人，召开议事会议 24 次，议事件数 27 件。伊犁商会（位于惠远城，今霍城县惠远镇）于 1910 年（清宣统二年）3 月成立，会长为汉族商人张富堂，会董 2 名，会员 100 人，召开议事会议 63 次，议事件数 57 件①。

1911 年（清宣统三年）4 月新疆总商会成立②，会址在迪化（今乌鲁木齐，下同）。首届总商会会长为津帮"老八大家"之一的"永裕德京货店"经理杨绍周，"怡和永京货店"经理津商韩乐常为副会长，并遴选当时工商界知名的汉族商人如苗沛然（晋商）、刘云卿（津商）、谢弼麟等 54 人为会董③。据统计，1911 年省城迪化有工商户 1134 家（其中商店 764 家，手工业作坊 370 家），而加入商会的只有 97 户，基本都是经官府动员参加的汉族商帮人士，杨绍周会长亦由官府指派④。可见，没有汉族商帮人士的配合，就不会有新疆总商会的成立。总商会成立后，经过汉族商帮人士的配合，到 1912 年"入会的商号 1200 家"⑤。

此后各地商务分会逐步发展起来。据统计，"至 1914 年，全疆已有一总商会，二分商会，入会商号有 2234 家……会议次数也增加到 94 次，议事件数更增至 194 件。1915 年，新疆有总商会一、二分商会，会董共 56 人，会员 2331 家，会议次数 95 次，决议件数达 179 件"⑥。1916—1917 年，新疆的总商会及分商会共有 3 个；到 1918 年，新疆的各种商会达到 5 个⑦。民国中后期，新疆境内的商务分会发展迅速，如 1938 年 12 月南疆的阿克苏县、温宿县也成立了商务分会，津商王祉祥为阿克苏商会会长，汉族商人王天伦为温宿商会副会长⑧。到 1944 年，新疆 10 个行政区内共有商会 76 个⑨。

近代新疆商会与内地商会相比，存在诸多相同之处，如联络众商，促进工商业发展，担当起商人与政府沟通的平台；投资文化领域；热心公益事业等。新疆商会作为最具近代特征的团体，在经济、政治、文化、民政等方面都发挥了积极作用，促进了新疆社会的近代化进程。经济方面，新疆的商会除了积极完成自身制度建设外，还鼓励商民投资实业，开创民族工业的先河。新疆商会在清末民初成立，当时正值新疆协饷断绝，财政困顿，发

---

① 张大军：《新疆风暴七十年》（第 4 册），台北兰溪出版社有限公司 1980 年版，第 2287—2288 页。
② 同上书，第 2287 页。
③ 乌鲁木齐市党史地方志编纂委员会编：《乌鲁木齐市志·政治》（第 5 卷），新疆人民出版社 1999 年版，第 77 页。
④ 昝玉林：《迪化总商会的成立与活动》，载中国人民政治协商会议乌鲁木齐市委员会文史资料研究委员会编印《乌鲁木齐文史资料》（第 6 辑），新疆青年出版社 1983 年版，第 67 页。
⑤ 张大军：《新疆风暴七十年》（第 4 册），台北兰溪出版社有限公司 1980 年版，第 2289 页。
⑥ 同上书，第 2288 页。
⑦ 同上书，据第 2289—2290 页统计而成。
⑧ 《阿温两县成立商会，各族商人订购机器汽车，发展当地工商业交通》，《新疆日报》1938 年 12 月 29 日，第 3 版。
⑨ 《新疆通志·商业志》编纂委员会、《新疆通志·外贸志》编纂委员会、新疆维吾尔自治区档案馆合编：《新疆商业外贸史料辑要》（第 2 辑），内部资料，1990 年，第 254 页。

展经济，振兴民族工业成为当务之急，商会积极投资兴办实业，最重要的是将股份公司这种新型的经营管理模式引入新疆，为新疆民族工商业的诞生和发展壮大作出了突出的贡献。同时，新疆商会积极维护商人利益，增强工商各业之间的相互联系和竞争意识，促进经济发展。当政府的政策、决定侵害到商民的切身利益时，商会便会向政府进言，将政府的决策导向对商民有利的方向，成为民间社会与国家、政府沟通的桥梁。如新疆和平解放前夕，针对市面金融秩序混乱、物价上涨等情形，应包尔汉主席的要求，1949年9月22日，迪化市商会召开紧急会议，会议由迪化市商会副理事长汉族商人卜松龄主持，除了迪化市商会全体理监事（经查当时理监事共有7人，6人为汉族商帮人士，分别是王汇川、韩宗耀、樊子和、王子光、刘益臣、吴荣①，回族1人马鹤年）参加外，还召集伊斯兰工商会理事长及本市各商店经理等共计60多人，进行讨论并综合各方看法后，迪化市商会向新疆省政府送呈以下建议："一、关于对银元贩的处理，请政府依照日前所发布银元只许流通，不许买卖的命令办理。二、请政府贯彻禁止银元外流的办法。三、请财政当局按照发行银币的办法，准许自由兑换银币，以巩固金融基础。四、由市商会与伊斯兰商会会同呈请政府对金币尽量提早发行。五、对街上的经纪人加以组织，以便审理，其详细办法，由商会拟定后，提交下次理监事联席会讨论。六、对于茶市、烟市请政府根据以前的取缔办法，严加取缔。"②

政治上参政议政方面，新疆商会发挥的作用非常有限。最大的亮点就是顺应时代发展潮流，积极支持新疆和平解放，应权从变。

文化方面，新疆商会支持并投资传统戏剧、电影、卫生设施，推动了这些事业在新疆的发展。如从1919年开始，迪化总商会就在乌鲁木齐创建戏剧团体，由津帮商号资助，先后组织起"吉利班""天利班"，并由总商会出面，从京津购来精致剧服，接来一批新演员，推动了乌鲁木齐戏剧艺术的发展。1932年，迪化总商会还支持津商杨元富在乌鲁木齐开办新疆历史上第一家电影院——德元电影院。这处电影院的开办，为后来影院事业的发展开辟了道路③。

民政方面，新疆的商会做了很多事情，诸如城市清平水会的组建、赈灾募捐的筹集、扶持孤老、出资助学等，体现出商会热心公益福利事业，已成为城市近代化变革中不可缺少的一支重要力量。

新疆商会与内地商会相比，主要的不同之处有以下三点：

---

① 《魏岐山私吞布匹案，商会决严予制裁，罢免理事长职务，二年内不许任代表，并追缴不法利润》，《新疆日报》1949年8月16日，第2版。
② 《防止物价上涨，商会研定六项办法已送呈鲍主席参考》，《新疆日报》1949年9月23日，第2版。
③ 昝玉林：《迪化总商会的成立与活动》，载中国人民政治协商会议乌鲁木齐市委员会文史资料研究委员会编《乌鲁木齐文史资料》（第6辑），新疆青年出版社1983年版，第73页。

一、对待辛亥革命的态度不同

虽然内地的商会在近代中国历次反帝爱国运动中都表现得很活跃，起着组织者和联络者的重要作用。但它在反对封建统治者的进取斗争精神方面，则表现得非常软弱，这主要体现在对待辛亥革命所持的反对态度上。内地的商会在辛亥革命酝酿发展的相当长一段时间里站在革命的对立面反对革命，当辛亥革命进入高潮时，他们也只是与革命先驱经历了短暂的合作，有的则继续持反对态度，到革命力量与反革命势力进行最后较量的决定性时刻，他们又公开与反革命同流合污，共同扼杀革命。

主要原因在于近代中国的新式商人社团——商会，其构成以商人为主，并非政治家和思想家联合而成的资产阶级政党，这些人对待某一政治运动的态度，不取决于该项政治运动的宏伟目标，而是取决于其对商业和整个社会经济的发展将产生何种直接影响。另外，商业经营本身的特点，也影响商会对革命运动的态度。我们知道，社会动荡往往首先造成市面混乱，影响正常的商业运转，造成银根紧张和商品滞销，危及商人的切身经济利益。所以，商人们一般希望自上而下地改革，对流血革命疏远冷淡，害怕动乱，这就造成了商会反封建斗争的软弱性。这种软弱给革命运动的发展造成了严重的不良影响。

新疆迪化总商会（1911年4月成立）对于发生在新疆迪化（1911年12月28日）、伊犁（1912年1月7日）两地的辛亥革命，并未以团体名义支持或反对革命，而是保持了缄默态度。但1910年（清宣统二年）3月成立的伊犁商会（位于惠远城，又称惠远商会）对发生在伊犁的辛亥革命，则给予了大力支持。惠远商会不但给伊犁革命党提供了起义过程中的开会地点，而且在革命胜利后，还是新伊大都督府的成立场所。

1912年1月7日伊犁辛亥革命爆发。在起义过程中，伊犁起义军领袖冯特民所率领的铁血团进攻惠远城北库，遭到新满营协领蒙库泰所部顽抗，万分紧急的时刻，革命党人在商会开会商议①，决定利用现任伊犁将军志锐与广福（蒙古族，前伊犁将军）之间的矛盾争取广福出面号召蒙旗兵放下武器。事成后，又邀请广福到商会议事②，同时起义诸人集于商会③，临时分配任务，具体有救治伤残，掩埋死者，晓谕维吾尔、哈萨克、锡伯族等同胞，并与俄国领事接洽事宜。伊犁辛亥革命成功后，1月8日晨起义军控制了惠远城

---

① 邓宝珊：《伊犁革命回忆录》，载政协新疆维吾尔自治区委员会文史资料和学习委员会编《新疆政协文史资料选集·辛亥革命在新疆百年文集》（第57辑），内部资料，2011年，第19页。
② 韩希良：《辛亥革命时期伊犁起义见闻》，载政协新疆维吾尔自治区委员会文史资料和学习委员会编《新疆政协文史资料选集·辛亥革命在新疆百年文集》（第57辑），内部资料，2011年，第43页。
③ 《伊犁革命纪事》，载政协新疆维吾尔自治区委员会文史资料和学习委员会编《新疆政协文史资料选集·辛亥革命在新疆百年文集》（第57辑），内部资料，2011年，第134页。

（今霍城县），9点通电全国，宣布成立新伊大都督府，出示安民，大都督府各部院的负责人，如都督广福、总司令部部长杨缵绪等，在惠远商会举行了就职典礼①。

新疆的一些工商界人士，作为商会会员，以个人名义直接或间接地支持、参加了新疆辛亥革命的活动。特别是少数民族商人如维吾尔族、回族商人，对于新疆迪化、伊犁两地的辛亥革命给予了大力支持，这是新疆辛亥革命与内地辛亥革命最大的不同。

新疆迪化总商会成立之初，正值辛亥革命风暴席卷天山南北，迪化绝大多数工商界非但没被保皇派势力吓倒，有的开明人士还掩护革命党人的活动。辛亥革命爆发前夕，当时迪化城厢有居民3.3378万人，其中维吾尔、回等少数民族有1.7488万人（维吾尔族9200人，回族8288人）②，占比为52%。刘先俊在迪化"观音阁"古庙里策划起义的时候，为革命党人供应饭食，以至通风报信的人们，大多是兄弟民族中的小商小贩。由于清朝统治者的严密监视，当时食物供应十分困难，维吾尔族商总——肉孜阿吉就将南关一带烤馕商的馕全部买下来，并让他们一个一个地把馕饼送到古庙门口，故意高声叫卖，等里面的人开门出来，就将馕全部送给。刘先俊在迪化发动武装起义前几天，筹措起义经费的时候，获得了包括维吾尔族商总——肉孜阿吉等在内的一些迪化工商界人士的捐献，短短几天就筹集了白银5000多两③。除此之外，肉孜阿吉还发动在迪化经商的爱国开明维吾尔族人士穆海买地卡日阿訇、哈吉纳买提阿訇、托格·阿布拉阿訇伊善、帕孜里阿訇（和田人）、买合苏地阿訇、满苏尔巴依、吐尔逊巴巴、玉山巴依、赛排尔阿訇、和田行商沙克阿訇还有他的两个哥哥帕里塔阿訇与吐尔地阿訇（后为商总）等人，积极支援革命，援助粮草、牛羊和准备起义所需的物品和经费④。

迪化南关福寿巷回族商人刘哈智（本名刘兴才）的水磨大院，是刘先俊先生所领导革命党武装起义的大本营。刘哈智本人是一位深明大义的回族磨商，不但积极拥护推翻帝制的民主革命，还秘密资助革命党人的活动，特别是把革命党人召集到自己家里部署武装起义，不能不说是少数民族支持辛亥革命的集中、突出表现。在上述各民族开明商人的积极影响下，一些商人不惜生命财产，积极支持革命队伍，有的还投身革命阵营。由于绝大多数工商界人士对共和革命的政治态度非常明朗，所以革命党人于1911年（清宣统三年）在迪化发动"一二·二八"武装起义的紧急时刻，还对筹建商团武装和保护城市商民作了部署。后来起义失败，迪化南关"裕丰泰水磨"经理赵耀南（字瑞祥）、"中东药房"经

---

① 魏长洪编著：《辛亥革命在新疆》，新疆人民出版社1981年版，第49页。
② 具体人口数根据计算而得。参考（清）佚名《迪化县乡土志》；马大正、黄国政、苏凤兰整理《新疆乡土志稿》，新疆人民出版社2010年版，第8页。
③ 魏长洪、赵峰、朱瑾：《新疆辛亥革命时期人物传略》，载中国人民政治协商会议新疆维吾尔自治区委员会文史资料委员会编《新疆辛亥革命史料选编》，新疆人民出版社1991年版，第129页。
④ 谢力甫·胡西塔尔：《为各族人民所爱戴的肉孜阿吉》，载中国人民政治协商会议乌鲁木齐市委员会文史资料研究委员会编印《乌鲁木齐文史资料》第12辑，新疆青少年出版社1986年版，第142页。

理陈德辰（字恭宣）①等，以"与孙文有勾结"罪惨遭新疆巡抚袁大化杀害，其财产亦被没收。据乌鲁木齐耆老暨晋商苗沛然生前回忆：因资助和同情迪化辛亥革命被株连的迪化工商界人士几乎街街都有②。

迪化起义失败后的第10天，即1912年1月7日，杨缵绪、冯特民等率领伊犁革命党领导伊犁辛亥革命获得了胜利，伊犁辛亥革命的胜利同样离不开少数民族商民的支持，主要有：伊犁本地有威望的少数民族人士——阿奇木伯克、玉山巴依、亚库普巴依等人。维吾尔族头领阿奇木伯克愿以八十圩子（乡村）农产品及农民群众支援革命；维吾尔族巨商玉山巴依、牙乎甫巴依等为革命军提供了协标、军靴、马鞍以及其他用品③。旧土尔扈特亲王帕勒塔，回族绅商沙懿德（又名木夫提阿訇）、马兴隆、马秀文，汉族商人肖冠三（津商）、张定升等④，都倾向革命，成为了杨缵绪、冯特民的好友，有的直接参加革命活动，有的给予财力物力的支持。

二、"开商智、兴商学"方面

虽然清末民国时期的新疆商会对新疆的经济建设发挥了重要的作用，但在"开商智、兴商学"方面，与内地商会相比还存在很大差距。内地的一些商会，通过自办报纸杂志启迪商智。目前所知的有：天津商务总会主办的《商报》、广州商务总会主办的《广州总商会报》、重庆商务总会主办的《重庆商会公报》、济南商务总会创办的《济南商会日报》。另外发行于全国的《华商联合报》，也是在上海商务总会的直接赞助和支持下创办起来的。后为适应筹办全国商会联合会的需要，该报改名为《华商联合会报》，成为联络海内外华商商会的重要刊物。

另外，内地的许多商会还兴办商业学堂、实业学校，以兴商学，培养人才。如天津商务总会主办银行专科及教育学校、上海商务总会创办商业学校等。

而当时新疆的商人文化水平普遍较低，经商经验全靠师徒相授。据时人记载：当时的新疆"惟团体之结合，学术之研讨，则付阙如，斯亦社会之病态。汉族能力薄弱之表现也"⑤。可见在闭关自守的新疆，故步自封的经营模式和传统的经商理念，使新疆的商会没有条件像内地商会那样办一份有价值的商业报纸，传递商业信息。新疆的商会只是举办

---

① 魏长洪：《迪化起义风云》，载中国人民政治协商会议新疆维吾尔自治区委员会文史资料委员会编《新疆辛亥革命史料选编》，新疆人民出版社1991年版，第64页。
② 昝玉林：《迪化总商会的成立与活动》，载中国人民政治协商会议乌鲁木齐市委员会文史资料研究委员会编印《乌鲁木齐文史资料》（第6辑），新疆青年出版社1983年版，第70页。
③ 杨逢春：《伊犁辛亥革命见闻记》，载中国人民政治协商会议新疆维吾尔自治区委员会文史资料研究委员会编《新疆文史资料选辑辛亥革命·伊犁起义专辑》（第9辑），新疆人民出版社1981年版，第5页。
④ 魏长洪编著：《辛亥革命在新疆》，新疆人民出版社1981年版，第28页。
⑤ 吴绍璘：《新疆概观》，南京仁声印书局1933年版，第183页。

了一些商业训练班或商人夜校之类的初级文化补习班，并没有创办真正的商业学校，也没有教授现代商业理念的课程。

1914年9月12日民国政府农商部颁布《商会法》60条，其中第6条规定：各地商会"设立商品陈列所、工商学校及其他关于工商之公共事业"①。在汉族商帮人士的支持与配合下，新疆各地商会也开始设立一些商业训练班。

以汉族商帮人士为主体的新疆总商会带头设立了商业训练班。1938年11月初，在新疆总商会会长、津商石寅甫的领导下，新疆总商会第27次例会讨论后决定筹备商业训练班，毕业期限6个月，课程共7门，分别为商业常识、簿记学、政府政策、社会科学、抗日民族统一战线、国际常识、帝国主义侵略中国史②。1938年12月1日，新疆总商会发布了招生简章，"以提高商人文化水平、推进社会经济效能、加强抗战后方力量、完成解放中国任务为宗旨"。该商业训练班以总商会会长石寅甫为班长，招收40名学员不限年龄，满足如下其中一个资格即可入学："1. 以高小毕业或具有同等学历通达汉语者；2. 现任各商号之正副经理者；3. 在商界服务三年以上确系忠实商人者。"③ 1939年1月13日，新疆总商会的商业训练班举行了开学典礼，"学员多系各商号正副经理"，石寅甫发表了开幕词，学员代表李耀庭（津商）作了答词④。当月商业训练班开支为76.4750万两（省票银）⑤。1939年3月该商业训练班开支为58.6500万两（省票银）⑥。

以汉族商帮人士为主体的新疆地县级商务分会也纷纷成立商业训练班，如伊犁商务分会于1939年组织成立商业训练班、民众夜校、图书室、歌咏队、新剧团等⑦。

奇台商务分会于1939年成立了商业训练班，1943年成立了工商夜校等。1939年12月成立的奇台县商会商业训练班旨在提高商人政治水准，加深了解六大政策理论，以增进营业技术，并拥护政府冬学运动。学校设班长、教务员，班长由商会会长兼任。组织课程及教材由反帝总会拟定。课程有6门，分别为商业常识、簿记学、政府政策、抗日民族统一战线、国际常识、帝国主义侵略中国史。商业训练班的班长由奇台商会会长兼任，而奇台商会会长又多由晋帮、津帮等汉族商帮人士担任。据统计，1913—1946年奇台商会的17任会长中，晋帮人士出任10届⑧。奇台历届商会委员中，晋帮人占各帮委员

---

① 《中国大事记》，《东方杂志》第11卷第4期（1914年10月1日），上海商务印书馆发行，第16页。
② 《商业训练班开始筹备》，《新疆日报》1938年11月12日，第3版。
③ 《新疆省城总商会附设商业训练班招收学员简章》，《新疆日报》1938年12月1日，第4版。
④ 《商业训练班举行开学典礼》，《新疆日报》1939年1月14日，第3版。
⑤ 《新疆省城总商会公布二十八年一二两月份收支详数》，《新疆日报》1939年4月26日，第4版。
⑥ 《新疆省城总商会启事》，《新疆日报》1939年5月29日，第4版。
⑦ 《伊区商直一分会拟三个月工作计划，总会已予批准》，《新疆日报》1939年11月3日，第3版。
⑧ 刘燕斌：《古城工商界的帮口》，载奇台县政协文史资料委员会编《奇台文史》（精编本），新疆新华印刷厂，内部资料，2006年，第331页。

总数的 39.47%①。在奇台商会会长的带领下，该地的汉族商帮人士及少数民族商民积极地加入到商业训练班的学习中来。

1943 年成立的奇台县商会工商夜校，经费由工商会和汉文会担负，成立初期先由工商会提拨 200 元②。

表 1　　　　　　　　　　民国年间奇台商会会长名单③

届次	选举年限	会长姓名	籍贯
首届	1913	乔长福	天津④
二届	1919	乔长福	天津
三届		此届资料短缺	
四届	1925	王铢	山西⑤
五届	1927	刘文运	天津⑥
六届	1929	周顺	
七届	1931	周顺	
八届	1933	苏云昌	
九届	1935	武学龚	山西⑦
十届	1936	周顺	
十一届	1940	周顺	
十二届	1941	李萍	
十三届	1942	李萍	
十四届	1943	郭效仪	山西⑧
十五届	1944	张鸿仪	
十六届	1945	郭效仪	山西
十七届	1946	冯子律	

---

①　刘燕斌：《古城工商界的帮口》，载奇台县政协文史资料委员编《奇台文史》（精编本），新疆新华印刷厂，内部资料，2006 年，第 331 页。

②　周海山：《古城商业史话》，载奇台县政协文史资料委员编《奇台文史》（精编本），新疆新华印刷厂，内部资料，2006 年，第 312—313 页。

③　周海山：《古城商业史话》，载奇台县政协文史资料委员编《奇台文史》（精编本），新疆新华印刷厂，内部资料，2006 年，第 309 页表格。从该表可以看出，虽然商会章程规定 2 年对会长等人选进行改选，但在实际运作中，商会采取了不定期的选举。

④　乔长福的籍贯见奇台县档案馆：12—1—1，《1913 年新疆古城商务分会职员表》。

⑤　王铢的籍贯见奇台县档案馆：12—1—1，《新疆古城商务第四届选举职员一览表（1925 年）》。

⑥　刘文运的籍贯见奇台县档案馆：12—1—1，《新疆古城商务第四届选举职员一览表（1925 年）》。

⑦　武学龚的籍贯见奇台县档案馆：12—1—1，《新疆古城商务第四届选举职员一览表（1925 年）》。

⑧　郭效仪的籍贯见奇台县档案馆：12—1—4，《新疆奇台县商会第十届职员一览表（1936 年）》。

三、财经制度方面

内地的商会组织严密,有严格的财经制度。而新疆的各地商会一般都有选举制度、议事制度和理监事制度,但却没有相关严谨的财经制度。例如,清末发达地区如江苏、上海等地的商会一般都有规定:凡收取款项,随时发给收条,由总理、协理及会计议董分别签字。支出款项若在百两以内,由总理、协理和议董公议后签字支发,超出此数则须经全体会员讨论同意。每月收支结清后,会计议董交给总理、协理和其他议董稽核签字。年终时还由全体会员公举两人查账,最后交总理、协理当众公布,并刊册报农工商部及分送会友,以昭信用。

就目前所掌握的资料看,新疆的商会章程中只对经费来源作了规定,具体的收支手续没有明确规定,暴露出新疆商会在财务运作中的疏松粗糙。

如 1949 年颁布的《迪化市商会章程》规定:商会的经费来自事务费和事业费。事务费由两部分组成:(1)同业公会会费以其公会会费总额的 4/10 缴纳;(2)非同业公会会员按照资本额缴纳①。

事业费则由会员大会决议经主管官署核准筹集。由于缺乏迪化市商会经费收支的详细资料,这里以古城(今奇台)商会为例来说明。古城商会的会费缴纳,并没有细分为同业公会及非同业公会两部分,而是按照 1940 年古城商会的规定,将各商号认定等级后,统一按照资本额缴纳,如表 2 所示。

表 2　　　　　　　　　1940 年古城(今奇台)商会会费缴纳统计②

等级	商号数(家)	资本额(元)	每月交费额(元)	每年交费额(元)
甲	2	70000	15.00	180.00
乙	1	60000	10.00	120.00
丙	2	50000	8.00	96.00
丁	6	40000	6.00	72.00
戊	25	30000	4.50	54.00
己	35	20000	3.50	42.00
庚	28	10000	2.00	24.00
辛	114	5000	1.00	12.00

---

① 新疆自治区档案馆:政 3—1—358,《新疆迪化市商会章程》(1949 年)。
② 周海山:《古城商业史话》,载奇台县政协文史资料委员会编《奇台文史》(精编本),新疆新华印刷厂,内部资料,2006 年,第 312 页。

续表

等级	商号数（家）	资本额（元）	每月交费额（元）	每年交费额（元）
壬	307	1000	0.60	7.20
合计	525	286000	50.60	607.20

注：此表中会费"元"即当时新疆商业银行发行货币的"圆"。

有了会费收入，就会有支出。古城（奇台）商会的支出主要有：文牍兼会记的月薪，杂费（由额支与活支两部分构成）。

表3　　　　　　　　　民国年间古城（今奇台）商会会费的收支统计[①]

年份	收入数（元）	支出数（元）	备注
1915	1229.34	1245.64	其中额支879.18元
1916	1334.00	1356.60	其中额支940.30元
1929	3127.68	5637.59	
1945	40000.00	30000.00	

注：此表中的"元"，分别以新疆不同年份流行货币"圆"统计。

总之，尽管新疆商会与内地商会相比，在兴商学和财务运作方面存在较大不足，但新疆商会对推动近代新疆社会的进步作出了不可磨灭的贡献，首先，对新疆的辛亥革命没有采取激烈的反对态度，伊犁商会还对伊犁辛亥革命给予了大力支持，一些商人特别是少数民族商民积极支持了辛亥革命，促进了新疆伊犁辛亥革命的成功。其次，作为最具近代民主特征的一种新式商人社团，商会在新疆的成立和发展，是新疆商业近代化的一个重要表现形式。新疆的商会在联络工商、调查商情、鼓励商民兴办实业、调解商事纠纷、加强市场管理、维持市场运行等方面都不同程度地发挥过作用。在约束或激励商人行为和商业活动中所采取的措施及形成的规章准则，对推动商业制度现代化功不可没。可以说，在地方经济近代化中新疆的商会发挥了比政治参与更为明显有效的作用。最后，在创办各种公益事业和社会慈善事业方面，新疆的商会也成绩卓著，它们为各族人民造福，促进了新疆社会文明程度的提高。

---

① 周海山：《古城商业史话》，载奇台县政协文史资料委员会编《奇台文史》（精编本），新疆新华印刷厂，内部资料，2006年，第312页。

Difference between Premodern Xin Jiang and Inland's Chamber of Commerce

Jia Xiuhui

(Institute of History, Xin Jiang Academy of Social Sciences, 830011)

Abstract: Chamber of Commerce was an important form of XinJiang's commerce premodernization. Compared with Inland's chamber of commerce, despite many common ground, there were 3 sides differences, namely, attitude of the 1911 revolution, backward business enlightenment, and coarse financial and economic system.

Keywords: Premodern Xinjiang; Chamber of Commerce; Difference

边疆经济研究

本栏目主持人：杨明洪，云南大学发展研究院教授

主持人语： 由于其特殊的地缘位置与地理环境，边疆地区的经济形态表现出自身的特殊性，这在产业类型与经济结构上有着突出的表现，并且往往需要差异性的政策支持。这些都决定了边疆经济研究的特殊指向与重要意义。本辑"边疆经济研究"栏目收录了关于西藏经济的两篇论文，一篇是陈朴副研究员的《试论西藏次级非典型二元经济结构》，一篇是魏刚副教授的《西藏农牧民定居工程后续产业支撑思考》。前一篇论文可以视为对以孙勇教授为代表的西藏青年理论学社学术传统的延续与发展，还可以看作是对非典型二元结构这个学术观点的扩展。在西藏非典型二元经济结构的理论命题的基础上，陈朴通过调研分析，认为西藏的两大经济部门分化产生了次级非典型二元经济结构，其中传统部门分化出传统农牧业与现代农业两个部门，现代部门分化出了传统现代行业部门和高新技术等现代行业部门。陈朴指出，这种次级非典型二元经济结构有其自身的发展逻辑，一方面强化着非典型二元经济结构，另一方面也从技术人力资源培养的角度指出消除这一结构的路径。次级非典型二元经济结构的讨论，可以看作是对西藏经济社会发展更加深入的理论认识，虽然颇为抽象，但是以此可以解释很多西藏经济社会的现象，具有一种总体性视野。后一篇论文讨论西藏农牧民定居工程后续产业发展，实际上依然可以放置于西藏非典型二元经济结构的视野内加以认识。农牧民定居工程作为国家的专项性的项目供给嵌入西藏原有的经济社会现实之中，这样在产业发展上就造成了传统的产业部门与定居工程所引发或催生的产业部门，这实际上可以视为非典型二元经济结构的微观展现。从游牧到定居，这一聚落形态与活动方式的变化，客观上就应该要加快调整和优化原有的生产结构和产业布局，以实现安居乐业之目标。魏刚所提出的后农牧民定居时代西藏产业布局的对策建议颇具可行性与前瞻意义。两篇论文都指向西藏的经济发展，虽然理论视野与内容指向存在差异，但是却从不同层面展现了学者们的现实关怀，这也是边疆经济研究的旨趣所在。

试论西藏次级非典型二元经济结构*

陈 朴**

(西藏自治区社会科学院,拉萨,850000)

摘要:西藏的非典型二元经济结构作为一个具备生命力的命题,对今天西藏的经济结构依然有极强的解释力。而西藏的非典型二元经济结构之所以持续至今,我们认为,是由于两大经济部门分化而产生了次级非典型二元经济结构,这一次级结构巩固与强化着非典型二元经济结构。本文分别对传统部门与现代部门分化出的次级二元经济结构的主要表现、绝缘性以及农业人口的就业转换等方面进行了分析,指出次级非典型二元经济结构在强化非典型二元经济结构的同时,也蕴含着消除这一结构的路径,其关键就在于实用技术人力资源的培养。

关键词:西藏;刘易斯;非典型二元结构;次级非典型二元结构

关于西藏的非典型二元结构的判定,在学术界是一个延续多年仍然有人在持续研究的命题。多年来,该命题一直受到专家学者们的关注,并从不同角度予以解读和演绎,使得这一极具学术和实践意义的命题得到了深入的研究。客观地看,非典型二元结构的观点是对发展经济学学科在中国西藏落地的理论分析,也是对中国西部相类似的地区经济社会发展路径的有益探讨。延续这个命题的探讨,对于西藏的发展改革如何在理论上做进一步研究,仍然具有实际意义。

一、问题的提出和后续的研究

1991年孙勇先生在《西藏:非典型二元结构下的发展改革——新视角讨论与报告》

---

* 本文系西藏自治区哲学社会科学专项资金项目"西藏就业形势与就业政策研究"(批准号:13BMZ003)的阶段性成果。

** 陈朴(1982—),男,山东微山人,西藏自治区社会科学院经济战略研究所副研究员,2016—2017年度北京大学社会学系访问学者,主要从事西藏经济社会研究。

一书中提出了"西藏非典型二元经济结构"这一观点,他认为,"西藏现阶段的经济形态既不是自然经济,也不是现代经济,又不是和全国及西部同构的二元经济,而是具有特殊个性的非典型二元经济"。从结构主义分析角度判定西藏经济社会内部机制认为"经济结构由现代部门(modern sector)和传统部门(traditional sector)组成,但西藏的这两个部门之间很少沟通,不仅二者涨落的相关性很小,而且对同一区域社会的贡献彼此分割,文化观念、生产方式等也相去较远"[①]。自这一理论的提出到现在已经过去26年了,虽然西藏经济经过了多年的快速发展,但学者们认为西藏非典型二元经济结构在西藏依然存在,很多研究者的研究结论都认为西藏非典型二元经济结构之路还没走完。何景熙(2003)认为尽管目前西藏发展的状况较孙勇先生当年所论述的情形(西藏非典型二元经济结构表现)有某些差异,但某些经验事实并未改变;随后彭泽军、绒巴扎西(2008)、许建生(2009)、李惟一(2010)、李国政(2010)等分别选取1978—2005年、1991—2007年、1992—2008年、1978—2008年作为时间截面对西藏城乡二元经济结构统计指标进行测算,较为一致地得出了"西藏的经济结构仍处在非典型二元经济结构的状态"。经过我们续接2008—2015年进行的测算,也同样得出与上述观点一致的看法。综上所述,从数据分析的角度可以看出,西藏非典型二元经济结构在西藏依然存在。在认可西藏非典型二元经济结构在西藏依然存在的同时,笔者发现在西藏经济结构中还出现或产生了一种新的现象,即次级非典型二元经济结构。从结构的演进本身找变化并做进一步研究,可以看出正因为次级非典型二元结构的出现,巩固和推进了非典型二元经济结构。

在阐述这一认识之前,笔者先给出西藏次级非典型二元经济结构的阐释性定义:"次级"是指发生或发展的次序不是最初的,是由当初状态分化或成长的后期产生的,因此,次级非典型二元经济结构是指在总体供给模式下[②],西藏传统部门分化出了原来的传统农牧业部门和"镶嵌"的现代农业(包括农村非农业)部门,现代部门也分化出了原来传统行业部门和多种要素促成的现代行业部门,两大部门中的次级传统部门和现代部门依然存在绝缘性,传统部门对现代部门或者现代部门对传统部门彼此都没有明显地起到促进作用,亦即一元对另一元产生的作用依然很小。(见图1)

刘易斯在《劳动无限供给条件下的经济发展》一文中将一国经济划分为两个部门:一是按照现代方式组织并使用先进技术进行生产的"资本主义部门"或"现代部门";二是以传统方式组织并使用落后技术进行生产的"维持生计部门"或"传统部门"。"值得注意的是,尽管'资本主义部门'或'现代部门'主要表现为工业部门,'维持生计部门'

[①] 孙勇主编:《西藏:非典型二元结构下的发展改革——新视角讨论与报告》,中国藏学出版社1991年版,第37页。

[②] 关于"总体供给模式"参见①中第二章2.03、2.04节的阐释。

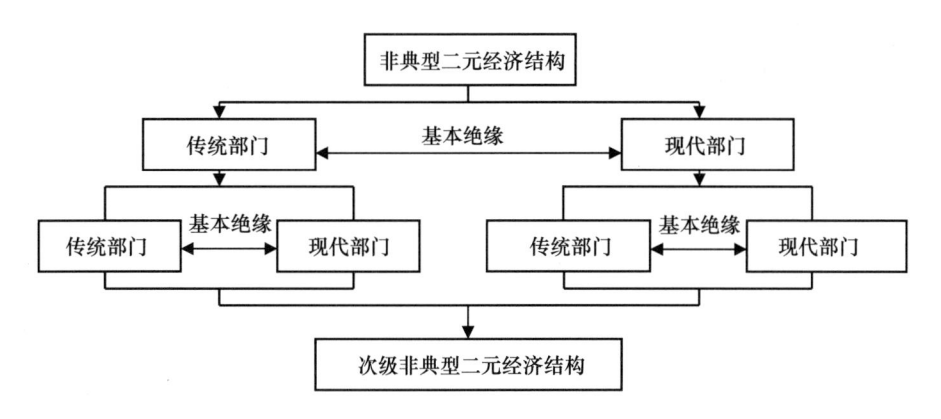

图1 西藏次级非典型二元经济结构示意图

或'传统部门'主要表现为农业部门,但不能简单地将'资本主义部门'或'现代部门'等同于工业,将'维持生计部门'或'传统部门'等同于农业,因为现代化的农业也是现代部门的组成部分,而落后的工业生产无论如何也不能归结为现代部门。"[1] 同样,在讨论次级非典型二元经济结构时,本文也认为传统部门不能等同于农业,现代部门不能等同于工业,按照三次产业划分来看,传统部门和现代部门均可以包含一、二、三产业。传统部门基本上是具备以自给自足的方式来组织经济行为的微观体组成的,而且微观体具有"经济联系松散难以形成自我积累的分工网络,技术水平低且进步缓慢,生产规模小但所占人口份额大"[2] 等特征,主要包括传统农业部门,还包括农村非农业部门。现代部门应该基本上是具备以分工和协作方式来组织经济行为的微观体组成,而且微观体具有"经济行为能够形成自我积累的分工网络,技术水平较高且进步能力强,生产规模大但所占人口份额小"[3] 的特点,由此,笔者认为现代部门(modern sector)包括现代高新技术行业和现代工商业,还包括有一定技术含量的专业化和现代化生产的农牧业形式(例如农村高新产业示范园区)。

此外,还要说明的是本文"绝缘性"的问题,从就业的角度去考量了次级二元结构是否具有"绝缘性"。"二元经济结构的核心问题是剩余劳动力的转移,或者说,剩余劳动力的减少是由二元结构中两部分经济差别缩小的基本标志"[4],研究中国二元经济结构的命题,其最根本的目的还是在于如何解决农村剩余劳动力的问题,故此,本文认为农村劳动力就业是衡量次级二元结构之间是否具有"绝缘性"以及是否相互起作用的一个核心问题。

---

[1] 郭少新:《中国二元经济结构转换的制度分析》,中国农业出版社2006年版,第6页。
[2] 同上。
[3] 同上。
[4] 厉以宁、李克强:《走向繁荣的战略选择》,经济日报出版社1991年版,第114页。

二、西藏传统部门次级二元经济结构

近年来,西藏各级决策部门为改变传统部门落后现状,利用总体供给模式不断改变传统部门内部结构,传统部门随即出现了传统农业行业和现代农业(包括农产品加工业等非农行业)次级二元结构,但次级二元之间绝缘性依然较高,而且就业转换率不高,亦即具有非典型的二元性。

(一)传统部门次级二元经济结构的表现

多年来,决策部门试图改变非典型二元经济结构,但由于西藏传统部门中各种制约因素,收效甚微,为了稳定或提高传统部门生产者收入水平,在各市县都在积极引入现代农业,推广设施农业技术,大力发展农畜产品加工业。这就在非典型二元经济结构中的传统部门中分化出了两个次级结构,一个是依然保持原有"农村中的传统农牧业(包括家庭式农牧产品加工业)却经常对经济生活发挥着主导作用";另一个是由总体供给模式下"镶嵌"的现代农业。[1]

一方面,在传统部门,全区农牧业依然在重复着千百年以来的耕作方式,唯一不同的是,有些较发达区县把"二牛抬杠"换成了机械耕种。但2015年全区农田作业综合机械化水平仍仅有57.8%,全区大部分地方还依然是传统的耕作模式,"二牛抬杠"等耕种方式仍占很大比例。从有关西藏的农村住户调查数据来看,在农村家庭经营收入中第一产业始终是农牧民收入的主要来源,尽管西藏农牧区的第三产业经营比重逐年增加,但与第一产业还有很大差距,传统农牧业的可持续发展仍是保障农村居民收入稳定增长的关键。2015年西藏农村居民人均工资性收入占可支配收入低的比重为22.7%,与全国乃至西部相比都存在较大差距,相反家庭经营收入的比重高达59.9%。这也反映出西藏农牧民收入仍然以传统的粮食种植和牧业养殖为主。

另一方面,在总体供给模式下,由中央扶持和有关援藏省市、企业通过资金或项目方式,直接在传统部门"镶嵌"进现代农牧业。在全区各市(地)、县(区)出现了特色中草药、设施果蔬、设施养殖等生产新设施类型、科学施肥技术及其病虫害防治技术,应用生产标准化水肥、精准化管理技术及先进的节水灌溉技术等现代农业生产方式。

通过调研发现,在距离地市所在地较近的县区往往很重视农牧业新技术的推广与应用。拉萨曲水县才纳乡特色经济作物引种示范试验基地,引进了烟叶、玫瑰、赤霞珠葡萄、丽江雪桃、荷兰郁金香、香水百合和玛卡等新品种,经过2年多的引种试验,已掌握

---

[1] 中国的现代农业,应具备生产过程机械化、生产技术科学化、增长方式集约化、经营循环市场化、生产组织社会化、生产绩效高优化、劳动者智能化等特征。

了这些品种的生物学习性、种植技术流程，具备大面积推广的条件。堆龙德庆区自 2000 年在岗德林始建高效日光温室至今，全区设施农业面积近 5000 亩，塑料大棚温室近 3000 栋，高效日光温室近 2700 栋，而且青椒、西红柿、黄瓜等蔬菜通过了无公害认证，并进入拉萨大型超市，促进了现代农业生产市场化。

虽然西藏出现了现代农业部门，但并不是由传统农牧业转型升级自然演变而成的，而是由总体供给模式下"镶嵌"进来的。以堆龙德庆为例，"十二五"期间先后实施羊达无公害蔬菜基地建设、岗德林蔬菜基地配套设施建设、古荣乡生态农业园建设等项目，而这些现代农业都是通过争取援藏资金"镶嵌"进堆龙德庆的。同时，"镶嵌"型现代农业也为堆龙德庆农业现代化打下了坚实基础。

此外，根据现代农业的定义，发展高原特色农牧产品加工业是西藏现代农业形式之一。按照本文对传统部门的定义，高原特色农牧产品加工业也应该属于传统部门中的现代农业，高原特色农牧产品加工业作为西藏培育的支柱产业，是完整农业产前、产中、产后产业系统环节的内在要求。经过多年的发展，高原特色农牧产品加工业不断壮大，促进了农村专业化分工开始走向高度化。但是，生产技术科学化、增长方式集约化、经营循环市场化、生产组织社会化、生产绩效高优化、劳动者智能化等现代农业的特征还不完全具备，主要原因还是在于高原特色农产品加工业也具有"镶嵌"性。

（二）传统部门次级二元经济结构的绝缘性

虽然"镶嵌"型现代农业为西藏农业现代化打下了坚实基础，但传统部门次级结构出现的现代农牧业部门和传统农牧业部门之间仍然没有出现彼此互相促进的现象，传统部门的一元对另一元并无太大的促进作用，即"基本绝缘"。

上文提到高原特色农产品加工业是现代农业的一种形式，因此，我们暂把高原特色农产品加工业作为现代农业部门，把农林牧渔业作为传统农牧业进行论证传统部门次级二元的绝缘性。截至 2015 年，西藏农副产品加工、食品制造、酒水饮料制造、纺织及制品（当地羊毛加工）、皮革制造、木材加工（含家具制造）、造纸（藏纸）等行业企业分别达到 101 个、26 个、42 个、78 个、21 个、38 个、9 个。按照《西藏统计年鉴》归类，这些生产单位属于工业企业，不属于传统手工业作坊，我们把这些高原特色农牧产品加工业企业归到传统部门嵌入的现代农业生产部门。按照"西藏非典型二元经济结构不具备现代部门与传统部门的增长前者大于后者，且前者的产值比重等于或大于后者的特点"①的理论，来衡量传统部门次级二元经济结构中传统农牧业和现代农业产值比重。2015 年农牧产品加工业总产值为 487155 万元，农林牧渔业总产值为 1494633 万元，可见现代农业产值

---

① 孙勇主编：《西藏：非典型二元结构下的发展改革——新视角讨论与报告》，中国藏学出版社 1991 年版，第 37 页。

远小于传统农业产值,因此,西藏传统部门次级二元结构也不完全具备"前者的产值比重等于或大于后者"的特点。把这些企业所产生的总产值增长率和传统农林牧渔业总产值增长率做一个对比,可以看出虽然农产品加工业产值的增长大于农林牧渔产值增长,但波动较大,而传统农林牧渔业总产值却按照固有路径平稳增长(见图2)。分析二者之间的散点图也可以看出,二者之间散点毫无规律可言,没有相关性(见图3)。通过数据分析,进一步印证了传统部门次级二元经济结构存在着绝缘性,相互关联性不大。

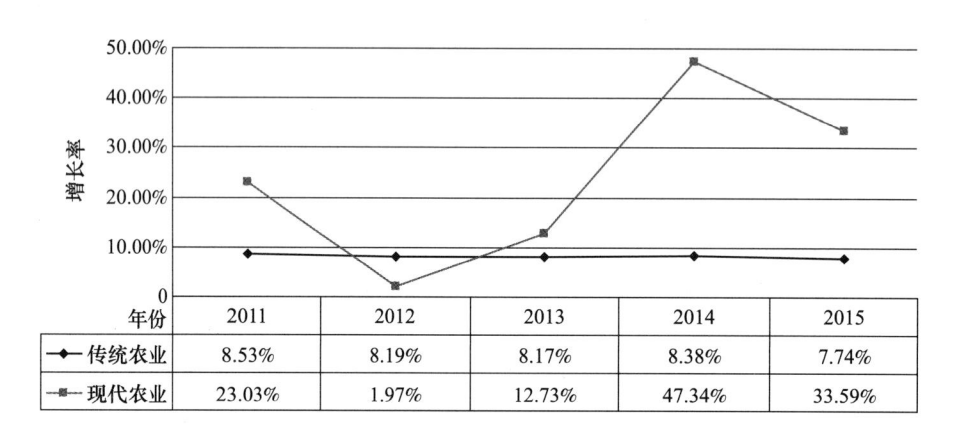

年份	2011	2012	2013	2014	2015
传统农业	8.53%	8.19%	8.17%	8.38%	7.74%
现代农业	23.03%	1.97%	12.73%	47.34%	33.59%

图2 农村传统农业和现代农业增长率对比

数据来源:《西藏统计年鉴》(2012年、2016年)。

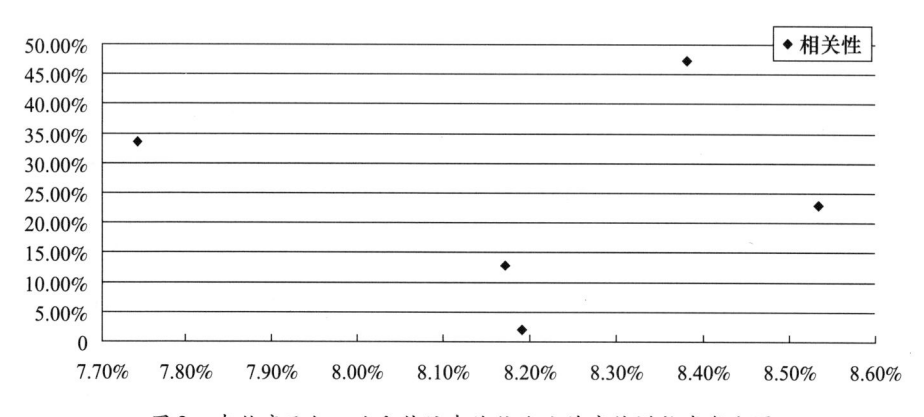

图3 农牧产品加工业和传统农林牧渔业总产值增长率散点图

数据来源:《西藏统计年鉴》(2012年、2016年)。

出现上述"绝缘性"原因有着复杂的内在机理,其中之一就是大部分农产品加工业"镶嵌"性导致的产业链不完整,由于篇幅所限,对此本文不作重点分析,仅以一个社会调查给出一个直观感受。

阿里地区畜牧业产品深加工和商贸运输服务体系均比较落后,以白紫山羊绒为例,

90%以上的产量都是直接外销山东如意集团、内蒙古鄂尔多斯羊绒集团、河北清河羊绒市场等，只有10%左右由阿里地区紫金绒等公司加工生产，阿里措勤县的紫山羊绒直接销售羊绒的单位收益，不到加工成衣之后收益的十分之一。农牧产品深加工的严重滞后导致阿里地区优质资源增殖很少，资源优势并没有很好地发挥。这一调查可以感性得知传统部门次级二元之间关联性不强的原因。

（三）传统部门次级二元经济结构的农业人口就业转换

还有另一个值得注意的现象是，西藏现代农业行业发展对传统农业劳动生产率未有明显提高的情况下，也没有能够吸收大量剩余劳动力，而这些剩余劳动力根本无法被嵌入现代部门吸收。2015年西藏国民经济各行业从业人员乡村从业人员数为1362569人，其中在农林牧渔业乡村从业人员数946653人，占乡村从业人员的69.48%，其余乡村从业人员较少地分布在采矿业、建筑业、交通运输业、批发零售、住宿餐饮业。从事传统部门的生产者，由于自身素质的限制，尚不具备现代农业所要求的农业技术。由于西藏农民的科技文化素质普遍较低，在耕作方式、田间管理上习惯采取传统的方式，大批适用的科学技术很难推广应用，农机具使用率很低，无人对田间精细化管理等，所以西藏目前现代农业尚不具备大规模吸收农牧民就业的内部条件。各市地区县现代农业生产者，大多都是内地农民，也不排除有少部分当地"能人"在学习现代农业技术，从事现代农业生产，但这部分毕竟少数。在我们的调研过程中，各县区无一例外地提出"农牧民的科技素质和管理水平低，农牧业特色产业技术人才匮乏，少数群众对发展农牧民专业合作社的重要意义认识不足"等带有普遍性的问题。这也是造成传统部门中的传统农牧业与现代农牧业绝缘程度较高的原因。

在西藏，农业人口的转移受制于次级非典型二元经济结构的程度远超过兄弟省区的典型二元经济状态。比如在藏鸡养殖方面，由于农牧民养殖环境差，养殖技术不规范，死亡率较高。由于缺乏藏鸡深加工基地，收购来农牧民的出栏藏鸡不能加工成成品，只能对拉萨市场的餐饮进行销售，很有局限性，有时还会造成收来的藏鸡赔本销售，由此造成农牧民参与藏鸡养殖专业合作社的积极性不高，不能有效地发挥专业合作社对农牧民养殖藏鸡的服务性功能。由于以上原因，使藏鸡养殖无法形成产业链，故而在现代农业就业的农牧民极其有限。根据我们的调研，在有设施农业的地方，大多数农民仅是把土地出租给外地人从事现代农业技术，外地人租种了土地后，也极少会雇用当地农民，一是现代农业要求精细化，比如，种植日光温室大棚西瓜，稍有不慎一株西瓜苗就会毁坏，当地农民往往不善于精细化作业；二是大多出租土地的农户往往不愿意从事繁杂的体力劳动，即使在离市区较远的农村，当地从事现代农业生产的能人雇用当地人，也仅仅是从事一些毫无技术含量的低水平劳动。

三、西藏现代部门次级二元经济结构

多年来，为改变现代部门落后现状，各级决策部门通过大力引进资本、技术、人才等要素，尤其是资本要素，促进了现代部门的发展，特色优势产业和各类新兴产业加快发展，现代部门种类呈现出多样性，西藏现代部门发展显著加强。但同时，现代部门也分化出了传统现代行业部门和高新技术等现代行业部门，出现了次级二元结构，二元之间同样关联性不高，就业转换率亦不高，非典型性也很明显。

（一）现代部门次级二元经济结构的表现

随着西藏市场经济的发展，投资环境的不断改善，现代部门发展不断完善，形成了建筑业、采矿业、批零贸易业、餐饮业、娱乐服务业、交通运输业、医药医疗行业、百货零售业、房地产业、中介行业、物流行业等门类齐全的行业，但这些行业做细分后，多属传统现代部门。

近年来，西藏不断全面深化改革，大力实施创新驱动战略，积极推进供给侧结构性改革，加强创新能力建设，提高信息化水平，不断引导资本、技术供给向高新技术行业倾斜，现代部门中出现了高新技术行业，我们认为高新技术行业属于现代部门中的现代部门。随着现代部门高新技术行业的出现，西藏现代部门也出现了次级二元结构。

"十二五"时期以来西藏加快科技园区、科技成果转化示范基地、重点实验室、可持续发展实验区建设，新认定了"西藏自治区太阳能光伏和热利用重点实验室""西藏高原相关疾病分子遗传机制与干预研究重点实验室"等重点实验室（工程技术研究中心）33家，"在孵"企业西藏日光城生命科技有限公司的研发成果获得德国纽伦堡国际发明展览会金奖。同时，还大力培育本地信息产业，西藏柯尔、金采两家企业获得国家计算机信息系统集成四级资质，使西藏计算机系统集成企业实现零突破。而所谓实现零的突破，还仅是一个发端，没有完成从量变到质变的转变。

上述资料显示，西藏现代部门出现了高新技术行业，而且其发展得到提升，科技创新公共服务能力和资源聚集辐射能力显著增强。

（二）现代部门次级二元经济结构的绝缘性

西藏高新技术行业从无到有，不是产业演进的结果，而是由于总体供给模式下，政策的优惠、市场的空白等多种因素，诱导外地高新技术行业来藏发展，仍然属于"镶嵌"进来以弥补产业链缺失的结果。以工业为主体的现代部门在产业转型升级的今天，有着追求科技进步获得超额利润的动机，其企业实施技术创新和包含更先进技术的固定资产更新，

可以降低成本。但是，推进技术创新和科技进步并不必然适合处于工业化起步的西藏，由于西藏技术基础低，资金规模相对较小，实施技术创新是一个长期过程。显然，西藏的企业在这方面的动机不够强烈是正常的。但在总体供给模式下的西藏，对于这一长期问题，可以用政府保姆式的服务加以解决，从发达省份引进先进技术"镶嵌"到西藏，但先进技术的引进若缺乏雄厚资金支持，又缺乏熟练人力资源相配套，更难以与资源要素禀赋相适应。因此，现代部门就出现了以工业为主体的传统现代行业与以高新技术行业为主的现代行业之间相关联性差，有时甚至绝缘的现象。

以西藏各工业园为例，各园区逐渐形成了以西藏文化旅游业、矿产业、藏医药业、建筑建材业、民族手工业、工商业、农畜产品加工业等特色产业为主的现代传统产业，而且还集中了藏医药业和生物制药、高科技电子信息技术等现代部门的高新技术产业。

同时，西藏工业园区大多是通过依靠提供土地和优惠政策来吸引企业进园而形成产业空间集聚的，由于这种模式重视对企业的集聚并不重视其内在机制的建立，使得这些在空间上已形成一定集聚的企业（包括高新技术企业）并未显现出强烈的根植于工业园区的倾向。园区内企业之间的关联度不高，相互支援、相互依存的专业化分工协作的产业网络尚未形成。园区招商引资项目缺乏产业关联度，园区主导产业不突出，导致园区内企业之间产业链条较短，制约了工业园区集聚作用的发挥。

由上述调研可以看出，西藏各工业园区作为西藏现代部门集中的代表，园区内产业关联度不高，尚未形成完整产业网络和产业体系，尤其是在现代部门中传统产业和现代产业之间还存在一条"鸿沟"。事实证明了"镶嵌"到西藏的先进技术目前还没有发挥链接产业之间的"铆隼"作用，甚至进入现代部门的那些传统因素或多或少使现代部门的生产水平反而朝着传统生产水平靠拢，使改变二元经济的非典型状态减少了负熵输入量。

(三) 现代部门次级二元经济结构的农业人口就业转换

近年来，国家不断强调新型城镇化，西藏也试图通过新型城镇化建设来消除非典型二元经济结构。通过城镇化，农村剩余劳动力进入城镇，意在进入现代生产部门，从事城市产业。而由于西藏农村进入城市的劳动者不具备城市现代部门高端行业技术水平，因此无法从事现代部门高新技术行业的业务。影响现代部门劳动力就业的一个重要因素是农村劳动力教育水平。一个区域教育水平的高低，很大程度决定了劳动力在现代部门所能从事的工作能力。"教育水平较低的劳动力，往往只能从事一些简单的体力劳动，而具备一定人力资本水平的劳动力，才能从事特定的复杂劳动。"[①] 现代部门专业分工的发展，其就业岗位需要特定技能和教育水平的劳动者。根据徐爱燕、张兴龙（2016）的计算，不识字或

---

① 徐爱燕、张兴龙：《劳动力流动视角下的西藏城镇化进程研究》，《西藏经济》2016 年第 1 期。

接受小学教育的劳动力在西藏农村劳动力中占据绝大比率，达到90%以上，具有初中及以上受教育程度的劳动力只有不到10%。根据相关计算，城乡劳动力流动和农村受教育程度呈正相关关系。因此，西藏低水平的劳动力受教育程度，很难在现代部门高端行业就业。这就产生了现代生产部门中的次级二元就业结构，一方面是经过各县区大力发展职业技术培训，在餐饮娱乐酒店、洗浴环卫保安、驾驶运输、传统劳动密集建筑业或工业等传统现代部门吸收就业，而另一方面是高端现代服务行业、高科技新型工业几乎无法吸收本地农牧民广泛就业。而这两个次级部门就业也出现了"非典型二元结构"，次级部门之间的就业也产生了绝缘的现象，彼此互相促进作用很不明显。

以拉萨市城关区为例，相当一部分失地失业和没有生活来源的农牧民，除了可以在环卫、保安等低端行业安置就业外，几乎再难以寻求其他就业出路。虽然政府有关部门大力开展职业技能培训工作，但群众参加的积极性不高，效果不明显。在经济技术开发区，开发区成立了由东嘎村失地农民组成的西藏益民经济发展有限公司，负责开发区内的道路绿化、园林、市政养护、环卫、采石场等工作，直接接纳失地群众就业。从调研来看，西藏农牧民就业确实也只能在传统现代部门就业，甚至很多地方由于农牧民自身素质问题，不愿意参加培训，不愿意转移就业，宁愿在家里等政府救济。即使接受过高等教育的大学毕业生，大多进入党政各机关，从事行政事业工作过程中仍然带着传统的管理理念来管理，缺乏现代社会治理理念。因此，有时候先进管理理念和方式因素的嵌入，不得不向传统的管理理念和方式让步。

对次级二元经济就业结构的探讨，笔者认为，首先还是要上升还原到刘易斯《劳动无限供给条件下的经济发展》论文中去。刘易斯的二元结构理论有一个"劳动无限供给"假设前提，其暗含着现代部门需要的劳动力，从农业部门转移过来就能与现代部门人力资源的要求相一致，无论是在理念还是技术上都能够适应满足现代部门的需要①。而在非典型二元结构下的次级二元经济结构的前提，恰恰是劳动未能充分供给，亦即传统生产部门不能提供足够的现代技术人才。在西藏，农村劳动力教育水平不高且素质低，无法满足现代部门对人力资源的需求，这也是很多学者在研究过程中发现的西藏劳动力转移困难，或者城镇部门吸纳就业能力有限的原因。传统部门在转移现代农业就业过程中，部分科技含量不高的劳动技能，比如除草、收割等传统技能，是能够被现代农业吸收的，而科技含量高的劳动技能，比如嫁接、施肥、日光温棚等技术就无法产生被吸收的路径依赖了。同样，在现代部门的这一元中，高技术行业是有门槛的，农村转移出来的劳动力是完全不能够被吸收就业的，是没有路径可依赖的。在没有劳动无限供给的前提下，退而求其次，在经过各级政府努力培训后，有些年轻人、"能人"，可以参与现代部门中传统行业，但是很

---

① 通过对刘易斯文中"熟练工人"的理解，理当如此。

难进入现代部门中的现代行业部门。因此，现代部门无法吸纳更多的传统部门的劳动力，在技术、资本、教育等要素没得到解决之前，现代部门次级二元部门在整体的观念和技能也是无法相通的，依然呈现出较强的二元性，而且"绝缘性"也较高。

四、结论

按照抽象点题，现象解题，抽象理论总结的逻辑，我们有必要对西藏次级非典型二元经济结构做一个总结。按照马克思主义哲学观点，一个普遍性的现象必然蕴藏着一个理论诞生的条件，对隐藏在现象中的规律进行挖掘，然后做出科学性的解释，必然可以得出一个超越现象的理论。按照结构主义理论，元结构下面可以分结构，有结构就有解构，通过对经济结构元结构的分析找出层次性，进行层级分析。因此，以上述理论为指导，本文在寻找非典型二元经济结构在西藏 20 多年没走完的原因时，通过次级层次的分析，找出了非典型二元经济结构未走完的原因。通过比较深入的分析发现，原因就在于西藏经济社会的层级结构中出现了缺陷，由此才得出了西藏次级非典型二元经济结构的判定。

基于以上分析，笔者认为：西藏包括邻省藏区的次级非典型二元经济结构，不是个猜想，而是能够经受实践和理论检验的一种新的理论分析或观点。由此，"次级非典型二元经济结构"的提出，是对发展经济学在西藏实践过程的一种再认识，是对发展经济学在欠发达省份理论的再丰富。虽然我们尚未完全弄清楚次级非典型二元经济结构运行机制的全部调节、反馈、约束、阶段、条件等因素，但大体轮廓已经通过本文分析看出来了。本文认为次级非典型二元经济结构的出现本身就包含了强化和消除非典型二元经济结构这一矛盾。一方面推动、延伸、强化了非典型二元经济结构，而且在强化过程中产生了新的要素；另一方面通过政府行为或市场行为等方式来引导非典型二元经济结构消除。强化和消除并存的现象，在西藏更能体现各地市县区通过引进现代技术部门和效用高的生产方式，来改变非典型二元经济结构，并出现了有益的现象。但同时，在总体供给模式下，"镶嵌"进来的现代高端技术，又把原来的非典型二元结构人为地分化出来次级二元结构，而分化出来的次级二元结构之间仍然不具备关联性。在传统部门次级二元经济结构相对直观可见，城市现代部门次级二元经济结构是存在的但不容易发现。在既定经济发展战略思路的影响下，经济社会实际中所形成的产业发展序列往往是主观的产物，能否与资源利用（包括人力资源）序列合拍，要受到诸多因素的制约。如果其经济社会的内在不确定因素过多，虽决策层力求合拍，但也将遇上较大的干扰。

如何化解或消除次级非典型二元经济结构，教育经济学或者人力资源学中都提出对实用技术人才培养的重要性，化解次级二元经济结构培养高素质实用人才是关键。《西藏：非典型二元结构下的发展改革——新视角讨论与报告》在 20 多年前就提出了西藏未来 20

年的经济发展主要取决于人的素质，对人力资源开发做了专门论述和建议。但西藏经过20多年的发展，没有形成通过教育与培训或引进人力资源等方式解决非典型二元经济结构"自觉性"的安排。只是在近年来国家高度重视职业教育和人才的培养，西藏才被动的开始重视技能教育培养和人才引进。20多年来对适用（实用）与高级技术人才的培养不够，因此，非典型二元经济结构不但没有消除，反而还出现了次级非典型二元结构，导致非典型二元经济结构的强化。本文仍然认为，消除西藏次级非典型二元结构的关键，仍然是实用技术人力资源的培养。我们分析这些新现象，并没有对这些现象给予否定的评价，在边远的少数民族地区，"镶嵌"的现代部门在一定程度上促进带动了当地产业转型升级。"制度性依赖"含义和"路径性依赖"相近，而恰恰"路径依赖"取得了巨大成就，这样的"路径依赖"在一定历史时期有其合理性。西藏自我发展能力弱是客观事实，路径依赖在某时段是正确的，这就决定了总体供给模式在一定历史时期包括当前仍然是正确的。

参考文献

1. 孙勇主编：《西藏：非典型二元结构下的发展改革——新视角讨论与报告》，中国藏学出版社1991年版。
2. 许建生：《1991—2007年西藏非典型二元经济结构测度和演化研究》，《西藏研究》2009年第2期。
3. 何景熙：《关于新世纪西藏改革与发展中人力资源开发的思考——兼论西藏"非典型二元结构"演化的途径与对策》，《西藏研究》2003年第3期。
4. 彭泽军、绒巴扎西：《西藏城乡二元经济结构统计指标测算表（1978—2005年）》，《贵州民族研究》2008年第2期。
5. 李惟一：《西藏"非典型二元经济结构"研究》，硕士学位论文，中央民族大学，2010年。
6. 李国政：《西藏"非典型"产业演进路径研究——基于中央财政补贴的视角（1978—2008）》，《当代经济管理》2010年第6期。
7. 郭少新：《中国二元经济结构转换的制度分析》，中国农业出版社2006年版。
8. 徐爱燕、张兴龙：《劳动力流动视角下的西藏城镇化进程研究》，《西藏经济》2016年第1期。
9. 西藏自治区统计局：《西藏统计年鉴》，中国统计出版社2012年、2016年版。
10. 厉以宁、李克强：《走向繁荣的战略选择》，经济日报出版社2015年第1版。

On the Sub-level Atypical Dual Economy Structure of Tibet

Chen Pu

(Tibetan Academy of Social Science, Lhasa, 850000)

Abstract: As an energetic subject atypical dual economy structure of Tibet can explain today's economy structure of Tibet. And why the atypical dual economy structure of Tibet exists until today is that the differentnation of two big economy department, which leads to the sub-level atypical dual economy structure of Tibet. This structure consolidates and strengthens the atypical dual economy structure. This paper analyses the Major Expression and the insulativity of sub-level atypical dual economy structure which is differentiated by the traditional department and modern department, and holds that the sub-level atypical dual economy structure strengthens the atypical dual economy structure, but at the same time the former eliminates the latter. The key of this issue is the personnel training of operative technology.

Keywords: Tibet; Lewis; Atypical Dual Economy Structure; Sub-level Atypical Dual Economy Structure

西藏农牧民定居工程后续产业支撑思考*

魏 刚**

(四川师范大学经济与管理学院,成都,610066)

摘要:始于2006年的西藏安居工程彻底改善了农牧民的居住状况和生活条件,实现了广大农牧民的定居生活,西藏从此迎来了农牧民定居的新时代。一个地区的地理位置、气候条件和资源禀赋决定了该地区的生产方式与产业布局,又影响着当地居民的生产关系和生活方式。当地政府通过推行民生工程改变游牧民的生活状态后,客观上就应该要加快调整和优化原有的生产结构和产业布局,这样才能真正让农牧民在安居后还能实现乐业,实现定居又定心。本文通过对西藏产业发展的历史和现实考察,运用产业经济相关理论,对后定居时代的西藏产业布局提出一些理论参考和对策建议。

关键词:西藏;农牧民定居;产业布局

自确立援藏工作机制以来,中央和各兄弟省市给予了西藏大量政策、资金、人才和技术支持,西藏GDP多年保持10%以上的增速,远远超过了全国平均水平。尤其是在2006年,西藏自治区以实施农牧民安居工程为突破口启动新农村建设。通过七年多的努力,安居工程已经全部完工。就实际效果来看,安居工程结束了广大农牧民人畜共居、人畜共饮的生活状况,彻底改善了农牧民生活条件。但从研究数据分析和实地调研来看,西藏至今仍属于我国的欠发达地区,自我积累和自我发展能力严重缺乏,经济发展质量不高,尤其是对于定居以后的农牧民,存在着产业后续发展的问题。

---

* 基金项目:教育部人文社科项目"新形势下西藏安居工程建设的优化研究"(项目号:13YJC790156)部分研究成果。需要特别说明的是,考虑到西藏和四川藏区在农牧民定居后续产业发展上的相似性,笔者在本文最后一部分提出关于产业布局的对策建议。

** 魏刚(1981.5—),男,汉族,四川广元人,经济学博士,四川师范大学经济与管理学院副教授,硕士生导师,中共四川省委新型智库"区域发展与重大生产力布局"专家组成员。主要研究方向:西藏经济、农业经济。

一、产业发展的相关理论观点

关于深入研究西藏的产业结构变迁，涉及一个传统的经济学命题，即产业结构必须以产业分工为基础，对一个区域产业发展的特点进行分析。

威廉·配第（William Petty）发表于17世纪的《政治算术》一书中，通过描述英国农民和海员收入差距而发现了不同行业之间存在着收入差距，而正是这种差距导致了人群总是朝着更高收入的行业转移。配第的这一思想也是最早指出产业结构与国民收入水平差异之间的内在关系，他揭示出了从事工业比从事农业收入多，而从事商业又比从事工业收入多，即工业比农业、商业又比工业利润高。而产业间的收入差异又影响着国民收入差异和经济发展的不同阶段①。此后，法国经济学家魁奈（Francois Quesnay）在其论著《经济表》中提出了"纯产品"观点，将社会阶级划分为生产阶级和非生产阶级②。到了亚当·斯密（Adam Smith）时代，他虽然没有明确对产业结构提出任何理论观点，但是他的分工理论和绝对优势理论从侧面探讨了产业分工与国民经济发展的内在联系③。在亚当·斯密观点的基础上，包括英国政治经济学的代表人物大卫·李嘉图（David Ricardo）、瑞典经济学家赫克歇尔（ELI. Heckscher）和俄林（Bertil Ohlin）等在内的一大批古典经济学家，围绕生产要素禀赋差异而导致不同地区具有不同产业优势的特点，揭示了资源禀赋与产业结构和劳动报酬的内在关系④。这些思想构成了产业结构早期的理论雏形。

到了20世纪三四十年代，产业结构理论进一步趋于成熟。在19世纪中后期，工业部门飞速发展，服务部门初现，进入20世纪经济危机以后，工业部门严重衰退，而此时服务部门发展趋势明显，新西兰经济学家费夏也正是基于这样的大背景下进一步扩充了威廉·配第的产业理论思想，首次提出了三次产业的划分⑤。日本经济学家赤松要通过将产业发展与国际市场结合在一起分析，指出一个国家可以通过进口—本地生产加工—拓宽出口—出口增长模式，来加快本国的工业发展，这就是著名的产业发展"雁形形态论"⑥。

在综合了威廉·配第、费夏、赤松要等学者观点基础上，英国经济学家科林·克拉克（Colin G. Clark）建立起了较为完整、系统的理论框架。他在研究经济发展与产业结构变化之间的关系时提出了三次产业分类，并通过对40多个国家和地区在不同历史发展阶

---

① ［英］威廉·配第：《政治算术》，马妍译，中国社会科学出版社2010年版，第108页。
② ［法］魁奈：《魁奈经济著作选集》，吴斐丹、张草纫选译，商务印书馆2009年版。
③ ［英］亚当·斯密：《国民财富的性质和原因的研究》，商务印书馆1981年版，第511页。
④ 杨吾扬、梁进社：《地域分工与区位优势》，《地理学报》1987年第3期。
⑤ 赵儒煜：《产业结构演进规律新探——对传统产业结构理论的质疑并回答》，《吉林大学社会科学学报》1997年第4期。
⑥ 胡树光、刘志高、樊瑛：《产业结构掩体理论进展与述评》，《中国地质大学学报》2011年第1期。

段进行分析比较发现，伴随着收入水平的提高，劳动力先由第一产业转向第二产业，当收入水平继续提高后，劳动力又从第二产业转向第三产业①。由于克拉克认为他的发现只是验证了配第在1691年提出的观点而已，故后人把克拉克的发现称为配第—克拉克定理。继克拉克之后的美国经济学家西蒙·史密斯·库兹涅茨（Simon Smith Kuznets）在其著作《各国的经济增长：总产值和生产结构》中，通过搜集和整理20多个国家的经济数据，从收入差异和就业结构在不同产业间的分布情况，提出了著名的库兹涅茨曲线假说。他认为经济增长与收入差异的关系本质上是从传统农业部门向现代工业部门转变过程进行的，工业化和城市化的过程就是经济增长的过程，在这个过程中分配差距会发生趋势性的库兹涅茨曲线变化。②

步入20世纪五六十年代，产业结构的理论内涵得到了深入发展。这个阶段涌现出了大批具有代表性和突出贡献的经济学家，如里昂惕夫（Leontief, Wassily W.）、刘易斯（William Arthur Lewis）、赫希曼（Albert Otto Hirschman）、罗斯托（Walt Whitman Rostow）、钱纳里（Chenery. H）、霍夫曼（W. Hofmann）、希金斯（John Higgins）及一批日本学者等。作为投入产出分析方法的创始人华西里·里昂惕夫，他为经济内部各产业之间错综复杂的关系创立了一种实用的经济分析方法，建立了投入产出分析模式，并运用该模式分析国家和地区间的经济关系以及各种经济行为可能带来的效应③。丁伯根、霍夫曼、刘易斯、罗斯托、赫希曼、希金斯和钱纳里等人，主要还是沿袭之前的理论观点继续深化产业结构的理论内涵，其中刘易斯的"二元结构"理论和钱纳里等人的"不平衡发展战略"思路尤为突出④。

和欧美学者相比，日本学界的代表人物如筱原三代平、赤松要、马场正雄、宫泽健一、关满博等人对产业结构理论也有诸多研究成果。但不难发现，他们的研究多是在本国国情基础上展开的，其中也部分涉及了东亚地区产业结构循环演进问题。但是，他们的理论对产业结构分析具有参照的价值。

通过上述对产业结构理论演进的梳理，我们可以清楚地认识到，产业结构与国民经济发展、国民收入差异有着天然的内在联系，研究一个国家或地区的产业结构，有利于认识其经济发展方式和发展状况，以及国民的收入情况。本文认为，产业结构是在社会再生产过程中，一个国家或地区的不同类别的产业间经济联系和数量比例关系，即所有资源在各类产业间的配置状态。判断一国一地产业发展水平则主要考察其经济体系中各产业所占的比重，以及不同产业之间的经济联系即产业间相互依存、相互作用的方式。产业结构亦称

---

① Clark, C. L. Rewritten, *The Conditions of Economic Progress*, London: Macmillan, 1957.
② ［美］西蒙·库兹涅茨：《各国的经济增长：总产值和生产结构》，常勋等译，商务印书馆1985年版。
③ 苏东水：《产业经济学》，高等教育出版社2005年版。
④ 胡红安、常艳：《西方产业结构理论的形成发展及其研究方法》，《生产力研究》2007年第21期。

国民经济的部门结构，是国民经济各产业部门之间以及各产业部门内部的构成，产业结构与产业增长有着内在联系，因此，为了确保有限的市场资源能在各个经济部门中得到最合理、最有效、最优化的分配和使用，推动经济发展，客观上就需要不断地根据实际发展状况对产业结构进行调整，使得产业布局更加科学和优化①。

二、西藏产业发展的态势分析

（一）西藏产业发展的总体特征

自西藏自治区成立至今，整个产业结构发生着巨大变化。如图 1 所示，西藏产业结构不断得到优化和提高，尤其是改革开放和中央的六次西藏工作座谈会，对西藏的经济发展和产业布局产生了重大变化。从学界大量关于西藏产业发展的文献中可以看出，改革开放以来，西藏产业结构经历了从"一二三"的结构形式到"一三二"，再到"三一二"，不断进展到"三二一"结构形式。

西藏的第一产业——农牧业，是西藏长期以来的支柱性产业，吸收劳动力最多，但生产方式的改进十分缓慢，也可能正是因为第一产业的科技含量比较低，加之多数人受教育程度不高，所以第一产业一直是劳动力最多、产出效益逐年递减的产业。西藏的第二产业的兴起，主要是在民主改革和自治区成立之后。西藏学者二十多年前曾论述西藏属于非典型的二元结构形式，指出西藏原本没有任何工业基础，在西藏和平解放之后尤其是民主改革之后，中央确立了"总体供给模式"，由内地兄弟省市和国有企业援助西藏，新建了一大批工业企业，这些工业企业属于"镶嵌"式，在一个时段中缺乏与西藏其他产业的融合发展，而且所创造的产值对地区生产总值的贡献相对有限，但具有推动西藏经济社会发展进步的作用②。从产业结构看，西藏的第三产业波动起伏最大，从产业比重最小值发展到今天比重最大值。从自治区成立之初，第三产业的产值一直处于整个 GDP 的五分之一，到了改革开放以后开始有了较快的发展，到 1997 年跃居三大产业结构的首位。（见图 1）

（二）西藏产业发展的阶段性特征

本文在论述西藏产业结构变化时，着重考察的是改革开放以后的几十年，因此针对西藏建立到改革开放以前这段时期不做论述。

---

① 杨斌、潘明清：《改革开放以来西藏产业结构演变及对经济增长的贡献分析》，《西藏大学学报（社会科学版）》2010 年第 2 期。
② 孙勇主编：《西藏：非典型二元结构下的发展改革——新视角讨论与报告》，中国藏学出版社 1991 年版，第 37—38 页。

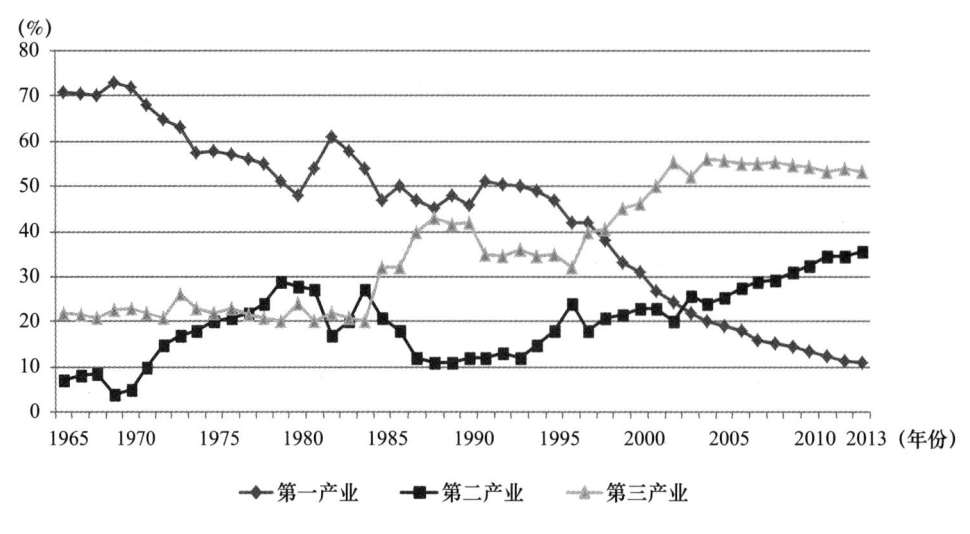

图1 生产总值与产业结构变化趋势①

第一阶段：改革开放之初（1978—1980年）

学界对于西藏产业结构阶段性变化的划分节点版本较多，本文认为，改革开放这个节点，无疑是中国经济发展转型的重要里程碑。自1978年中央确立改革开放以后，整个中国经济，无论是城市还是农村，工厂还是企业，全面开启了体制转型。至于选择到1980年，是因为这个阶段的西藏产业结构主要呈现"一二三"的特征。第一产业占据着整个GDP的半壁江山，第二产业略高于第三产业比重。但是从1981年开始，第三产业比重就超越了第二产业。在这个阶段中，西藏的农牧业作为主导产业，产值略微有所上升，增加了不到3个百分点，而第二产业下降了两个百分点，第三产业则基本保持不变（见表1）。

表1　　　　　　　　1978—1980年西藏国内生产总值构成（%）②

年份	第一产业占GDP比重	第二产业占GDP比重	第三产业占GDP比重
1978	50.7	27.7	21.6
1979	47.9	27.7	24.4
1980	53.5	25.2	21.3

第二阶段：改革开放起步（1981—1996年）

在这个阶段中，西藏的产业结构主要是呈现"一三二"的特征。从1981年开始，第

---

① 数据来源：《西藏统计年鉴（2013）》，中国统计出版社2013年版。
② 同上。

三产业所占GDP比重首次超过了第二产业，第三产业上升了接近18个百分点，第二产业虽然被第三产业超越，但仍有小幅上涨，增加了1.2个百分点，唯有第一产业大幅降低了18个百分点，由于第一产业体量较大，仍占据着GDP比重的第一位（见表2）。

表2　　　　　　　　1981—1996年西藏国内生产总值构成（%）①

年份	第一产业占GDP比重	第二产业占GDP比重	第三产业占GDP比重
1981	60.6	16.2	23.2
1982	57	20.5	22.5
1983	53.4	25.2	21.4
1984	46.6	20.5	32.9
1985	49.9	17.4	32.7
1986	47	12.8	40.2
1987	45.6	12	42.4
1988	47.7	11.9	40.4
1989	45.9	13	41.4
1990	50.9	12.9	36.2
1991	50.8	13.7	35.5
1992	49.8	13.4	36.8
1993	48.9	14.7	36.4
1994	46	17.1	36.9
1995	41.8	23.6	34.6
1996	41.9	17.4	40.7

第三阶段：建立新的体制（1997—2002年）

90年代中期开始，西藏产业结构基本没有大的波动，西藏经济发展也较为迟缓。其后，西藏产业经过十多年的不断发展完善，特别是在中央第三次西藏工作座谈会以后，西藏经济得到快速发展，产业结构也逐渐优化和完善。从1997年开始，西藏第三产业产值首次超过了第一产业的产值，此时的三大产业结构变为"三一二"。究其原因，是因为1994年中央第三次西藏工作座谈会的召开，此次会议提出在确保西藏经济继续保持高速增长的同时，要努力推动产业结构向高度化和合理化方向发展。通过两年的积淀，第三产业持续发展，产值首次超越了西藏长期的主导产业农牧业（见表3）。

---

① 数据来源：《西藏统计年鉴（2013）》，中国统计出版社2013年版。

表3　　　　　　　1997—2002年西藏国内生产总值构成（%）①

年份	第一产业占GDP比重	第二产业占GDP比重	第三产业占GDP比重
1997	37.8	21.9	40.3
1998	34.3	22.0	43.7
1999	32.3	22.5	45.2
2000	30.9	23.0	46.2
2001	27.0	23.0	50.1
2002	24.5	20.2	55.3

第四阶段：结构性变化（2003年—"十一五"结束）

从2003年开始，西藏第三产业产值不断增加，第一产业产值不断降低，第二产业产值逐渐超过了第一产业，西藏产业结构自此从之前的"三一二"结构转型为"三二一"结构，整个产业结构持续优化。学界普遍认为，第三产业在整个GDP产值中所占的比重是衡量经济结构是否合理、高级的指标，更是衡量产业优化程度和城镇化水平的重要尺度②，我们在评判经济结构是否改善，经济发展质量是否提高时，通常以第三产业所占GDP比重为参考（见表4）。

表4　　　　　　　2003—2010年西藏国内生产总值构成（%）③

年份	第一产业占GDP比重	第二产业占GDP比重	第三产业占GDP比重
2003	22.0	25.7	52.3
2004	20.1	23.9	56.0
2005	19.1	25.3	55.6
2006	17.5	27.5	55.0
2007	16.0	28.8	55.2
2008	15.2	29.2	55.6
2009	14.5	31.0	55.5
2010	13.5	32.3	54.2

总体来说，西藏的产业结构在中央的扶持下，兄弟省市的援助下，不断优化。第一产业在西藏的经济史上始终占据着主导位置，其生产方式改进最慢，虽吸引劳动力最多，

---

① 数据来源：《西藏统计年鉴（2013）》，中国统计出版社2013年版。
② 孙英敏：《西藏产业结构研究》，《现代商贸工业》2010年第3期。
③ 数据来源：《西藏统计年鉴（2013）》，中国统计出版社2013年版。

却因为投入产出的效率不高使得产业比最低。而第二产业在不到半个世纪的时间里，快速发展，当然，这主要源于援藏机制的确立，整个西藏第二产业经历了从小到大、从弱到强。从近些年发展趋势可见，第二产业已经不再像之前"镶嵌"式的产业体系，第二产业与第一、第三产业逐步融合和互动，形成了一定规模，具备了西藏特色，发展后劲开始显现。西藏的第三产业虽然起步于西藏民主改革以后，但在改革开放之后得到了中央政府的大力扶持和兄弟省市的重点援助，发展速度极快，在2006年青藏铁路开通以后，更是迅猛发展，西藏以旅游业为主带动了较多生活服务业的发展。如果西藏保持着既定的产业发展态势，那么，产业结构将更加优化，经济发展更加优质，民生改善更加明显。

三、当前西藏产业发展的现实问题

（一）西藏特殊地域环境制约产业转型

西藏被称为"世界屋脊"，平均海拔近4000米，常年温度较低，自然条件恶劣。西藏也是我国人口数量最少、人口密度最小的省区，社会文化和教育发展程度较低，这些客观环境严重阻碍了西藏经济社会发展，也决定了西藏发展模式不可能以资源开发型工业为主导。一方面，西藏城镇化发展滞后，发展水平低，截至2012年，西藏人口总数为307.62万人，城镇人口总数为69.98万人，城镇化率仅为22.70%。而从1990年至2012年，全国城镇化率由26.41%升至52.57%，年均增幅为1.19%。相对这一时期，西藏地区的城镇化率从16.40%提高到22.70%，年均增幅仅为0.29%，与全国平均水平相差明显。可见西藏城镇化发展严重滞后于全国平均水平。另一方面，西藏地区城镇规模普遍偏小，扩展功能不强，各城镇人口数量差距较大。总人口数超过20万的城市只有拉萨市（2016年进入50万—65万区间），总人口数在5万—20万间的只有日喀则市，区域内人口数量小于2000人的城镇占到西藏总城镇数的55%以上。西藏几乎没有人口规模较大的大型城市，中小城镇数量也极少，因此在一段时间里难以形成大、中、小城市有机交融的形态，从第一产业中转移出的剩余劳动力的接纳能力有限，带动周边区域经济发展的功能有待提高，整个城镇的体系功能尚不完整，面对这种局面，西藏产业转型和经济发展处在机遇与挑战共存的状态。

（二）可持续发展面临瓶颈问题

陆大道等认为以大项目建设为主体，以能源原料工业基地建设为重点，以国家投资为主渠道的区域开发模式，带有强烈的粗放式特征，容易忽略该地域已有的民族特色和生态优势，缺乏独特的发展方式，产业结构和内地趋同，缺乏竞争力①。西藏地处我国西南高海拔地区，空气稀薄，生态自我修复能力弱。近些年全球气候变暖，导致西藏高原雪线上升，水土涵养能力减弱；加之一段时间的过度放牧，草场管理形式粗放，草原质量退化，载畜能力下降；随着城镇化的推进以及藏区人口的急剧增加，对稀有动植物资源的生态链有着一定的负面影响；在全球气候恶化、冰川退缩、自然灾害频发的背景下，西藏的可持续发展遇到瓶颈。党的十八大报告提出要高度重视生态文明建设，将保护生态资源的理念植根于经济发展之中。如果只重视速度和数量，轻视质量和生态资源的发展模式，无疑会对可持续发展造成较大的不利影响。

（三）产业结构和就业结构互动不足

尽管西藏产业结构不断优化，生产水平不断提高，但与就业结构之间缺乏良性互动。从产业结构与三大产业从业人员情况分析来看，结构性矛盾仍然比较突出。经过多年发展，西藏已经形成了"三二一"的产业形态，但是就业结构却依旧是"一三二"的形态，第一产业吸收劳动力最多，第三产业次之，第二产业吸收劳动力的能力很弱。换言之，第一产业劳动力严重过剩，第二产业仍须充分扩大吸纳更多劳动力，而第三产业吸收劳动力方面存在较大潜力。

此外，从生产力角度考察，西藏的生产力水平决定了土地、生态和劳动力是支持第一产业发展的主要动力，而第二、三产业主要依赖投资、贸易和旅游来支撑。加之第二产业占比较低，第三产业发展水平不高，导致产业间的关联度和融合度不够。通过文献检索发现，科学技术进步对西藏产业结构的演变影响甚微，西藏社会经济发展过程中罕有外生技术进步②；因此，就业结构并没有随着产业结构的演变发生相应变化，资本对产业结构的演进影响明显，尤其是第二、三产业，收入弹性远超第一产业，这也导致了各行业间就业结构的不合理。

（四）经济发展的共享度有待提高

自1994年确立援藏工作机制以来，援藏项目不断增多，资金不断增加，范围不断拓宽，内容不断丰富，方式不断多元，促使经济总量剧增，随着援藏向基层和农牧民倾斜，共享式的模式开始产生，但普惠面不够，需要进一步扩大。罗绒战堆认为这一系列优惠政策的支持来帮助西藏经济实现发展，出发点和现实效果都是积极的、必要的、正确的。但是，发展落后地区的经济最终的立足点还要依靠当地的人民群众③。付威指出，共享发展

---

① 陆大道、刘毅：《1999年中国区域发展报告》，商务印书馆2000年版，第62页。
② 陈刚、方敏：《西藏经济增长中的技术进步因素》，《西藏科技》2005年第2期。
③ 罗绒战堆：《西藏的贫困与反贫困问题研究》，中国藏学出版社2002年版，第4—9页。

理念把实现人民幸福作为发展的目的和归宿,倡导发展过程人人参与、发展成果人人享有,注重解决社会公平正义问题,是有利于实现好、维护好、发展好最广大人民根本利益的发展理念。这一理念既体现了探索把握规律的要求,又体现了为广大人民谋福祉的旨归,是合规律性与合目的性的统一[①]。西藏农牧民安居工程基本完成之后,因产业结构改善较慢,居民共享普惠还不多,城乡居民的收入差距较大,例如2014年拉萨农村居民人均可支配收入9750元,比西藏全区人均收入高2279元;城镇居民人均可支配收入23350元,高出全区平均收入1324元。此个案显示藏中地区的城乡居民收入差比为2.4∶1,其他地区的城乡差距更大,加之公共服务供给方面的差距,西藏城乡居民的发展共享度有待改善。

四、后农牧民定居时代西藏产业布局的对策建议

（一）现代旅游业

西藏拥有独特而丰富的自然奇景,独具魅力的宗教文化,独具特色的高原民族风情。农牧民定居后,可以充分利用得天独厚的旅游资源优势大力发展现代旅游业及其相关服务行业,着力打造上档次、高品位的生态旅游、文化旅游、探险旅游、休闲旅游等品牌项目。同时,借助安居工程建设的生活基础设施和具有传统民族文化生活风貌的藏寨,结合现代畜牧业、现代农业规划,着力发展特色餐饮、特色手工艺、藏家乐、藏式歌舞晚会,精心打造放牧体验、草原娱乐运动项目（如滑草、骑马）、酥油茶制作、帐篷住宿等特色旅游项目,形成特色鲜明的牧区文化旅游、生态旅游、探险旅游,促进带动西藏经济社会的发展[②]。同时,西藏应借助旅游产业优势,通过发展旅游对第三产业发展起到积极推动作用,进一步打造文化产业,通过新媒体等多种渠道大力宣传,培育独具西藏地方特色的文化类企业,为西藏的经济发展提供强力支撑。

（二）现代文化产业

与现代旅游业相结合,大力发展西藏文化产业。通过在农牧民定居点布局社区牧业文化园,依托社区旅游资源和主导产业,重点支持社区牧业观光文化园平台基础设施建设,包括牧业文化展示设施和平台、教育培训基地、游客服务点等方面。建设成为全方位、多样化、综合性、健康公益、文明和谐的社区产业发展平台和文化活动交流中心,充分发挥牧区自然资源、社会资源、文化资源的综合效益。展示畜产品生产加工,牧区饮食、服

---

① 付崴:《深入认识共享发展理念》,《人民日报》2017年6月29日。
② 贡桑卓玛:《西藏产业发展的现状及趋势分析》,《西藏科技》2013年第12期。

饰、传统民俗文化、风土人情、自然风光、土壤水文、自然资源、历史变迁等；开展牧民能力建设，提高社区牧民参与意识，促进当地人和外来人对牧区、牧业、牧民的认识，对传统文化知识、草原生态系统和生态环境科普知识的理解；发挥文化观光体验功能，作为当地和外来游客观光体验、休闲放松的场所，牧业生产、牧业文化交流、畜产品消费场所；实现交易消费功能，开展各种高质量、高档次，具有民族风格特色的公益性展销活动，促进城乡交流交融；组织举办与社区生产生活紧密相关的各种大奖赛，开展牦牛选种、种草、割草、传统文化技艺等竞赛活动。

（三）新型能源产业

新型能源作为西藏发展战略性新兴产业，不仅对转变经济发展方式、促进经济社会可持续发展具有重大意义，还为造福西藏人民、保护高原生态环境奠定良好基础。西藏拥有丰富的太阳能、生物质能（沼气）原料（主要是牲畜圈舍内粪便）。西藏部分地区户用型太阳能灶和便携式太阳能电池板已经得到广大牧民的认可和欢迎，主要布局在牧业生产基地、定居点的生产生活照明；高寒沼气开发的技术成熟，主要布局在牲畜数量较多的牧业生产基地，开展户用小型生物质能开发利用，沼渣可以用作草地改良施用有机肥；定居点开发中型工业化沼气发电，供应定居点牧民生产生活用电与冬季取暖，沼渣制作成有机肥产品，可以还原草地肥力，还可以开发成高档花肥产品，销售到大城市，增加牧民收入。重点扶持牧民定居点发展公共服务性中小型太阳能、高原沼气等新型能源。

（四）现代畜牧业

传统畜牧业主要以天然草场为生产场地，牧民大多逐水而居以天然放养的状态进行劳作。牧民对草原过度地依赖，而草原生态环境比较脆弱，随着人口数量的日益增长，草原的不断退化，人口发展与耕地、草场的矛盾日渐加深。再加之，牧区受季节性、地域性影响，而牧民具有分散和游动性的特点，直接导致传统农牧业产量低，产品不稳定，受自然因素影响大，而且这种粗放式的游牧已不能适应现代经济社会的发展需求了。要想在保持生态系统平衡的情况下获取更多的收益，就必须向具有现代科学技术、装备和经营管理理念，资源节约型，环境友好型，有高质高效特性的现代畜牧业转变。具体而言，可以以农牧民定居区域为中心，在周边修建农场饲养基地和牧草栽培基地，同时在周边牧场铺设围栏划分区域，根据季节草场和放牧小区按一定顺序定期轮流放牧和休闲，形成高质高效的现代畜牧业。还可以考虑把牲畜在定居点实行规模化圈养起来，利用秸秆作为牲畜饲料，这样一来正好缓解草原与人、畜之间的矛盾。

（五）现代种植业

农牧民定居后，居住地点相对稳定，为发展现代种植业提供了条件。其中部分农牧民可以在养殖牲畜的同时兼顾农业栽培，种植青稞、豌豆、蔬菜等作物，满足自身需求之后，还可以将剩余的作物在市场上进行交易，增加收入。另外部分农牧民则可考虑将自己的牲畜和牧场流转出去，专心从事现代农业种植，可采取大棚和机械工具的耕作方式，种植青稞、蔬菜、土豆、豌豆等作物，将定居区域周围农田充分利用起来开展标准化、规模化的种植，并根据自身发展和市场需求发展成为专属的农产品现代生产基地。甚至还可以在经过现场调研、科学论证后找到一片合适的区域，建立牲畜养殖与种植作物有机结合的生产系统，形成资源的综合利用和产能一体的生产方式。这样不仅可以防止农牧业发展对生态的破坏，还可以有效推动现代农业的发展，提高农牧民的收入。此外，西藏地方政府应加大对现代农业的支持，鼓励、引导对现代农业进行投资，打造一批以生产绿色、环保的藏式农产品为主导的专业化的品牌企业，在吸纳农村剩余劳动力的同时提升了产业带动效应。

（六）现代养殖业

在生态文明观指导下，谋划高原现代养殖产业，扶持原料生产基地，大力培育优良畜种，严格限制家畜数量过度增长，注重家畜质量安全，突出社区特色品种，发展标准化健康养殖。具体而言，可以用培植牧草和养殖业相结合的方式推动现代养殖业的发展：用科学手段栽培富含各种微量元素和维生素的优质牧草，推动牧区优质牧草种植基地的建设；大力推动高原藏羊产业，积极建设藏绵羊规模化、标准化养殖基地；积极培育高品质的高原牦牛产业，建设高原牦牛种源和养殖基地；建设牦牛和藏羊标准化健康养殖社区，扶持社区牧民按照养殖环境生态化、品种良种化、投入品安全化、防疫消毒制度化、粪便处理无害化要求进行牦牛和藏羊的标准化健康养殖；大力发展奶牛养殖，全力打造高原优质牛奶品牌；大力养殖高原藏鸡产业，着力打造成藏式优质高原鸡肉品牌；推进高品质猪肉产业，着力推动生猪集约化养殖基地。

New Thoughts on the Industrial Distribution of Tibet in the Age of Farmers and Herdsmen

Wei Gang

(School of Economics, Sichuan Normal University, Chengdu, Sichuan, 610066)

Abstract: Began in 2006, Tibet housing project completely improved the living conditions of farmers and herdsmen and living conditions, to achieve the majority of farmers and herdsmen living, Tibet has ushered in a new era of settlement of farmers and herdsmen. The geographical location, climatic conditions and resource endowments of a region determine the mode of production and industrial distribution in the region, which in turn affects the production relations and lifestyles of the local population. When the government through the implementation of livelihood projects to change the living conditions of nomads, the objective should be to speed up the adjustment and optimization of the original production structure and industrial layout, so as to really let the farmers and herdsmen in the settlement after the realization of music, to achieve settlement centering. Through the study of the history and reality of the development of Tibetan industry, this paper puts forward some theoretical suggestions and suggestions on the industrial layout of the post-settlement era by using the theory of industrial economy.

Keywords: Tibet; Farmers and Herdsmen Settled; Industrial Distribution

边疆治理研究

本栏目主持人：王鹏辉，四川大学中国西部边疆安全与发展协同创新中心教授

主持人语：中国自有国家文明起始，逐渐形成文明等差的中原"华夏"和边缘"四夷"天下世界观体系，具有典型的边疆国家特征。古典中国的边疆地域辽阔，族群构成多样，逐渐形成"内华夏而外夷狄""守中治边""守在四夷"的边治思想以及"因俗而治""近悦远来"的边治方略。中国的现代国家建设从根本上改变了边疆的面貌，边疆治理也经历了古今中西变局的洗礼。现代边疆治理则趋向构建以国家为主体、多方参与的多元治理结构，边疆城市与乡村的治理现代化则成为当代中国边疆安全与发展的焦点。

本栏目收录的两篇论文，一篇是新疆学者黄毅的《边疆民族地区城市社会治理中的空间与族群因素分析》，另一篇是西藏学者王春焕、郑丽梅、边巴拉姆的《拉萨市农村社区加强和创新社会治理调研》。前一篇论文运用城市社会学的理论，分析边疆民族地区族裔群体的空间聚居形态与城市社会属性及运行机制之间的密切关联，揭示出边疆民族地区城市社会治理空间性、族裔性的基础变量，进而得出族裔混合空间秩序有利于形成共识规则及社会秩序的启示。后一篇论文聚焦于拉萨市农村社区的创新社会治理，详细调研了拉萨市委市政府以市、县（区）、乡（镇）、村四级社会管理服务中心为核心架构的社会管理新体制，建立了"五组六制"的村级社会管理服务中心和驻村工作站服务农村社区的治理机制，走出了一条城乡融合、一体统筹的新道路。这两篇论文理论分析与实证调查相得益彰，对边疆社会治理的研究有着较新的观点以及提供了第一手佐证材料，有益于业内研究者打开当代边疆乡村振兴与城市发展的新视野。

边疆民族地区城市社会治理中的空间与族群因素分析*

黄 毅**

(新疆师范大学中亚与中国西北边疆政治经济研究中心，乌鲁木齐，830017)

摘要：边疆民族地区族裔群体的空间聚居形态与城市社会属性及运行机制之间有着密切的关联。族裔性与空间性及其所产生的关系张力成为制约城市社会整合的显著因素之一。当前，由族际交往阻滞所衍生的交往空间分异、区位空间分异、心理空间分异，强烈地制约着城市社会治理的运行与效能的彰显。只有通过空间的强制与引导来赋予"善治"以实践生成意义，才能找到社会秩序与族裔群体融合的基础。

关键词：空间族群化；空间分异；社会距离

近些年来，在构建中国本土化的社会治理理论范式进程中，城市社会已不再被理解为具有单一共同利益的内聚性实体。这也持续引发了学者们对边疆民族地区城市社会地带的某些特性如何被概念化的再思索。对剖析社会治理的社会基础而言，为了理解城市社会，研究者必须专注于群体实践，不仅要专注于生活的行为能动性，还要专注于生活的情感性维度。因为在日常生活世界里，人类的群体性和空间性及其所产生的关系张力一直是制约城市社会整合的显著因素之一。尤其是在边疆民族地区城市中，隐匿于此类特性之后的社会群体逻辑，强烈地掣肘着社会治理的机制构建与效能提升。因为边疆民族地区社会群体的空间聚居形态与城市社会属性及运行机制之间有着密切的关联。通过拨开城市社会生活内在的空间性与族裔性，我们可以对治理问题的事实及逻辑与意义进行恰当的解析，从而以一种"实然"的日常生活视角，揭示边疆民族地区城市社会治理的基础变量。

---

* 基金项目：国家社会科学基金一般项目"新疆城市空间中的民族关系研究"(17BMZ124)，负责人黄毅。

** 黄毅(1982—)，男，苗族，湖南沅陵县人，博士，新疆师范大学自治区文科基地"中亚与中国西北边疆政治经济研究中心"研究人员、法政学院讲师，研究方向：城市社会学。

一、空间族群化：现代多族群城市社会问题的社会病理学诊断

对治理而言，现代城市不仅是日常生活的社会再生产的场所，更是隐蔽的社会问题与文化问题的结合之处。因为"城市生活受到各种根深蒂固的文化和小集群的成员与归属感的有力调节：社会阶层、种族特点、宗教、民族和历史构成，以及这些结构性分类的冲突和并转，所有这些都持续地支撑着任何地方和任何城市生活"①。城市化的推进虽然代表着一种向心化的趋势，但却更彰显出一系列的断裂关系。因此，社会分化成为现代城市发展的基本特性之一，并与社会群体的集聚、隔离等交织而成为社会问题的主要肇因。一些学者在探究城市的概念化定义及生活方式的过程中，早就意识到了"城市的空间特性"，即指"在一个城市及其影响的地理层面中的社会关系、构建形式及人类行动的特殊的结构"②，它构成了研究人类行为、社会关系与集体意识的基础变量之一。工业化和城市化导致了急剧的城市空间转型，并持续地塑造着现代城市空间利用的分区结构。自20世纪初伊始，对"都市环境中的人类行为"的思考成为城市社会研究的重要主题，并逐渐形成了城市空间结构模式的理论框架。芝加哥学派最早尝试着从经验实践及理论构建上阐释"城市生活的空间特性""……研究人群的空间分布的各种社会原因和非社会原因"③。因为在城市中"尤其可以通过地域空间表现社会关系"④。这一学派把社会互动看作是由生活空间竞争所主导的整体社会背景下共生的表达，其结果便会形成一系列的由不同群体所控制的"自然区域"。

这些研究也都指出了现代城市地理空间其实具有强烈的社会群体属性。尤其是，现代城市人口群体的多样化带来了利益、生活方式和文化的多样化，导致了主导社会规范的弱化，并加剧了这种社会群体属性。城市社会世界的显著特征是，城市居民虽然"尚未丧失培养密切、长久和多方面关系的能力，但他们只得到了维持肤浅的、短暂的及有限制的关系的能力"⑤。而且，基于符号的和心理的适应过程与按照共享情感的城市生活的群落组织，在群体的社会相互作用及区位决策中起着非常重要的作用。人们生活在一个符号化的世界里，环境的象征性和构成社会行为的角色因素成为城市社会生活的一个重要特征。导致特定的地方或区位具有帮助决定社会行为的象征意义。通过分析象征过程和场所感是如

---

① [澳]阿德里安·富兰克林：《城市生活》，何文郁译，江苏教育出版社2013年版，第134页。
② 黄毅：《族群、空间与公共治理的实践逻辑：以乌鲁木齐市为例》，博士学位论文，华东师范大学，2014年，第21页。
③ [美] R. E. 帕克等：《城市社会学——芝加哥学派城市研究》，宋俊岭等译，商务印书馆2012年版，中译本序言。
④ Morris Janowitz, *The Community Press in an Urban Setting*, Chicago: The University of Chicago Press, 1967, p. 78.
⑤ Lyn Lofland, *A World of Strangers*, New York: Basic Book, 1973, p. 178.

何与城市中群体的行为相关联的，一些学者考察了场所符号学的三个方面：一是"心象地图"给空间指定了意义，群体用它来处理空间以及给不同的地方指定意义①。揭示了群体对地方场所在看法与含义上的差异是与族裔差异②和阶层地位差别相关联的③。这种对城市内不同群体及其所处环境的相互作用方式的考察，为深入地剖析边疆民族地区城市社会治理的基础变量提供了一种重要的洞察。二是"公共空间的行为"取决于在相互影响的群体之间和相互影响的人与建成环境之间标志的合适表达、阐释与协定。使得群体对公共空间的感受和在其中行动的方式上产生了差异。三是社区可以被定义为一种初级关系占优势的社会空间环境。社区的区位选择影响了个体或群体的社会网络联系④，并且在特定的生活范围内使得社会行为具有某种象征意义。导致大都市内的邻里很容易依据属于亚文化身份的标识来识别群体或个体的社会群体属性。族裔亚文化常常通过将特定符号与族裔群体关联的方式来表明他们邻里的边界，并在城市生活的行为选择中来定位自己。族裔居住格局则更直观地反映着一个族群的成员在居住地点与另一个族群的成员相互接触的机会。学者们围绕着如何在城市区域中测绘出族裔性住宅格局这一问题而展开了两个层面的重点研究，即一是想要理解将城市再划分为复杂的土地使用的小块隔离区的背后的隐性驱动力；二是关注隔离的某些模式是否可能导致消极的社会后果，尤其是某些群体的高度空间隔离是否会妨碍他们成为主流社会一部分的能力。就此，诸多学者试图解析族裔居住空间隔离的主要维度。通过对族裔高度聚居区的分类研究，卡尔特等提出了城区隔离的三种不同解释，即一是基于各种非正式的或正式的"集体行动的种族主义"手段所带来的非自愿隔离；二是基于生活方式的选择倾向；三是基于族裔背景的人口迁出⑤。这些研究都揭示了城市空间族群化之后所带来的一系列影响的后果，即日益加剧的空间分异将导致族裔人口关系的进一步恶化，继而产生的住区分割将持续加剧社会的裂化。

总之，空间与族群的视角将人与空间的二元关系作为群体或个体行为基础的社会因素联系起来。在研究中，学者们不仅明确地将社会现象与空间模式联系起来，而且还采用了互动论的视角并密切地观察在互动中自然凸显出来的社会群落形式，最终试图在社会与空间之间的作用之中、对建成环境的城市和族裔群体的定居空间对人们思想与行为的作用与反作用的后果之中进行分析。笔者认为，在边疆民族地区城市社会之中发现的空间安排既有明显的也有潜在的结果，即它不但以可预言的方式，而且也以社会治理者可能尚未预期

---

① Kevin Lynch, *The Image of the City*, Cambridge: MIT Press, 1964.
② Mark La Gory and John Pipkin, *Urban Social Space*, Belmont, CA: Wadsworth, 1981.
③ Reginald G., Golledge and Gerard Rushton (eds.), *Spatial Choice and Spatial Behavior*, Columbus: Ohio State University Press, 1976.
④ Barry Wellman, "The Community Question Re-evaluated", in M. Smith (ed.), *Power, Community, and the City*, New Brunseick, NJ: Transaction, 1988, pp. 81–107.
⑤ David M. Cutler, Edward L. Glaeser, and Jacob L. Vigdor, "The Rise and Decline of the American Ghetto", National Bureau of Economic Research, Working Paper 5881, Cambridge, MA, 1997.

的方式，影响着族裔群体的行为与互动。通过把空间和族群作为关键的分析概念，为有效地剖析边疆民族地区城市社会治理的基础变量提供了一种特定的视角。

二、族群关系与空间分异：边疆民族地区城市社会治理制约因素的具体呈现

族群关系作为城市社会生活的一种特征，与认同、宗教、文化、稳定等，成为理解现代边疆民族地区社会的主要面向的持续变化的基本维度之一。族群建构论认为族裔性具有社会建构的特征。而且，在族裔性建构过程中，空间或地点则扮演着重要的角色①。因为空间是社会关系的产物，形成于有目的的社会实践，既能体现各种社会关系，也能反作用于这些关系。空间分异反映了族裔群体之间在区位、交往和心理等层面的关系与实践的态势。社会治理则必须聚焦于此类关系与实践。对边疆民族地区城市社会治理而言，应更加关注空间中所隐藏的社会文化作用机制以及空间与群体关系、社会结构等因素的勾连。因为城市空间所具有的特定的社会特性与情感价值，不仅为我们理解社会构造关系与空间形式提供了机会，更为剖析制约城市社会治理的社会基础呈现了一种新的理论洞察力。当前，边疆民族地区城市居住空间及邻里环境在快速城市化进程中不仅深受族裔群体身份政治以及文化保守观念的型塑，更面临着在特定空间中族裔群体高度聚居所导致的现实的空间分异问题。此类问题的特点在于：它往往是由于族际交往阻滞或非现实性冲突所主导的，不仅包括交往空间分异，也包括区位空间分异，更包括心理空间分异。

（一）交往空间分异：族际互动阻滞与社会距离

一般而言，城市空间分异源于社会互动的动力，形成于社会背景、人口与文化结构的框架之中。但在边疆民族地区城市社会中，由于存在着某些特殊群体在局部区域想建立起某种形式的控制、主导或排他性的趋向，其主要运用空间作为群体成员的焦点，符号与身份、群体成员结构的刚性等作为族裔群体之间互动管治的一种方式，从而导致了空间分异的持续存在。城市日常生活实践的观感也表明了：群体生活的圈子确实变得更小了，仅仅局限在他们的直系亲属、族裔朋友以及精心选择的族裔社区之中；并且，这种日常生活实践影响着甚至在某种程度上限制着族裔个体的互动经历。而且，族裔群体普遍存在着一定的基于宗教信仰、经济文化生活、血缘地缘等相同或相似前提下的居住偏好，族际容易形成一种"小聚集"的居住空间模式。这种模式的显著后果之一，会使

---

① [英] 约翰·伦尼·肖特：《城市秩序：城市、文化与权力导论》，郑娟、梁捷译，上海人民出版社2010年版，第241页。

城市不同街区形成所谓"族裔亚文化"问题,在一定程度上阻塞了与主流外界的交流,限制了族际交流的广度与深度,造成相互之间交流不足和实际情感的疏远。许多倡导社会资本的学者都忽略了群体所居处的空间环境,对信任关系或认同形成的影响力。因此,哈尔珀恩指出,空间结构对社会群体的形成有着决定性的影响,可透过实体环境来左右日常社会互动的可能性,从而影响社会资本的形成[1]。莫汉则创造"社会资本地理学"这一术语来提醒我们,行动者互动方式的特征与内容因地而易,地理距离可能对社会资本产生"空间负聚集"[2]。

族裔群体之间社会互动的程度是社会距离的函数,而社会距离则可被概化为群体之间的交往倾向。社会距离是最形式化、最普遍化的社会关系,是一种群体之间关系发生关联时所产生的情境。它可以被划分为客观空间距离和主观心理距离。前者指社会群体生活的区位距离框架,后者指社会群体成员所感知的情感倾向,二者共同反映了族群之间的亲近程度。马戎等学者对族裔群体社会距离的研究表明:居住的同质性虽然有利于族裔群体自身情感的加深与信任关系的强化,但也在很大程度上阻碍了族裔群体之间相互进入对方的交往群体,从而极大地制约了族际社会资本的培育与积累[3]。社会距离与区位空间彼此紧密地交织在一起,对族裔群体之间的社会互动和居住空间分异起着持续的推动作用。在城市日常生活世界中,群体的地域性和刻板印象成为建立和维持族裔社会距离的一种常见方式。因为人们并不总是会意识到基于社会分工、社会流动性的制度障碍以及主导消费模式与权威系统的这种阶级建构的正式社会分层的轮廓。但在日常生活的社会化过程中,城市居民基于身份和特征识别的社会再生产所衍生的"刻板印象",则时常会造成内卷化的族裔社会互动与居住空间分异的不断自我强化。虽然刻板印象本身也是社会空间分异的结果,但由于族裔群体之间的认知经常建立在不完整、二手的知识及属性差异被夸大的基础之上,从而不断地扩大了族际感知的社会距离,最终导致居住空间分异得到进一步的巩固。

(二) 区位空间分异:族裔高度聚居格局与选择性居住隔离

随着时间的推移,城市社会的某些角落都会不可避免地呈现出某些族裔群体的特色与品质,其结果便是把一个纯粹地理学上的表达转化成了族裔群体的特殊情愫,即形成了一种所谓富有情绪、传统及其历史的场所。在此过程中,群体的自我分类和被分类成城市组织的不同部分,从而导致区位空间分异的镶嵌模式,然后,通过隔离、同化、再隔离的协同过程,城市空间的不同部分逐渐被不同族裔群体的社会属性所表征。甚至,还会形成所

---

[1] David Halpern, *Social Capital*, Cambridge: Polity Press, 2005, pp. 264–267.
[2] Giles Mohan and John Mohan, "Placing Social Capital", *Progress in Human Geography*, Vol. 26, No. 2, 2002.
[3] 马戎:《民族社会学:社会学的族群关系研究》,北京大学出版社2004年版,第399—425页。

谓族裔区位性格，即聚居在区位特定空间中的大多数人所显示的对现实的一种共同的、比较稳定的态度倾向以及与之相适应的、习惯性的群体行为。族裔区位性格会无形地控制着群体与个体的行为，自发自动地衍生某种趋向的态度与行为。而且，城市族裔群体关系的社会分化更会加快族裔区位性格的形成，而族裔区位性格的形成在一定程度上又会加速城市社会空间分异的速度与进程，从而阻碍了族裔空间分异的逆转趋势，导致族际区位空间一定程度的固化。族裔区位空间分异将强烈地影响着边疆民族地区社会的稳定，尤其是族裔人口的高度空间聚集，不仅会成为城市社会整合的重大制约因素，还会对族群关系、社会认同甚至是国家认同构成威胁。再加上特定事件的频繁影响，基于族裔性的选择性居住隔离现象将会增多。国内外城市社会相关研究表明：虽然诸多因素促成了隔离，适度的隔离在一种大致平稳的社会中会自然形成且也难以评判其后果。但在当前的边疆民族地区社会中，倘若是因为族际关系紧张或社会极化而导致的隔离，则很有可能会造成社会的裂化，其后果常常是会形成一种族际交往阻隔与区位空间区隔的恶性循环机制。如果城市的区位空间最终被以族裔意识为标识的群体分隔空间所取代，那么城市里的公共空间则会变成更加支离破碎的混合体，每一部分之间的边界都将变得坚不可摧。

（三）心理空间分异：亚文化与族裔性

"我们理解世界靠的就是在我们头脑中将个别的物、人事归入对它们恰当的（这是根据我们的文化而定的）分类框架中。"① 人类头脑中拥有对事物的一般概念或范畴，会将所感觉到的或遇见的对象"置于"其中，也就是说，我们会根据对象的"类型"来理解其"特殊性"。因为文化取决于给予事物以意义，它通过在一个分类系统中给事物指派不同的位置而得以呈现。所以对"差异"的类型标识构成了文化的符号秩序的依据。在日常生活实践中，刻板印象则会对这种"差异"加以简化、提炼，并使"差异"本质化和固定化。刻板印象是一种简单而有效的群体"分裂"策略。其特征之一就是它的"封闭"的、排他的实践。它用符号确定各种边界，并排斥所谓不属于它的任何东西。亚文化则是族裔刻板印象的日常呈现。亚文化是指在主流社会之外的、以隐藏的支流形式在非寻常的空间内存在的文化类型。亚文化的动力来自其行为活动与主流文化行为活动之间产生的冲突。亚文化理论认为有着特定的社会人口统计特征与生活方式的社会群体会宣传鼓吹某种行为。族裔亚文化群体维持自身最有效的方法莫过于空间隔离。在边疆民族地区城市中，相对封闭的族裔空间聚落往往存在着由群体亚文化决定的某些规范与观念。此类规范与观念可能有悖于或不适应主流社会的制度与价值。但由于空间聚落的封闭性和居民较低的文化层次，使得这类规范和观念仍得以存在、发展与发挥作用。此外，还由于宗教习俗的强

---

① ［英］霍尔：《表征：文化表征与意指实践》，徐亮、陆兴华译，商务印书馆2013年版，第257页。

烈存在，族裔群体在接纳与认同个体上有着自身的独特方式。如果将这种特有的归属与认同方式，视作城市社会的一种"亚文化"的话，那么在日常生活中我们可以清晰地看到族裔亚文化是如何影响着社会中群体或个体的生活行为及价值观念的。这种亚文化给族裔个体自身人际关系造成了极大的制约，强烈地影响着其社会归属与认同。使得族裔群体或个体在选择自己行为时，首要考虑的是把本族裔群体是否接受，视作自己行为选择的主要标准。

族裔性有两种属性，即一方面它是一种强加的身份。政府通过划定区域，创造并加强族裔的概念，而这些概念又维持和再生产着族裔区别和族群分隔的观念与事实；另一方面族裔特征则是在个体之间建构起来的某些集体特征、经验（真实的或想象的）和历史。所以弗雷德里克·巴斯指出，"形成族群最主要的是它的边界，而不是语言、文化、血统等内涵。一个族群的边界，不一定指的是地理的边界，而是其社会的边界"[1]。在日常生活中，族裔性既能表现为一种凝聚力，也能体现出一种分隔。因此，鲍尔指出族裔性群体集聚可以发挥着某些截然不同的效果，即一是减少成员的孤立感和脆弱性的"保护功能"；二是为内群体凝聚力提供表达空间的"支持功能"；三是文化凝聚力的"文化保护功能"；四是能够使得部分人和行为在独特的文化环境掩护、同情与恐吓交织在一起所引导的沉默保护下"消失"的"'攻击'功能"[2]。依赖这些功能，族裔群体的空间分异可以通过不同方式得以呈现。实际上，空间分异显然更多地会强化着族群的族裔性、实践和信念，进一步巩固和拉开族际社会心理距离。

综上所述，边疆民族地区城市的空间与族群之间相互作用所导致的一系列综合性后果，常常会衍生出一种基于不同态度、行为和群体的社会关系网络。虽然它体现了边疆民族地区城市生活的族裔特色，但也清楚地表征了社会群体对待各式问题的极化，并强烈地制约着城市社会治理的运行与效能的彰显。

三、治理启示与简短的研究展望

虽然基于社会群体的空间分异并非只是一个民族、种族、教育程度或经济地位的问题，而是这些（以及其他）因素之间的相互作用的问题。但它给城市社会带来的后果，正如迈克·戴维斯在研究美国城市社会时所指出：当前城市中社会空间极化程度已经将其对城市社会地理的扰动提到了一个新的强度，与这些原因相混杂的持续的歧视和新的种族政

---

[1] 马成俊：《弗雷德里克·巴斯与族群边界理论（代译序）》，载［挪威］巴斯主编《族群与边界：文化差异下的社会组织》，商务印书馆2014年版，第11页。

[2] Boal, "Ethnic Residential Segregation", in Herbert and Johnston (eds.), *Social Choice*, New York: Wiley, Vol. 1, 1976.

治已经开始加速城市建成环境广泛的硬化与堡垒化等特性的出现、公共空间的侵蚀、社会空间隔离加强的出现①。对中国边疆民族地区城市而言，以空间族群化为表征的城市社会分化进一步带来了族裔群体生活方式、价值观念以及认同呈现的分歧，从而弱化了社会的一致性与凝聚力，并存在着侵蚀或打破当前社会秩序的风险。所以这种分歧要求治理主体在通过增加正式的社会限制规则来加强社会治理时，必须尝试着坚持运用"理性的"方式。这意味着，当前社会的转变必须通过一种新社会空间关系的自觉创造来推进，并且，这种社会空间关系必定要一直与随着社区生活的转变而发生的转变关联着。

城市社会治理的成功取决于维护社会凝聚力以及制度环境的可持续性。善治的要素就是要探寻族裔性与社会凝聚力之间的不确定关系，是如何被制度安排以及公共政策所调和与塑造的。国外城市空间再造的实证研究也表明，城市社会空间设计所带来的环境改革，能够主动地针对群体的某些社会行为而产生适当的影响，从而导向各种积极的族裔性互动交往与治理问题的解决。因此，奥斯卡·纽曼提出了"可防御空间"这一理念。他认为，现代邻里所发生的大多数轻度犯罪、暴力行为等，与社区生活的淡化以及住户各扫门前雪而导致的社会控制的减弱有关。一旦住宅之外的空间成为公共性空间，就不会有人感到必须针对入侵者采取"监督"或"防御"措施②。故而，在边疆民族地区城市社会空间再造实践之中，基于族裔群体积极互动的可防御空间建造应成为治理的基本要素之一。通过空间强制与空间引导所形成群体混合空间秩序，不仅有助于族裔群体之间日常互动的展开，更有利于在治理中形成解决问题的共识规则及社会秩序。当然，也必须考虑市民社会的自由意愿，让族裔居民参与到街区和处于雏形阶段的社会治理中去。赋予"善治"以实践生成意义，即以各种方式在各个层面，通过机构之间的协作、团体之间的协同、街区层面的实施以及通过生活的改变和群体主观性的改变而产生。在社会治理的语境中，社区的理念仍然是表达"共同生活与行动"的场所，是对共同协议和共同社会资本的表达。因为正如城市规划学家简·雅各布斯提出的，行为并不单单取决于个人的社会属性，它更受到家庭、周围的人和其社区的影响。更像科尔曼定义的、普特南重新加以运用的"社会资本"这一理论所表明的：相互信任是动员的动力，有助于强化市民密切关系的形成，扩展对外联络的桥梁，赋予街区居民政治能力和社会能力。边疆民族地区城市安全的主题是与共享的集体空间、共同生活的标准、地方参与制度的设计有关的。比起由国家扮演社会生活教导者角色的制度性参与的社会治理模式来说，街区族裔居民在利益相关的参与式理想感召的治理过程中更容易自我动员起来。

总之，在边疆民族地区，要想营造一个融洽美好的社会，还是要依靠社会治理秩序的主动创造，来找到一般秩序与社会群体融合的基础。从研究意义来看，与聚焦于群体族裔

---

① Mike Davis, *Ecology of Fear：Los Angeles and the Imagination of Disaster*, New York：Metropolitan Books, 1998.
② Oscar Newman, *Defensible Space*, New York：Macmillan, 1972.

化身份的空间表达相比，未来对边疆民族地区城市社会治理的研究可以逐渐揭示从邻里到更大范围不同尺度上的、作为能动构建过程的空间族群化问题。这样，通过族群棱境研究社会，以及通过空间棱境剖析族群和治理的基础变量，则构建了一个令人兴奋与开放的研究议题。

An Analysis of Space and Ethnic Factors in Urban Social Governance of the Frontier Minority Area

Huang Yi

(Center for Political and Economic Studies in Central Asia and
Northwest China, Xinjiang Normal University, Urumqi, 830017)

Abstract: There is a close relationship between the spatial form of settlement of the ethnic groups, the urban social attribute and the operating mechanism in the frontier minority area. Ethnicity, space and the tension produced by them has become one of the significant factors that restrict urban social integration. At present, the differentiation of communication space, the difference of location space and psychological space derived from the block of inter ethnic communication, have a strong restriction on the operation and efficiency of urban social governance. Only through force and guide space to give "good governance" to practice meaning, the basis of social order and the integration may be found.

Keywords: Space Ethnic Group; Spatial Differentiation; Social Distance

拉萨市农村社区加强和创新社会治理调研*

王春焕　郑丽梅　边巴拉姆**

(西藏自治区社会科学院，850000)

　　2008年党的十七届三中全会通过的《中共中央关于推进农村改革发展若干重大问题的决定》中明确提出要"强化农村社会管理"，中共西藏自治区委员会制定的贯彻意见中也明确提出要"加强农村社会管理"，并且都指明了具体的工作方向。自2011年以来，随着国内外形势的发展，我国加强和创新社会管理步伐明显加快，党的十八大以来，在习近平总书记提出的治国理政思想中，将社会管理理念提升到社会治理的理念。作为拉萨市三大重要的功能社区之一的农村社区①，也从加强和创新社会管理过渡到新的治理阶段，形成了与城镇社区治理的联动。这对于"一带一路"背景下的边疆治理，乃至重塑边疆治理模式具有一定的意义。

　　进入21世纪以来，随着西藏农牧区经济体制改革的逐步深入，拉萨农村的经济生产方式、社会结构、社会组织形式、利益分配方式、就业方式等都发生了深刻变化，呈现出了经济成分和经济利益格局多样化、社会生活多样化、社会组织形式多样化、就业形势多样化等趋势，加强和创新农村社区社会管理面临新的形势和任务；与此同时，还面临着维护国家统一，反对分裂势力渗透破坏重大任务。在新形势下，拉萨农牧区进一步加强和创新社会管理，并逐步朝着治理的方向过渡，事关党在农牧区的执政地位巩固、事关农牧区

---

　　* 本文系作者参与西藏民族大学2016年重大课题"'一带一路'背景下的西藏边疆建设与边疆治理研究"(XT-ZB201601)的阶段性成果。该课题第一、第二主持人分别是孙勇、朱金春。

　　** 王春焕(1961—　)，女，籍贯山西寿阳，法学硕士，西藏自治区社会科学院副院长、研究员，享受国务院特殊津贴，主要从事马克思主义理论、西藏社会、边疆问题和理论研究；郑丽梅(1978—　)，女，四川自贡人，西藏自治区社会科学院当代研究所所长，副研究员，复旦大学国际关系与公共事务学院国际关系专业访问学者，主要研究方向为西藏现实问题研究、南亚研究；边巴拉姆(1975—　)，女，藏族，西藏日喀则人，博士，中国民族法学会理事、西藏法学会常务理事，西藏自治区社会科学院南亚研究所副所长，副研究员，主要研究方向为法学、南亚研究。

　　① 在西藏，农牧区、农村的概念具有时代特征，2002年以前西藏自治区文件一律将农牧民生产生活的聚集区域称为"农牧区"，2002年之后，为了与中央"三农工作"文件对接，自治区文件开始出现"农村"一词。在中央文件以及大量研究材料中，农村的概念指所有非城市地区都是农村，农村居民的社会管理属性第一要素是非城镇户口的人员。在西藏，很多基层文件和干部报告中习惯上仍然沿称农牧区。本课题研究经过斟酌，决定采取"农村"的概念，为了叙述方便也保留了西藏的习惯叫法，即在有的地方把农牧民居住的地方称为"农牧区"。

的长治久安和跨越式发展、事关农牧民群众的安居乐业和农牧区社会的和谐稳定和发展。

拉萨市与整个西藏自治区情况相似，农牧业是第一产业，农牧民是最大群体，农牧区村落是最基层社区。拉萨市与其他城镇社区一样，农村是加强和创新社会管理的重要组成部分。拉萨市农村社会管理的核心是对农牧民的管理和服务，涉及农村社会利益关系的调整、对广大农牧民群众诉求的回应、对农牧区社会矛盾的有效化解、对农牧区社会公正和社会秩序的维护等一系列问题。

我们通过对拉萨市农村的实地调查，掌握了其社区社会的基本概况，在对拉萨市农村社区发展现状回顾的基础上，重点分析农村社区社会管理现状，总结正在开展的社会管理以及过渡到治理的实践经验，并提出对策建议。

一、实现拉萨农村社区社会治理重大意义

始于2012年的加强和创新拉萨市农村社区社会管理，朝着实现农村社区社会的治理迈进，关系拉萨市农牧区全面建设小康社会、关系农牧民切身利益、关系农牧区和谐稳定。在"一带一路"建设和边疆治理的视域下，拉萨市加强和创新农村社区社会管理并过渡到乡村治理，意义十分重大。

（一）全面建设小康社会的总体要求

"建设小康社会"最早是1979年邓小平提出来的①，1982年党的十二大把建设小康社会列入全国经济建设目标，从1987年开始，又把实现小康作为实现第二步战略目标的最终体现，党的十六大又提出到2020年全面建成小康社会；2015年10月29日中共十八届五中全会首次提出"创新、协调、绿色、开放、共享"五大发展理念，以保障实现全面建成小康社会的目标。拉萨市加强和创新社会管理直到转型到社会治理的阶段性目标，就是确保在全自治区七地市中率先实现全面建设小康社会的目标。基本实现小康的指标体系包括收入分配、物质生活、精神生活、人口素质、生活环境、保障安全六个大的方面，全面实现小康的指标体系包括经济发展、社会发展、人口素质、生活质量、民主法制、资源环境六个大的方面。显然，无论是基本实现小康还是全面建设小康社会，都是一个经济社会全面发展的概念，并内含了城乡经济社会的统筹协调发展。从拉萨市来说，全面建设小康社会的重点、难点在农牧区。因此，只有真正重视农牧区，加强农牧区社会管理实现全面

---

① 1979年12月6日，邓小平在会见日本首相大平正芳时使用"小康"来描述中国式的现代化。他说："我们要实现四个现代化，是中国式的现代化。我们的四个现代化的概念，不是像你们那样的现代化的概念，而是'小康之家'。到本世纪末，中国的四个现代化即使达到了某种目标，我们的国民生产总值人均水平也还是很低的。要达到第三世界中比较富裕一点的国家的水平，比如国民生产总值人均一千美元，也还得付出很大的努力。中国到那时也还是一个小康的状态。"1984年，邓小平又进一步补充说："所谓小康，就是到本世纪末，国民生产总值人均800美元。"

的治理，才能确保全面建设小康社会的目标顺利实现。

1. 适应边疆治理下乡村治理的大局要求

从拉萨市农牧区发展现状来看，经济、社会发展总体仍比较落后，表现在教育、医疗卫生、社会保障、基础设施建设、社会治安、社会文明等多个方面。只有大力发展农牧区社会事业，不断加强农牧区社会管理，才能促进农牧区经济与社会的全面协调发展。从这个角度出发，加强农村社区管理意味着乡村治理①。在拉萨多年来的实践中，农村社区一方面产生了经济发展促进社会分化、多元利益群体现象；另一方面，多元社会群体的（政治的、经济的、社会的）权利要求，出现了逐渐相互适应的局面，但尚未形成一个制度化协商机制和参与机制，要实现党的十八大以来关于我国社会治理的目标，仍然还有一定的距离。

2. 适应经济社会发展处在关键时期的趋势要求

在经济社会发展过程中，人均GDP达到1000—4000美元的时期，往往是经济结构快速转型、体制和制度变迁向纵深发展、社会利益格局剧烈变化、居民之间尤其是城乡居民收入差距拉大的时期，因而这个时期是经济社会发展的关键时期。处在这个时期的国家或地区往往可能会朝着两个方向发展：一是如果能够有效解决或缓解这个时期所出现的一系列经济、社会问题，尤其是城乡经济、社会差距拉大的问题，经济、社会将会保持持续快速发展的势头；二是如果不能有效解决或缓解这些问题，尤其是城乡经济、社会差距拉大的问题，往往会出现经济增长停滞、社会问题严重甚至社会动荡。

改革开放以来，拉萨市经济社会发展取得了显著成效。到2011年，人均GDP达到31981元人民币，人均超过4000美元，至2015年，全市完成地区生产总值389.46亿元，人均GDP达到69621.02元人民币，处于经济社会发展的关键时期。历史发展经验表明，这一时期的经济、社会问题将比较突出，尤其是城乡经济、社会发展差距呈扩大趋势。以拉萨市1995—2011年城乡居民收入差距为例，1995年城乡居民收入之比为2.4∶1，到了"九五"末的2000年扩大到4.45∶1，到"十五"末的2005年缩小为3.96∶1。到2011年，城镇居民人均可支配收入为17654元，农民人均纯收入为6019元，二者之比虽有了进一步缩小，城乡居民收入差距仍有2.93∶1，至2016年，拉萨城镇居民人均可支配收入29968元，增长11.4%；农村居民人均可支配收入12038元，增长16%；看似农村居民收入较高的增速，但与城镇居民收入绝对数之比为2.49∶1，较之五年前并不显著（不过是接近了1995年的比例）。如果再考虑到城镇居民的制度性收入、农民收入高估等隐性因

---

① "乡村治理"这一概念对于研究处于转型和变革中的中国农村社会更具有广泛的适应性，能将社会变迁中的农村政治、经济、社会等诸多方面纳入进来。"乡村治理"是治理理论在乡村管理工作中的广泛应用，涉及乡村治理的主体、权力结构、目标、方式等不同维度，乡村治理理论的内涵主要包括乡村治理的主体、治理权力配置的方式、治理的目的、治理的过程四方面。

素，实际收入比达3∶1到4∶1。因此，必须正视存在的经济、社会问题及其严重性以及解决的紧迫性，切实加强农牧区社会管理，有效维护农牧区的和谐稳定，促进农牧区经济社会协调发展，以确保国民经济和社会持续、快速、稳定发展，成功度过关键时期。

(二) 适应拉萨市整体从管理走向治理的必然要求

经过长期的探索和实践，拉萨社会管理领域在取得重大成绩的同时，也积累了宝贵经验。特别是改革开放以来，随着经济社会的不断发展，拉萨市已初步建立起了社会管理的工作领导体系，构建了社会管理的组织网络，制定了社会管理的基本法律法规，初步形成了党委领导、政府负责、社会协同、公众参与的社会管理到治理的格局，有力地促进了拉萨市整体治理的步伐，而其中发展较快的在城镇和城镇社区，作为经济社会发展水平和阶段性特征的集中反映，在社会管理和治理领域，尤其是农村社区存在的问题仍然比较突出。行政村与自然村，是基层治理的社区，是一个社会共同体，也是一个生产单位和文化共同体。农村社区的独特性在于既是一个相对独立的社会单位，也是一个人文单位。一个社区与外界的联系，与公共组织或乡镇政权发生关系，既有自治的一面，也有开放的一面。行政村与公共管理组织的关系，包括税收、国家补贴、土地承包权相关的问题以及发生的其他权益关系，这些关系体现的是村子内含的国家因素，而且还是必须与之相关联的国家因素。村落既不是封闭化的，也并不是孤立的，而是与外界社会处于有机的联系之中。由此，拉萨市农村社区的治理必须与城镇的治理趋于同步，适应拉萨市整体从管理走向治理的要求。

(三) 开展中央提出的基层民主政治建设的需要

当前形势下的体制机制创新与治理转型，既体现为农村经济发展的客观要求，也是农村社会和谐稳定的重要保障，更与农村基层民主政治建设有重要关联，既符合基层政府职能转变的基本方向，也是农村村民自治的重要内容。

1. 新形势和新任务的迫切要求

改革开放以来，面临计划经济向市场经济的转型，拉萨市农村经济发展在取得了显著成就的同时也面临诸多挑战。一方面，农牧区经济在经历了十一届三中全会之后的体制大变革阶段以及由传统农业向现代农业的发展阶段、农牧区经济体制的全面转型阶段、统筹城乡发展和建设社会主义新农村的突破创新阶段之后，总体上表现为良性发展的态势。一是市场在农业资源配置中逐渐发挥了基础性作用；二是农牧民收入逐步增加，农牧民的收入结构和主要增长来源也发生了显著变化，非农产业和工资性收入比重逐步增加。但另一方面，城乡收入以及农牧区内部收入差距的逐步扩大以及基于农牧区人口和家庭结构的变化等因素，农牧区新增劳动力数量呈逐年下降趋势；城乡一体化进程缓慢和新农牧区建设投入不足等问题,在较大程度上已成为农牧区经济发展的制约因素。经济基础决定上层建筑,农牧区经济的发展以及农民收入的提高,增加了农牧区群众的非物质社会需求,提高了其社会参与的主动性和积极性;制约因素的消除有赖于激发新的社会活力。应该说,农牧区经济发展正反两个方面的因素都在客观上迫切要求农牧区社会管理体制机制的改革和创新。

2. 一段时期内存在的问题

在社会转型期,拉萨市农村社会和谐稳定问题比较突出:一是农牧区人口社会流动性越来越强。改革开放以来,农牧区社会结构最重要的变化就是农牧区人口流动性的增加。二是农牧区正处于快速社会分化阶段。原先农牧区经济均贫、政治同质、文化单一、社会封闭的超稳定社会结构自改革开放以来开始动摇,逐渐出现了不同的利益群体或者阶层,目前已进入快速社会分化阶段。无论从职业还是经济资源拥有的角度,农牧民已不再是原来意义上的均质性社会群体,农牧区也不再是单一的同构性社会。而且随着市场经济的发展,农牧区不同社会群体或者阶层的利益诉求不断强化,对利益的追求已成为农牧区群众社会行为的强大动力。三是农村社会管理具体领域的相关制约因素。包括农牧区社会教育、科学、卫生设施和制度建设滞后,公共服务欠缺(尤其是与城市相比的过大差距),社会冲突加剧,农牧区社会保障落后,农户利益表达渠道不畅,维权困难以及农牧区社会自治组织发育缓慢等。这些因素既影响了农牧区社会的和谐稳定,也对农牧区社会管理的体制机制建设提出了更高的要求。

3. 充分认识农村社会中社区治理的重要性

农村社会管理体制机制创新与基层民主政治建设具有相辅相成的关系。也就是说,扩大基层民主,保证人民群众直接行使民主权利,依法管理自己的事情,创造自己的幸福生活,是社会主义民主最广泛的实践。一方面,坚持人民主体地位,提高社会管理科学化水平,加强农村社会管理体制机制创新,应该是推进基层民主政治建设的应有之义。但在这方面还存在一些问题,比如拉萨市农村传统社会管理手段的僵化和弱化,与基层民主政治建设的要求不相适应;基层政府职能转变的滞后与村民自治的体制不相适应;农村基层干部和群众的民主素质,与提高农村社会管理科学化水平的新形势不相适应等现象仍旧存在。另一方面,加强农村社会管理体制机制创新,能够为推进农村基层民主政治建设提供良好的社会基础。因此,面对转型期由传统社会向现代社会、农业社会向工业社会、封闭性社会向开放性社会的转变以及发展农牧区经济,促进整个农牧区社会和谐,推进基层民主政治建设的新形势,加强农村社会管理创新,既是全面提高拉萨市社会管理科学化水平、加强社会主义新农村建设的重大基础性工程,更是实现农村经济发展、促进社会和谐、维护农牧民群众权益、巩固党的执政基础的根本性措施。在西藏参与"一带一路"行动的背景下,广大农牧区的治理直接影响到"边疆重塑"的效果。因此,拉萨市对农村社区从加强管理创新到步入新治理的经验值得研究和推广。

二、拉萨农村社区社会管理现状分析

伴随着拉萨市农村社区社会管理的改革与发展，管理主体不断制度化、管理内容多样化、管理方式机制化，积累了一定的经验。但也应看到农村社区的社会管理呈现新的特征，出现了新的问题，面临着新的挑战。

(一) 拉萨农村社区社会管理的改革与发展历程

拉萨市农村社区脱胎于封建农奴制的庄园，经过民主改革、自治区成立、社会主义建设、改革开放等历史阶段，成为相对固定又逐步变革的基层社会形态。进入 21 世纪后，正在从量变到质变，并且有加快这一变化的趋势。

1. 拉萨农村社区变迁轨迹

拉萨市农村社区社会管理体制机制与全区一样经历了不同的改革与发展阶段。1959 年民主改革后，废除封建农奴制，新式基层政权开始在农村社区逐步建立，县之下为区、乡，新的社会管理体制初步形成。1966 年到 20 世纪 80 年代前半期，人民公社成为农村社区社会管理的主要体制。人民公社实行的是"政社合一"制度，公社既是基层政权机关，也是农村集体所有制经济的所有权主体和管理机关。改革开放后，1983—1984 年人民公社体制撤销，农村社区实行政社分开，建立乡人民政府作为基层政权机关，乡以下设置村民委员会和村民小组。1987 年，自治区开始撤区并乡，区一级机构逐渐被撤销。目前，拉萨市农牧区基层社会管理领域存在着乡镇政府的行政管理权与农村社区的自治权两种基本权力形式，具体的组织形式包括政治组织（乡设有党的基层委员会，乡镇党委建设是按照"六个好"的目标开展的；行政村、村民小组设党支部、党小组）、村民自治组织、经济组织、事业组织和群团组织等。其中，乡属于最低一级行政管理组织，村民委员会属于村民自治组织。

2. 村务公开与民主管理

基层民主政治建设，特别是村民自治组织的建设是加强和创新农村社区社会管理的重要方面。从 1992 年起，根据自治区的统一要求，拉萨市开始在农村逐步推行以村民民主选举、民主决策、民主管理和民主监督为主要内容的村民自治制度。近年来，拉萨市各级民政部门在全市广泛开展村民自治活动，重点推进村务公开和民主管理，村级民主制度进一步落实，已经初步形成了以村党组织领导的村委会、村民会议、村民代表会议、村民小组为主体的村民自治体系。此外，拉萨市农村社区不少地方还建立起村民议事制度，让农牧民直接参与本社区内重大事件的决策管理。问卷调查结果表明，农牧民对村民自治制度的执行情况总体是比较满意的。

(二) 一个阶段中拉萨农村社区管理状况

近些年，拉萨市农村社区在上级党委、政府的领导下，逐渐理顺了关系，工作基本正常。同时，也还存在着不少问题，需要在创新社会管理的工作中更新观念、科学规划，不断加强基层组织的力量，夯实基层基础。

1. 社会管理主体明晰化（制度化、规范化）

目前，农村社区管理的主体既包括基层乡镇政府，也包括具有公共管理职能的各类社会组织，如村委会、农牧民专业合作经济组织（农牧民专业合作社、专业协会、经济联合体）等。从管理主体的产生方式来看，乡镇干部主要经历了从农村优秀人才中选拔、实行聘用选举制和聘用任命制、选调和聘用相结合、采取选派国家正式干部与聘用农牧民群众优秀人才相结合的办法等几个阶段，解决了乡镇干部的来源。进入21世纪后，拉萨市按照自治区的统一要求，开始采用招录公务员的方式选拔乡镇干部，同时对历史遗留的聘用干部问题，实行了相关办法。从村委会干部的产生来看，目前采用直选的方式（村民携带户口簿、身份证等到选民登记站进行选民登记；选民按一人一票的原则直接提名候选人，并按提名票数的多少确定正式候选人；投票选举前，选举委员会安排候选人与选民见面，然后选民按一人一票的原则正式投票选举；选举结果当场向选民公布，有选举权的村民过半数投票，选举有效）选举村主任；同时，按照人口比例推选村民代表；另外，村小组组长也要经过选举产生。2005年出台的《西藏自治区村民委员会实施办法》规定，村委会主任职务一般任期为两届，每届任期为三年。可以看出，无论是基层行政组织干部的产生还是村民自治组织干部的产生，都在不断制度化。

2. 社会管理的内容复杂化（多样化）

改革开放后，伴随着整个社会结构的深刻变革和经济的快速发展，农村社区社会管理的内容日益复杂化。管理的内容十分繁杂，涉及思想政治教育、经济社会发展、维护社区稳定、基层民主建设等几个大的方面。具体来看，包括干部聘用、基础设施改造建设、农村基层党组织建设、流动人口管理、农牧民利益维护、农牧结合示范工作的具体落实等多个方面。除此之外，宗教活动场所管理也是拉萨市乃至全区农村社区社会管理的重要内容。根据属地管理和分级管理的要求，乡镇政府和村委会都要承担对所属寺庙的日常管理。乡镇党委一般都要配备一名宗教管理的专职副书记，乡政府、村委会要协助做好寺庙工作；寺管会每季度要向所在地基层政府汇报寺庙各方面情况，乡政府每半年向县宗教管理部门进行一次汇报；县宗教行政管理部门、统战部门对宗教活动场所进行不定期检查。以墨竹工卡县为例，比拉寺由甲玛乡人民政府管理，松赞拉康、苏玛拉康、普加日追分别由嫩达、赤康和孜孜荣三个村委会管理。

3. 社会管理办法机制化

根据《中华人民共和国村民委员会组织法》的要求，西藏自治区结合实际，制定了有关村务公开的具体实施办法。1999年10月22日西藏自治区人民政府第20次常务会议通过，以第23号政府令发布实施《西藏自治区村务公开民主管理实施办法》，共25条。拉萨市农村社区在社会管理过程中，基本上采用了该实施办法。但需要指出的是，由于农村社区实行"三个长期不变"的基本方针，对于多数行政村一级的组织来说，几乎没有集体经济来源，除了罚款，几无有效的管理手段，所以在农村社区的管理中，罚款成了最实际、最频繁的管理方式。

（三）拉萨农村社区社会管理的基本经验

拉萨市农村社区具有鲜明的地方特征，同时在党和政府组织向下延伸的结构中，具有较强的可管控性，在前一段时间加强和创新社会管理的探索中积累了丰富的经验。

1. 加强党的建设是关键

不断加强党的基层组织建设，增强党的战斗力和凝聚力。拉萨市在加强和创新农村社区社会管理中，不断加强党的基层组织建设。拉萨市按照"六个好"的标准[1]把乡镇一级基层组织建设成能够认真贯彻执行党的路线、方针、政策和上级决定，旗帜鲜明地反对分裂、维护社会稳定、团结带领群众脱贫致富奔小康的战斗集体；村党支部按照"五个好"标准创建[2]，尤其是配备好基层党组织领导班子。从实际来看，拉萨市各乡镇都建立了党委，各行政村都建立了党支部，党的基层组织正在不断地发展壮大。

2. "两手抓"，两手都要硬

拉萨市农村社区社会管理情况特殊，一方面面临着发展经济、改善农牧民生产生活条件的发展任务；另一方面面临着反对达赖集团渗透破坏、开展反分裂斗争的政治任务。因此，在农村社区社会管理中，拉萨市坚持一手抓促进经济发展、一手抓维护基层社会稳定。在维护基层社会稳定中，重视和加强对宗教活动场所的管理。同时，高度重视对广大农牧民群众的教育，除了进行爱国、爱社会主义教育外，还进行阶级教育。通过教育使群众真心实意地热爱国家社会制度，积极地投身于建设家园、改变自身落后面貌的社会主义现代化建设中来。

---

[1] 乡镇党组织六个好建设：一、选配一个坚决贯彻党的路线方针政策、公正廉洁、团结合作、战斗力强的好班子，首先要有一个党性强、作风正、能力强的乡党委书记；二、建设一支精干高效、素质优良、群众拥护、好的乡级干部队伍；三、选准一条符合本地实际的发展经济、共同致富的好路子；四、建立一套行之有效的工作、管理和监督的好制度；五、保持一种密切联系群众、艰苦奋斗、实事求是的好作风；六、形成一个坚持两手抓、两手硬，促进物质文明和精神文明协调发展的好的工作格局。

[2] 五个好村党支部建设标准：一、领导班子好；二、党员干部队伍好；三、工作机制好；四、小康建设业绩好；五、农民群众反映好。

3. 在新形势下与时俱进

不断加强和创新农牧区社会管理体制机制。改革开放以来，拉萨市农村社区发生了深刻变革，社会结构和利益格局深刻变动，农业生产方式迅速改进，农村的发展变化十分显著，农牧民的生活改善明显且诉求日益多元。面对这样的形势，拉萨市立足实际，与时俱进，不断加强和创新社会管理的体制机制。目前，正在农村社区试点的网格化管理和创先争优强基础惠民生活动就是创新社会管理的具体实践，同时具备了朝着乡村治理转型的基础。

三、拉萨农村社区加强和创新社会管理的实践

为了做好加强和创新社会管理工作以惠及农村治理，拉萨市以转变理念为指导，紧密结合农村社区社会管理实际，通过开展创先争优强基础惠民生活动、网格化管理试点等，大胆进行了加强和创新社会管理的生动实践，取得了一定成效。

（一）健全和完善社会管理的体制机制

2011年底，拉萨市委、市政府大胆推出以市、县（区）、乡（镇）、村四级社会管理服务中心为核心架构的社会管理新体制，通过"五组六制"的村级社会管理服务中心和驻村工作站的设立，将社会管理的触角延伸到农村的最基层，为强化农村治理、促进农村经济社会发展、缩小城乡差距闯出了一条新路。至2016年，已经见到成效。

拉萨市构建新型农村社会管理服务体系的工作亮点主要体现在以下几个方面：

1. 四级联动，逐层负责

拉萨市的农村社会管理体制是由市、县（区）、乡（镇）、村四级社会管理服务中心组成的，四级服务中心是上下相联的四级平台、是社会管理的载体，彼此之间是工作指导与业务合作的关系。下级的社会管理服务中心在上级中心的指导下设立，彼此之间通过网络和电话实现信息共享。这样就形成了一个自下而上、疏而不漏的工作体系，按照逐层负责的原则，根据不同区域农牧民群众的特点和实际需要，对服务项目进行适当的增减。每一级都尽量对农牧民群众所反映的问题做到及时解决，超越了自身职权范围的，就向上一级的服务中心汇报。基本上能够实现"小事不出村、大事不出镇"，也就是说"把方便留给农牧民群众，把复杂留给政府"，目的在于及时有效地满足人民群众的各种合理诉求。

2. 乡镇为枢纽，干部下沉

在拉萨市六县两区的农村社会管理体制探索中，乡镇无疑起到了关键的枢纽作用。改革的统筹规划在拉萨市，但从具体实施方案的制定到工作的督促落实和检查评估都要依靠县、乡镇政府。如蔡公堂乡在试点工程中，从该乡的实际情况出发，因地制宜地探索出富

有特色的社会管理新模式：一是依托自治区驻村工作队和便民服务站，推行村级工作督导制度，"下去一把抓、回来再分家"，尽量用最短的时间解决群众反映的问题；二是通过强化农民专业合作组织建设，加快城郊型现代农业发展，全力推进农牧民就业增收；三是立足做强做大党员志愿服务队，在"支部+协会"工作模式的基础上，创建了党员带动社会组织建设的管理服务体系；四是随着拉萨市"东延西扩南跨"战略的实施，按照城关区城市社区的精密化管理模式，逐步推行网格化组团式管理服务模式，把全乡设置成若干个网格单元，力图实现社会管理服务的全覆盖、精细化。无论哪种方法，根本的一点是实现了干部下沉，沉到基层，沉到群众之中去，真正起到负责作用，把农村社会管理抓实抓好。而做到这一点的制度保障就是建立了便民服务站，即在每个行政村设立一个由乡级领导干部、驻村工作队成员挂帅、乡一般干部主抓的工作站，每周至少有一天固定的时间在村里工作（自治区驻村工作组一年365天均有值班人员）。群众的诉求能现场解决的就现场解决，不能现场解决的事项，要向群众说明情况并填入驻村工作台账，及时上报城关区、拉萨市相关职能部门受理。通过建立和完善工作日志、月报、半年述职和年底评比等制度，使驻村工作队积极参与村里各项重大事项的研究，推动村里各项社会事业的发展。

3. 村为重点，五组六制

农村社会建设的难点在村庄，拉萨市农村社会管理体制改革的重点也是从村庄抓起的。通过建立以"五组六制"为代表的农牧区村级社会管理体制，构建起规范的农村社会管理和公共服务平台。根据试点，所谓"五组"，是指根据"生产发展、生活宽裕、乡风文明、村容整洁、管理民主"的社会主义新农村建设总目标，细化出的产业发展服务组、促进民生服务组、环境建设服务组、乡风文明服务组和民主管理服务组。所谓"六制"，实际上是指保障这个管理平台正常运转的制度体系，包括村民事务受理登记制、办理承诺制、程序公开制、办理监督制、述职考核制、工作站督导制六项制度。具体实施中，要求所有的村党支部书记兼任村社会管理中心领导小组组长，村委会主任担任中心管理主任，村两委班子全部进入中心不同的服务组任职，实行正常的坐班制。在村里履行公共服务职能的各类协管员也进入各组工作，实行规范化管理。它的最大优点在于改变了以往农村社会管理主体缺位、错位和不到位的现象，变"有事没人管"为"事事有人管"，变管人为管事，形成了依靠制度管人、机制管人的良好局面。

（二）夯实基层基础，惠及农牧民

加强基层基础建设，是拉萨市加强和创新农村社区社会管理的重要方面。从2011年10月开始，拉萨市按照自治区的统一安排部署，在全市深入开展了"创先争优强基础惠民生活动"，这是农村社区加强和创新社会管理的一次生动实践。在活动开展过程中，228个驻拉萨市行政村的驻村工作队紧密结合实际，大胆创新，积极实践，经过五年的时间，使活动取得了显著成效。

1. 结合维护社会稳定，创新基层社会治理

各驻村工作队将维护社会稳定作为第一政治责任，帮助村（居）认真分析研究区内外形势，进一步健全完善维稳长效机制，结合实际设计制作了内容全面的入户调查表，实行一户一表建立家庭档案。并通过全区农牧民安居工程、农牧区医疗、养老保险等惠民政策，向群众讲解社会和谐稳定与百姓幸福安康的关系，使大家真正理解"团结稳定是福、分裂动乱是祸"的道理，坚定永远跟党走、坚决反分裂的决心，构建"村村是堡垒、人人是哨兵"的防控体系。

2. 结合群众增收致富，创新工作思路

各驻村工作队将促进群众增收致富作为驻村工作的核心任务，立足于群众当前增加收入，着眼于农牧区的长远发展，不断创新工作思路。通过入户调查，全面了解所驻村的实际情况，实行一户一表，掌握每一户的情况，在充分听取基层干部群众意见建议的基础上，会同村委会班子探寻适合当地的发展路子。

3. 结合为民办实事，创新民生建设举措

各驻村工作队以民生为本，带着感情、带着责任，认真倾听群众意愿、感受百姓生活，从大家最关心的劳动就业、看病就医、入学教育等入手，尽力帮助群众排忧解难，解决生产生活中的具体困难。如拉萨市人民医院发挥自身优势，在堆龙德庆县羊达村设立了长期利民服务点，为群众免费诊疗，发放药品。

4. 结合创先争优活动，创新基层党建载体

各驻村工作队充分借鉴基层党建年、基层建设年活动的成功经验，着力在提高"两委"成员素质、发挥党员模范带头作用上下功夫，发展壮大农牧区党员队伍与提高党员素质能力并举，深入实施农村社区党组织带头人工程、党员先锋工程和城乡党建结对工程，大力推进农牧区"三个培养"工程，进一步巩固扩大了基层党建年成果。为无职党员设岗定责，全面落实党员承诺制，增强党员的荣誉感和责任感，使党员的示范带动作用得到进一步体现。

四、加强和创新农村社区管理到治理模式探索

近年来，在全国加强社会治理的大背景下，拉萨市紧密结合农村社区实际，逐步由社会管理到治理，积累了一定的经验，以社区化管理和服务为方向，进一步建立健全发展稳定的长效机制，制定和完善具体的对策措施，最终实现农村社区的扁平化管理，推进新型的治理实践，为边疆治理研究提供了实际案例。

(一) 社区化管理与服务是农村未来发展的必由之路

客观地说，当前拉萨市的农村社区应该称为村落，并非社会管理范畴下的"共同体"概念，因此农村社区建设的重点是建设现代社区，是各级党委、政府面临的一道难题。借鉴较为成熟的城镇社区管理服务模式，利用现有的农村社会管理基础，探索农村社区化管理服务之路，是农村未来发展的必由之路。农村社区化管理服务，有利于满足农牧民日益增长的物质文化需求，有利于维护农牧区社会稳定，有利于加快推进城乡统筹发展。

1. 农村社区化管理与服务符合发展方向

改革开放以来，拉萨市农村的社会结构、人员成分和农牧民生产生活方式都发生了深刻变化，农村的管理与服务必须与时俱进，适应变化。

一方面，从农牧民需求来看，随着农牧民物质生活水平逐步提高，农牧民对聚集居住、和谐的人际关系、丰富的精神生活的追求日益强烈。他们的追求已不再停留在居有房、穿有衣、食有粮等基本消费层面上，而是逐步向人居环境追求舒适、人际关系追求和谐、居民发展追求个性、社会服务追求便捷、精神文化追求丰富等现代文明需求层面转变。而这些恰好是他们羡慕的城里人的生活。当代农牧民追求新生活的内在需求和迫切愿望，为社区化管理与服务提供了动力。

另一方面，从农村发展来看，近年来，农牧区城镇化加速发展，城郊撤村建居等行政区划调整加速推进，资金、技术、人才、信息等各类生产要素在城乡之间的流动更加频繁。基础设施向农村延伸，公共服务向农村覆盖，科学技术向农村传播，现代文明向农村辐射已成为农村发展的方向。农村推行社区化管理与服务，能让农牧民共享改革开放的成果，改变城乡之间传统的二元结构相对分割现状，已成为城乡统筹发展的必然要求。

2. 农村社区化管理与服务的模式

加强和创新农村社区化管理与服务，可以借鉴城市社区较为成熟的管理与服务经验，结合农村实际，进一步改进和完善管理模式。

(1) 关于组织机构。一是组建社区化管理与服务的领导机构。根据村民自治原则，依托现有的村"两委"班子，组建农村社区化管理与服务的机构。如可通过乡镇干部兼任或村民代表会议自主推选等方式，产生以乡镇干部、致富能人及专业经济协会负责人、热心社会公益事业且在群众中有威望的人士组成的农村社区化管理与服务领导班子，具体负责此项工作。二是搭建社区化管理与服务的载体。依托村级公共服务中心，整合驻村工作队、村级教育、文体、卫生、警务机构等综合资源，组建农村社区居民中心。搭建村民自我服务、强化社会管理、延伸公共服务的活动平台，建成集居民天地、社会平台、政府窗口为一体的社区居民服务中心。三是应成立社区化管理与服务的志愿组织。借鉴青年志愿者组织、民间义工团体等组织模式，组织发动辖区老模范、老干部、老教师、大学生以及热心社会公益事业的积极分子为主体的、自我管理、自我救助、自我服务志愿者组织，开展公益活动。以产业大户、致富能人、驻社区企业代表为主，组建农牧区合作经济组织或专业协会，带领农牧民群众发展生产，实现致富增收。围绕农牧区各类文化体育活动和农牧民精神生活追求，把兴趣爱好相同或相近的农牧民组织起来，组成棋牌、歌舞等爱好者协会，提高农牧民生活质量，增强农牧民幸福感。

（2）关于服务内容。主要有三个方面：

一是延伸政府公共服务。农村社区化管理与服务，政府部门应当牵头。按照城市社区建设的模式，加快完善村级组织办公室、社区警务室、计生卫生室、科普阅览室、文体活动室、民政工作站、双拥工作站、综合服务社、村民学校、体育场等设施建设，形成以村民学校为主体的政策宣传、农业技术培训阵地，以社区计生卫生室为主体的社区计生卫生服务网络，以社区警务室为主体的社会治安综合治理群防群治网络，以民政工作站为主体的社会救助服务网络，以综合服务社为主体的农用物资、生活用品销售网络，延伸政府公共服务，实现"一站式"集中办公，确保社区居民"大事不出乡镇、小事不出村"，方便群众办事。

二是强化经济发展服务。科学的农村社区化管理，便捷的农村社区化服务，必将为农牧业增效、农牧民增收创造良好的条件。可以依托致富能手、科技标兵等致富带头人，加快发展家禽养殖、蔬菜、花卉、农畜产品加工、劳务输出等农牧区专业经济组织，把分散的农牧民组织起来，提供生产技术培训指导、生产资料采购、农产品销售等服务，提高农业生产组织化程度，促进农牧业生产向契约化、专业化、规模化、产业化转变发展。如组建劳务输出协会，加强就业培训，推荐村民就业，实现劳务输出的组织化和规模化。

三是引导村民自我服务。围绕社区居民需求，根据各自兴趣和爱好，组建红白喜事、互助教助、治安巡逻等自愿和爱好服务组织，定期开展环境卫生监督、民间纠纷调解、文体活动开展等各类志愿者服务活动。让社区居民成为参与村务管理和村民自治的主体，拓展村民自治领域；形成建设合力，加快农牧区基础设施建设进程；发扬农牧区地缘相近、血缘相亲的特点，形成互助互济的良好风气；开展丰富的文体活动，倡导健康向上的生活方式，增强社区群众幸福感；妥善处理各种社会矛盾，调解民间纠纷，提升社区和谐水平。

（3）关于运作机制。一是探索互动共建机制。加大城乡、企社互动共建力度。围绕城乡互动，在目前驻村工作队的基础上，建立市县乡三级机关部门联系试点村制度，组织机关干部开展"回社区回农牧区"的"双回"实践活动，形成"人往农村社区走、物往农村社区送、钱往农村社区投"的良好局面。围绕农牧业龙头企业和农村社区互动，建立健全"合作组织＋基地＋农户""专业协会＋基地＋农户"等利益链接机制，企业向农村社区提供资金场地、设施和专业技术人员等，农村社区为企业打造生产基地。二是建立多方投入机制。资金投入是确保农村社区化管理服务有效开展的源头活水。要着眼于建立"财政投一点、援藏补一点、村社出一点"的办法，促进农村社区服务组织向市场化、社会化方向发展。同时，要注重动员社会团体、企事业单位和个人以捐赠、投资方式兴办农牧区服务项目。在农事服务过程中，可探索有偿服务的办法，如搞一些低偿服务。逐步建立起政府主导、会员主体、群众主动的农村社区建设多元投入机制。三是健全责任激励机制。实行农村社区化管理与服务绩效评估和等级达标评定制度，把群众满意度作为主要考核指标，量化指标，兑现奖惩，强化各级部门在农村社区化管理与服务中的责任意识。以农牧区无职党员为重点，广泛开展"亮身份、树形象、做表率"活动，建立无职党员设岗定责和公开承诺制度，完善无职党员分片联系户制度，通过调整无职党员岗位、职责以及公开承诺内容，为无职党员发挥特长、细化责任提供舞台。制定专业经济协会、志愿者队伍表彰奖励办法，每年村、乡镇、县（区）推荐一批优秀志愿者（队员），激发志愿者的工作热情，吸引普通群众积极参与。

（二）构建农村社区稳定发展长效机制

从系统论的观点看，一个社会系统只有不断地完善其输入、整合和输出功能，实现社会要素之间的有序互动，才能维系自身的协调与稳定。当前，要实现农村社会的稳定发展，需要构建以下机制：民众情绪排解机制、社会系统整合机制、社会冲突调控机制和社会自我调节机制。

1. 构建民众情绪排解机制

社会稳定的关键是社会心态的稳定，只要人们有不安全感，就会有不满情绪。当不安全问题不能通过正常的制度化渠道来表达和解决时，人们就可能求助于体制外渠道来释放。随着利益的日趋分化和贫富差距的不断扩大，社会中的一些利益受损阶层滋生了严重的利益剥夺感和丧失感，如果这种心理不能通过正常的渠道及时得到缓解，就可能转化为不满情绪，导致社会认同的危机。"经济发展加剧了经济不平等，而社会动员又降低了这种不平等的合法性，现代化的这两个方面加在一起，导致政治的不稳定。"畅通的渠道能使各个利益群体有序地表达自己的利益和要求，为政府调整不同群体之间的利益矛盾提供充分的信息，实现沟通的有序化、经常化、制度化。要开辟多元的参与渠道，如热线电话、领导接待日、县（市）长信箱、政府网站等，广泛听取群众的意见和呼声。要发挥新闻媒体的舆论导向功能，如电视台、电台、报社等，帮助政府搜集公众的意见和要求。要推进政府管理不断透明化和制度化，使各种意见能够在交流、碰撞中得以整合，凝聚共识，减少疏离，释放压力。个别人的问题不解决，就会成为多数人的问题，合法的方式不能解决，就会以非法的方式解决，小问题不解决，就会酿成大矛盾。问题不在于社会中是否存在着冲突情绪，而在于如何以有效的机制安排，使情绪的排解实现经常化、制度化。

2. 完善社会系统整合机制

社会秩序的形成有三个条件：一是形成广泛的价值共识，二是有明确的规则制度，三是有民众深信的组织和程序。只有实现价值整合、制度整合和组织整合，才能提升政府的价值凝聚力、体制应变力和组织吸纳力。首先，要解决农牧区社会成员的价值认同问题，整合民意。"没有价值共识，行政治理系统就不能实现真正的凝聚。"公众对政府的态度有三种：认同、疏离、对抗。政治认同就是社会成员对政府合法性的拥护和支持，为此，首先必须建立政治文化凝聚机制，以促进社会共识机制的形成，当不稳定状况出现时，才能有效地消除。其次，要建立和完善制度整合机制。任何一种制度安排，都是社会多元利益之间博弈的结果，制度的整合实际上是多元利益的整合。因为社会资源总是稀缺的、有限的，而人们的利益要求总是无限的、多样的，政府不可能满足公众所有的利益要求，这就要求政府必须具有相应的利益综合能力，能有效地容纳、汇合，并制定出反映大多数人利益的制度规则体系，化解社会利益冲突。比如通过各级人大制定相应的法规，拓宽参与渠道，使参政议政制度化。最后，要强化政府的资源吸纳机制。稳定的一个重要条件是对社会利益进行合理分配，而这种分配须通过一定的组织来进行，比如政党组织。执政党必须兼顾社会其他利益集团、阶层的利益，广泛吸纳社会各种政治资源。只有这样，才能获得社会认同，才能在多元利益中实现社会整合，在利益整合中凝聚社会力量，从而把各种资源转化为支撑社会稳定运行的资源。

3. 建立社会冲突调控机制

化解社会冲突，防止社会负面张力的积累，单靠消极的防范和惩罚，可以见效一时，却不能从根本上解决问题。秩序的持久保持必须靠建构民主、法治机制，扩大民主活力来实现。实践证明，民主、法治机制是公民进行利益表达、利益实现的制度化渠道。它能够防止政府权力的滥用，增强政府对人民利益和冷暖的关注与关怀，为不同利益之间的协商、合作和妥协提供制度化的平台，从而防止非制度化的利益表达对政府的冲击，降低社会风险。民主从操作意义上说，是公民对政府的制约，即处于被管理地位的多数人对处于管理地位的少数人的制约，这种制约实质上也是一种公民的利益表达，因为民主要表达的利益归根结蒂是个体的利益，利益集团的利益，也是以个体的利益为基础和归宿的。对个体利益、权利的保护和尊重，是现代社会稳定的前提。如果说改革开放前我们还可以借助人民群众的政治热情来实现社会资源凝聚的话，那么在民主意识增强的今天，必须运用民主机制来开发社会的活力资源、整合社会的各种力量。

4. 培育社会自我调节机制

建立现代社会的自我调节机制是实现社会系统有序运行的重要条件。在现代社会，政府与公众之间的合作并不总是直接的，相反常常需要一个中介组织来协调。社会组织为政府与公众之间的良好沟通提供了一座重要桥梁。在农牧区，社会组织能够及时地把农牧民对政府的要求、愿望、建议、批评集中起来，转达给政府。同时，又能把政府的政策意图和对相关问题的处理意见反馈过来，推动政府与公众的合作。这种社会的自我管理、自我调节是维持秩序的现实基础。

在社会空间不断扩展的今天，农村社会组织不断建立，成为政府之外的一种不可忽视的力量。许多组织积极参与公共事务的管理，在农村社会生活中发挥着越来越重要的作用。政府要支持农村社会组织的发育，使之成为制约权力滥用的生力军，这是当代农村稳定发展过程中必须认真研究的一个重大课题。

（三）加强农村社区社会管理到治理的具体对策

1. 充分发挥村"两委"的社会管理职能

农村党支部和村委会被形象地称为"两委"，上衔政府、下联农牧民，具有进行农牧区社会管理的独特优势。要充分发挥村"两委"的社会管理职能，必须强化以下两个方面：

（1）加强党支部和村委会建设。要让那些政治素质高、有能力、勇于创新、农民信得过、能为农民谋利益的人进入党支部和村委会，要建立健全各种规章制度，规划和充实工作内容，使党支部、村委会真正成为农村社会管理的骨干力量。（2）明确村党支部、村委会的农村社会管理职能和作用。一是要在各级党委、政府指导下，做好农村基层党组织建设、基础设施建设、倡导乡风文明、村庄环境治理、加强社会治安等工作。二是要结合《公民道德建设实施纲要》和社会主义荣辱观的要求，制定《乡规民约》和《文明准则》。同时，通过开展"十星级文明户""和谐家庭""好党员""好村民""好媳妇""好婆婆"等评选活动，促进乡风文明。三是要组织农牧民开展积极健康的业余文化活动。要建立各种文化活动设施和场所，成立各种文化组织，组织各种文化活动。

2. 提高各级干部素质，深化"四型理念"

从乡村治理的角度看，拉萨市农村进入城乡统筹发展的关键阶段，解决好农村社会管理到治理问题已成为县域工作的重中之重。服务农村的干部素质高低和能力强弱，决定着农村社会管理的质量和水平，必须尽快强化素质、深化"四型"理念。一是要强化"服务型"管理理念，时刻把为农牧民群众服务、为市场经济主体服务、为改革发展服务内化于心、外化于行，努力实现由防范型管理向互动型、服务型管理转变。二是要强化"参与型"管理理念，要深化管理者与管理对象是相互联系、相互作用的统一体的认识，实行过程公开、手段多样、与民合作、便民参与，增强农村社会管理的亲和力，从单一的行政型管理向综合参与型管理转变。三是要强化"和谐型"管理理念，从促进和谐的角度看待和处理问题，让农牧民群众在社会管理创新中感到更快捷、更便利、更文明、更和谐。四是要强化"互动型"管理理念，把社会管理创新工作置于党委、政府中心工作，纳入当地国民经济和社会发展总体规划，列入农牧区社会治安综合治理，形成"党政主导、部门配合、全民参与"的工作格局，努力实现政府行政功能与社会自治功能互补、部门管理力量与社会调节力量互动。

3. 加大农村社会治安工作力度

各项改革向纵深推进，将在更深层次上触及各方利益。利益机制的重建，利益格局的调整，给农村社会的稳定带来许多更为复杂的问题，各种社会矛盾相互交织、相互作用、日益复杂，基层政府和公安机关化解农牧区社会矛盾，预防、处置群体性事件的难度加大。因此，要尽快建立和完善县、乡、村三级合理分工、密切协作、反应敏捷、行动迅速的社会治安联合防范和治理体系及有效机制，加大对偷盗、打架斗殴、赌博以及各种非法宗教活动等的打击力度。要建立对农牧民宣传教育的长效机制，加强对农牧民的法制、精神文明等教育，在农村建立起积极向上的文明风气。

为了加强农村社区治安建设，各社区根据自身实际情况，确保综治工作有人抓、能落实，建议加强农村维稳队伍建设，为每个行政村配备1名公安特派员，并指定2—3名工作人员，协助公安特派员开展维稳工作。在各地充分利用村委会现有的办公活动场所，建立农村社区服务中心。服务中心可以把村党支部、村委会、治保、民兵、妇联、共青团等组织整合到农村社区服务中心，设立服务项目，全面拓展农村社区服务。充分发挥治保委员、联防队员、调解组织的作用，充分利用网格化管理的便捷性，对各种突发事件特别是分裂破坏活动做到早发现、早报告、早处置。

4. 进一步建立健全农村司法行政服务体制

随着拉萨市改革开放的不断深入，国民经济与社会的迅速发展，社会主义法制的逐步健全和完善，以及公民民主意识与法律意识的不断提高，迫切地需要进一步建立健全农村巡回法庭，充分发挥司法行政的服务职能，做好新形势下的法律援助工作，促进农村基层社会管理的完善和社会矛盾纠纷的有效解决。

目前的乡村治理主要以政府为主导，法院和司法在乡村治理进程中基本处于缺席状态，没有发挥应有的作用。所以，在农牧区，农牧民权利的法律保障无疑是法治建设中不可回避的问题。针对农牧区辖区面积广、人口多的情况，法院在辖区内设立巡回办案点，有针对性地安排法官进山入村，适时利用农牧民群众相对空闲的早、中、晚时段，到双方当事人所在村镇开庭审理案件，就地解决纠纷，与此同时，又以案说法教育群众，大力进行法制宣传，产生"审理一案，教育一片"的良好社会效果。

人民法庭是法院参与社会治安综合治理的前沿阵地，是辖区安定团结的"避雷针"和"灭火器"，因此，课题组建议人民法庭在参与农村社会治安综合治理工作中必须始终积极参与社会管理创新，实现审判功能的适度社会化延伸，建立起符合农村实际、维护"三农"利益的工作新机制。法律援助制度，是国家为经济困难公民免费提供法律服务的一项法律制度。近年来,拉萨市的法律援助工作取得了较大成绩,为维护弱势群体的合法权益、促进社会和谐稳定发挥了很好的作用。但法律援助工作在农牧区还有不足,如农牧民对法律援助的知晓率较低,农牧民得不到法律援助的情况依然存在,边远山区申请法律援助的渠道还不够畅通,农村法律援助工作离"应援尽援"的要求还有一定距离。面对这一现实,在困难农牧民发生纠纷时,为他们提供法律援助无疑是雪中送炭,使他们直接地感受到党和政府的关怀,体会到法律援助的温暖,这对促进农村的和谐稳定有着不可替代的作用。为此,一是法律援助机构要向基层延伸,扩大法律援助服务网络覆盖面。在村、社区、较大的自然村建立法律援助联络站,每个社区、村民小组都设立法律援助联络员(村党支部书记),法律援助网络覆盖到最偏远的农村牧区,法律援助就在每个村、每位居民的身边。二是畅通群众申请法律援助的渠道,方便他们就地就近申请法律援助。三是让更多的基层领导和群众参与到法律援助工作中去,促进社会主义民主法治建设。四是加强对法律援助的宣传力度,使法律援助工作更加贴近基层、贴近群众。五是形成一支工作队伍,对化解社会矛盾纠纷、构建和谐社会起到重要作用。

5. 农村社区进一步的经济发展

加强和创新农村社区社会管理到治理的转型,可以为拉萨市实现跨越式发展提供社会保障;与此同时,拉萨市的跨越式发展能够进一步促进农村社区社会管理,并为良性治理打下基础。

(1) 加快发展拉萨的特色农牧业。加强特色农牧业开发,增强竞争优势。进一步提升特色种植业、蔬菜产业、养殖业、加工业四大特色产业。采取有力措施,围绕优势产业,支持农畜产品生产加工基地建设,培育一批特色农牧产品加工企业。通过标准化生产、企业化经营、市场化营销,尽快培育一批在区内外享有盛誉、市场优势明显、增值效益巨大、带动群众增收作用突出的品牌产品。加大对农牧科技人才支持力度,健全农技推广服务体系。继续办好农牧区干部管理培训班,并延长培训时间、扩大培训规模、提高培训经费标准,积极协调援藏省市大中院校接收拉萨农牧区干部深造培训,拓展培训深度和广度。整合农牧业投资,凝聚农技推广队伍,在各县乡建立农牧科技服务中心,健全和完善农技推广服务体系。在工资福利、职称评定等方面制定优惠政策,改善农牧业生产一线科技人员的工作生活条件,鼓励科技人员到生产第一线开展科技推广与服务,稳定基层科技队伍,有效解决农技人员青黄不接、知识老化等问题。进一步加大农村实用技术人才培训力度,不断提高广大农民的科学种田水平。完善农牧业补贴政策,提高补贴标准。建立农业重大灾害预警体系,提高防灾减灾能力。加快农业自然灾害预防减灾应急体系建设步伐,设立预防农业重大自然灾害专项经费、灾后恢复生产经费,不断增强农业抗御自然灾害的能力,把各种灾害给粮食生产带来的危害和损失减少到最低程度。

(2) 拓宽农牧民增收渠道,扩大农村消费。挖掘农业内部增收潜力,提高农业比较效益。拓展农业多种功能，发展休闲农业和乡村旅游。优化农业区域布局，加快建设农产品优势产业带。健全农产品现代市场流通体系，保障农产品货畅其流。完善农牧民培训教学服务体系。从农牧民培训实际需求出发，编写农牧民培训教材，推动农村实用技术培训、职业培训和劳动力转移培训工作顺利开展。加大培训资金的投入力度。增加农牧民转移性收入和财产性收入。加大财政对农村转移支付力度，努力让农民从政策和补贴中得到更多实惠。增加对农牧民消费的补贴力度，进一步激活农牧区的购买力。

6. 提高农村社区基本公共服务均等化水平

拉萨市农村社区基本公共服务水平与城镇社区相比仍然相对滞后，是制约到2020年实现全面小康社会目标的主要因素。要把提高农村社区基本公共服务水平同实现现代化的目标结合起来，重点推进以基础教育、公共医疗卫生和社会保障事业发展等为重点的公共服务，充分利用国家给予西藏的一系列特殊优惠政策和北京市、江苏省横向支援的有利条件，继续加大对社会事业发展的投入，健全公共服务体系，尽快缩小农村社区与城镇社区发展的差距，推进基本公共服务均等化。

（1）优先发展教育。要以农牧区和偏远地区为重点，巩固和完善十二年免费教育。为实行集中办学，办好寄宿制学校，要进一步扩大"三包"政策覆盖面，不断提高"三包"补助标准。实施农牧区乡镇幼儿园建设工程，基本普及农村学前两年"双语"教育和城镇学前三年教育。积极发展现代远程教育，实施拉萨"双语"培训计划。

（2）加快发展医疗卫生事业。进一步完善以免费医疗为基础的农牧区医疗保障制度，不断提高财政补助水平和医疗保障能力，提高农牧区基本医疗卫生服务可及性，促进基本公共卫生服务均等化；加快基层卫生防保人才队伍建设，提高农牧区医疗卫生人员待遇，为偏远山区的卫生院、卫生室配置简易交通工具，改善县乡医疗卫生机构基本运行条件。积极开展在职培训和继续医学教育，提高医疗卫生服务技术和水平，制订为农牧区定向培养全科医生和招聘职业医师计划，继续实施城市医院对口支援农牧区医疗机构制度，鼓励高校毕业生到基层医疗机构工作等优惠政策，着力解决基层医疗卫生机构缺员、人员素质不高等突出问题。

（3）提高农村社区社会保障服务水平。进一步完善社会保险制度，扩大社会保险覆盖范围，提高统筹层次。加快建立新型农村养老保险、农牧民工养老保险和被征地农牧民养老保险，加快建设县级社会保障经办服务网络，建立健全统筹城乡的社会保障体系。围绕保障困难群体、特殊群体、优抚群体权益，推进城乡社会救助体系、社会福利体系等的建设，充分发挥民政工作在维护社会稳定、促进社会和谐发展中的救助和保障作用，进一步完善城乡社会救助和社会福利制度，建立覆盖城乡的社会救助和社会福利体系。

（4）把基础设施和服务延伸到农牧民家门口。加快建设农村地区公路网。加快实施通达工程，提高公路通达能力。大力推进农村饮水安全工程，结合安居工程、生态移民，适当提高建设标准，建立较为完善的农村饮水安全保障体系。加大现有灌区续建配套与节水改造及其末级渠系建设力度，继续实施重点灌区与节水增效工程，切实改善农牧民的生产条件。

（四）实现农村社区"扁平化"管理

"扁平化"管理是相对"垂直化"管理提出的。"垂直化"管理是指处在金字塔塔尖的决策者的指令通过一级一级的管理层最终传达到执行者，基层信息通过一层一层的筛选最后到达最高决策者，而"扁平化"管理则通过"扁""平"的快速传播方式，减少信息通达的中间环节，基层信息能够快速到达决策管理层，决策指令也能快速下达基层执行，实现效率最大化，这是农村社区治理的题中应有之义。

"农村社区管理扁平化，核心是整合，关键是政府职能下放，根本的出发点和落脚点是为人民服务。"因此，完全可以进一步推行体制改革，将扁平化管理模式引入拉萨市农村社会管理工作中，推行建立农村社区服务中心。整合资源，打破目前这种各职能部门各自为政，条线分割明显，导致农村社区居民去办理事务时，某个职能部门的人不在就没法办事的现状。而各职能部门需要采集农村社区居民信息时，又是各自行动——今天劳动社保部门上门，明天民政部门来敲门——让农村社区居民不堪其扰。改变这种各职能部门条线分割的格局，要通过构建一个平台——农村社区事务工作站，来承载基层社会管理职能，使农村社区工作人员相互补位，工作相互协调，岗位相互兼容；建立三大机制——"一岗多能、分片包干、信息共享"，来实现农村社区"减少管理层次、增大管理幅度、实现信息共享，提升管理效能"的集合式管理，让农村社区居民能够"进一扇门、找一个人、办所有事"。

实施农村社区扁平化管理工作应落实三个重点工作机制。拉萨市农村社区扁平化管理是对农牧区特殊情况的一种处理方式，是多元主体参与社会管理的一种有效形式，可以减少中间环节，有利于提高管理效率，快速处置基层的各种事务。

1. 一人多岗，一专多能

在农村社区管理机构实行"一人多岗，一专多能"是农村社区扁平化管理的前提。围绕这一前提，要建立健全八项制度：一是岗位兼容制。通过岗位交流、以会代训、集中培训等形式，提高农村社区服务中心工作人员的业务综合素质。实行A、B角制和定期轮岗制，做到"窗口受理，内部交办"，达到"岗位兼容、多能全能"的目标。二是错时工作制。在"八小时制"的前提下，科学、合理、灵活地错时安排工作日上班时间，适当提前上班时间和延迟下班时间，实现全时段服务，以方便农村"上班族"居民办事。三是节假日值班制。在节假日安排工作人员轮流值班，调整工作人员休息时间并公示，实现农村社区服务"全天候"。四是"一门"受理制。将各部门延伸到农村社区的业务统一归并在农村社区服务中心受理，人员、岗位等由农村社区服务中心统一调配，统一管理，达到"开一扇门、办千家事"的工作目标。五是服务承诺制。结合农村社区实际，按制定的服务内容、程序、时限以及服务标准等事项，向农村社区居民作出公开承诺，采取有效措施保障承诺事项的落实，并公开服务投诉电话，自觉接受群众监督。六是首问责任制。对来电、上门咨询、办事的农村居民，工作人员不分业务、不分岗位，由第一受理人负责接待、登记、答复、办理。不能及时办理的，要一次性告知有关事项和办理的途径方式，并及时与主办人员进行协调，及时处理。七是限时办结制。对寻求服务的居民，若手续完备，要在规定的时限内予以办结；若手续不完备，一次性告知其全部办理要求和所需的文书材料，不拖延推诿。八是预约服务制。农村社区居民因工作需求或者特殊情况，通过登记或电话预约，需要农村社区服务中心人员在工作时间之外的某一时间为其提供服务的，相关工作人员要按预约时间给予办理，实现与居民需求的全对接。

2. 分片包干，责任到人

"分片包干，责任到人"是农村社区扁平化管理的核心，也是农村社区网格化管理的支撑。着重要抓好三个方面的工作：一是划片包干。按照"区域相邻、规模相当、资源相通"的原则，根据农村社区地域面积、村组、人口数量，科学合理地划分服务中心人员的包干片区（一般按行政村划定），明确其工作范畴、工作责任和工作要求。二是落实责任。片区负责人是所包干片区的第一责任人，负责落实包干区居民的政务办理及服务需求的受理。同时，要定期不定期地深入片区了解社情民意（一般每月不少于30户），通过片区党组织、村（居）民小组长熟悉和掌握片区各类人员、辖区基本信息，登记造册，做到底数清、人头熟、情况明。三是强化管理。通过向农村社区居民发放居民服务手册、分片服务卡，建立社情民意日记、工作写实表、服务登记本，张挂分片包干公示栏（牌），设置居民意见箱，设立农村社区网（站）、"民声"热线等方式，加强和完善农村社区服务和管理，接受农村居民的监督，使农村社区服务管理横向到边、纵向到底、不留死角，实现"民有所呼，我有所应"。

3. 资源整合，信息共享

各类资源的整合与共享，是农村社区扁平化管理的基础，围绕这一基础，要实施三方面的整合：一是整合农村社区物质资源。结合本地区实际，通过改建、置换、调剂等形式，进一步完善农村社区服务中心基础设施建设。把农村社区中潜在的静态资源转化为现实的动态资源，实现辖区内文化、体育场所等资源的共享共用。二是整合农村社区人力资源。通过招聘社会工作者、组织志愿者队伍、培育农村社区中介组织、加强与驻村工作组单位的联系等措施，充分发掘、整合农村社区中的人力资源，形成农村社区建设的合力。三是整合农村社区信息资源。加强对农村社区工作人员计算机操作能力的培训，配备计算机等必要的信息化设备，充分利用"农村社区行政事务工作平台"，认真做好农村社区人口数据等基础信息的录入与更新，建立完善"农村社区政务统一数据库"。注重"农村社区行政事务工作平台"及"农村社区政务统一数据库"在日常农村社区工作中的运用，做到各业务系统数据的交换与共享，形成市、县（区）、乡镇、农村社区（村）四级联网的农村社区服务管理的统一信息平台。

五、拉萨农村社区管理到治理的保障措施

实施农村社区扁平化管理，具有符合拉萨市郊县实际的功能，将会成为拉萨市创新社区管理到治理在农村的一大特点，推进此项工作，需要下大力气，通过各项措施予以保证。

（一）实现社区治理首要的是要加强组织领导

实施农村社区扁平化管理工作，是新时期农村社区建设的创新工作举措和重点推进的一项系统工程，其公共服务管理的内容主要涵盖了党建、民政、残联、文教体育、环境卫生、综合治理、劳动和就业保障等方面。各相关部门必须在市委、市政府的统一领导和部署下，认真领会习近平总书记关于治国理政的论述精神，将边疆治理与社区治理结合起来，充分认识推进农村社区扁平化管理工作的重要意义。各县（区）、乡镇应切实加强对农村社区扁平化管理工作的领导，精心谋划，制定本辖区农村社区扁平化管理工作的推进方案，周密组织实施。

理顺工作关系。进入农村社区服务中心的行政事务工作，以拉萨市社会建设委员会认定的"农村社区工作指引"为依据。凡是准予进入的工作，按照"费随事转"的原则，拨付相应的工作经费，提供必要的业务指导和工作条件；凡属各级党政职能部门和单位的工作，不得随意转嫁给农村社区服务中心。

（二）将治理落实到完善服务平台

农村社区服务中心是城乡农村社区扁平化管理工作的基础平台。进一步完善软硬件，提高为民服务的效率。有条件的农村社区要在服务中心配备电子显示屏、触摸屏等设施。各相关责任部门要充分发挥职能作用，切实加强对基层的业务培训和指导，尤其要在信息的整合和共享方面加以指导，为实施农村社区扁平化管理提供便利。随着电子科技的发展，以"一卡通"方式进行服务，将是很快就会实现的事情，拉萨市可在这个方面努力推进，提前进入数字化服务的时代。

1. 注重整体推进

农村社区扁平化管理是全新的农村社区管理到治理的工作机制，要通过整合资源，形成合力，整体推进，创造性地开展工作。具体要抓好"五个结合"：一要与农村社区党建

工作相结合，充分发挥农村社区党组织的领导核心作用，推动扁平化管理机制的建立与完善。二要与村（居）民自治相结合，片区负责人要紧密联系村（居）民小组长开展村（居）组自治、片区自治，促进农村社区民主自治。三要注重内外结合，处理好"一站式"服务与分片包干服务的关系，处理好八小时内与八小时外的关系。四要注重前与后的结合，处理好"前台一门受理"与"后台协同办理"的关系。五要注重上与下的结合，在整体推进的同时，要紧密结合乡镇、农村不同类型农村社区的实际，因地制宜，搞好分类指导，从细节着手，在精细、实效上下功夫，形成自己的特色和亮点。

2. 强化基础保障

围绕加强以改善民生为重点的农村社会建设要求，充分发挥财政资金的导向和保障功能，加大对城乡农村社区服务中心建设的投入力度。拉萨市及各县（区）要充分保障农村社区工作者的待遇，加强高素质的农村社区工作人员队伍建设。要通过公开招考等方式，引进一批较高素质的社工人才，充实农村社区工作者队伍。各县（区）社会建设委员会办公室要牵头组织综合性培训考察，区、镇（街道）各相关部门要组织专项业务培训，全面提升农村社区工作人员的素质和能力。

3. 落实绩效考核

发挥考核杠杆作用，最大限度调动农村社区工作人员的积极性、创造性，积极推进目标管理。建立健全村党组织、村（居）委会、村（居）民及相关业务部门对农村社区服务中心的考核评议制度以及农村社区服务中心人员考核奖惩制度，将工作业绩、考核结果与补贴、报酬以及人员的任用和续聘等紧密挂钩，畅通农村社区服务中心人员、农村社区干部队伍的进出渠道，不断提升农村社区的服务工作成效。

结语

农村社区是拉萨市三大功能社区的重要组成部分，拉萨市从加强和创新社会管理到实现治理，农村社区不可或缺。拉萨市紧密结合实际，深入开展加强和创新农村社区社会管理转到治理的工作，对城镇社区的网格化管理进行进一步的延伸和发展，同时在实践之中提升社会治理的水平。拉萨市的农村社区加强和创新社会管理直至过渡到全面治理的工作，应继续积极探索和实践"扁平化"的管理模式，有效改善乡村治理的方式，努力推动拉萨市朝着城镇与农村均质化的方向发展。通过加强和创新农村社区的社会管理和治理，确保拉萨市在2020年整体上与全区、全国一道实现全面建设小康社会的发展目标。这对于西藏参与"一带一路"行动背景下"边疆治理"，具有现实的和长远的意义。

Rural Communities in Lhasa Strengthened and Innovated Social Governance Research

Wang Chunhuan, Zheng Limei, Bianbalamu

(Academy of Social Sciences of Tibet Autonomous Region, 850000)

Abstract: The core of Lhasa's rural social management is the management and service for farmers and herdsmen, which involves the adjustment of rural social interest relations, the response to the demands of farmers and herdsmen, the effective resolution of social contradictions in agricultural and pastoral areas, the maintenance of social justice and social order in agricultural and pastoral areas, and a series of other issues. Based on the investigation of rural areas in Lhasa, the basic situation of community society was mastered. On the basis of the review of the development status of rural communities in Lhasa, the current situation of social management in rural communities was analyzed, and the practical experience of social management and transition to governance was summarized, and countermeasures and suggestions were put forward.

Keywords: Lhasa; Rural; Social Governance; Community Survey

边疆研究译林

本栏目主持人：吴楚克，中央民族大学民族学与社会学学院教授

主持人语：边疆研究的发展，离不开国际学术的交流与借鉴，在如今全球化的时代，随着"一带一路"倡议的提出，中国的边疆研究也正在进一步深化与发展。在这一过程中，如何吸收和借鉴来自人类学等其他相关学科的经验，拓展边疆研究的视角，进而形成更具针对性和适用性的边疆研究学科框架，将是我们未来进一步努力的方向。

边疆人类学正是边疆研究值得拓展的新领域。作为关注边疆议题的人类学研究，边疆人类学开端于欧美，多年的持续性的研究，使得欧美学者积累了相当丰富的案例，而许多个案对如何拓展边疆人类学的适用范围具有相当的说服力。美国学者在这一领域所开展的个案研究展示了一种范式导向，尤其是对美国—墨西哥边界的相关研究，从各个方面展示了边疆人类学的新取向，进而引导了后续诸多相关研究的展开。目前在如何推进"一带一路"倡议，构筑新型周边关系的过程中，边疆人类学为怎样有效地提升边疆治理和边境服务相关工作能力提供了有益的启示。袁剑博士主导翻译的《墨西哥—美国边界：边疆人类学的诞生》一文，是边疆人类学领域的经典作品，对边疆人类学发展的若干重要问题进行了系统性的梳理与归纳，对于我们认识和了解这一边疆研究的新领域具有重要的路标作用。我相信，这篇著名论文的译介，将为中国人类学领域的边疆研究提供新的经验与启示，而中国的边疆研究，也将为人类学的相关视野提供新的素材与经验。

墨西哥—美国边界：边疆人类学的诞生*

[美] 罗伯特·R. 阿瓦拉兹（Robert R. Alvarez, Jr.）** 著
袁剑、刘玺鸿*** 译

导言

近年来，对边疆、边境和跨境行为有很多讨论。边界（border）这一概念现在被广泛用于社会科学、人文学科和教育领域等各种语境。然而，我们对边界方面的论述应向什么方向展开还没有充分研究。地缘政治上的边疆和观念上的边疆之间的冲突、矛盾和悖反一直潜伏在我们左右。边疆研究如何增进我们的知识并加深对当地民众和文化实践的理解？如何将这些知识吸收到我们的分析当中？更为重要的是，我们的发现对人类学的学科认识论又具有怎样的意义？在这篇文章中，笔者将依托墨西哥—美国边界的研究，对边疆人类学（an anthropology of borderlands）这一领域加以评述，并力图从更一般的角度阐明这一领域的发现对人类学标准（canon）所具有的价值。

当社会科学家谈论边疆的时候，他们在我们心中唤起的往往是一幅所谓的西班牙边疆的画面（20，26①），这一地区位于美国南部，从太平洋沿岸延伸到佛罗里达。这一画面所显示的边疆，最初由西班牙人占领，随后被墨西哥人控制，接下来又被美国入侵者所占据，经历了数次战争和征服的轮回。因此，我们的后殖民遗产就是一条将两个民族国家区分开来的 2000 英里边界。这一边界将诸社会形态、民众以及地域分隔开来。在这篇文章

---

* 本文原名为 "The Mexican-Us Border: The Making of an Anthropology of Borderlands"，刊发于《人类学年鉴》（Annual Review of Anthropology），Vol. 24 (1995), pp. 447 – 470. 本文为国家社科基金重大项目 "'一带一路'沿线各国民族志研究及数据库建设"（编号：17ZDA156）、北京外国语大学中国文化走出去协同创新中心重点项目"近代中国知识界对中亚诸国的认知观念流变"（编号：CCSIC2017 – ZD03）的阶段性成果。

** 罗伯特·R. 阿瓦拉兹（Robert R. Alvarez, Jr.），时任美国亚利桑那大学人类学系教授，现为美国加州大学圣地亚哥分校荣退教授。

*** 袁剑，江苏苏州人，中央民族大学世界民族学人类学研究中心副教授；刘玺鸿，贵州六盘水人，中央民族大学民族学与社会学学院博士生。

① 此处数字指文末的相关对应文献，下同。——译者注

中，笔者将"边疆"（borderlands）视为一个区域和一系列的实践，这些边界上的实践往往具有冲突性和矛盾性、物质性和观念性特征。

对这些边疆的历史和文献进行回顾，有众多书目文献可资参考（32，67，136，137，191，193，194，196）。笔者注意到，当前和正在涌现的关于墨西哥—美国边界的人类学作品，都是基于这一边界（边疆）的早期研究成果以及新近受到关注的多元边疆观念——当代全球语境下的社会实践和文化信念的边疆。边界和边疆隐喻引发了我们的想象（102）。然而，当我们运用这一概念进行讨论的时候，其在流行用法中又是模糊不清的。戈麦斯·佩纳（Gómez-Peña）证明边界隐喻就是捉摸不定、难以定义、同义反复甚至神秘的。对戈麦斯·佩纳而言，边界和边疆本身就是没有历史的（98）。他的体会是模糊不清的，而且就像边界隐喻本身那样，展现出多重身份的特征，很难加以精确的定义。

笔者尝试通过对地缘政治上的边疆区域的人类学研究加以追溯，来对这一模糊性的某些方面加以分析，也尝试分析本身具有隐喻性的，并且与边疆和边界具有隐喻性关联的诸多观念中的"边界状况"（boundary conditions）。这些观念构成了标准化的人类学理论的一部分，也成为当前针对地缘政治边疆加以根本性批评和质疑的对象。

墨西哥—美国边界及其观念延伸

边界在传统上被定义为两个民族国家之间的国际边界（31，64，71，104，120，121，135，195，196）。事实上，墨西哥—美国边界的定义已经是一个持续受到关注的焦点，并被提升为范例（5，31，51，212）。在殖民时期，边疆就是一个沿着边界线形成的地理区域和政治影响区域，北美就是如此（15，65，121）。虽然在世界上有数百种政治边界，但是边疆作为社会科学的研究区域，这一理念则主要来源于墨西哥—美国的政治边界（29，104，138，196）。笔者认为，对这一边界的研究已经成为其他边界研究（16，17）以及对边界好几个突出概念和参照对象加以细致阐述的标志和模板。其中最为重要的就是文化、社群以及身份（2，11，23，84，102，172，177，204）。

按照人类学其他已经定义的概念，边疆所表达的正是实际和观念之间的结合。鉴于我们曾经一度将文化概念化为一个包含了众多单位和社群的领土性整体（11，102，120，172），我们现在则尝试将这些观念从去领土化的世界（a deterritorialized world）的角度加以再概念化（reconceptualize）（37，102，120，178，180）。在这个世界中，文化和族群认同虽然已经去领土化，但同时却变得更为强劲（9，10，11，60，68，201）。民族身份和个人认同处于持续的竞争、改变和适应中。尤其是地理上的边界和边疆在一个科层化的社会中所展现的冲突性和矛盾性。正因如此，文化、意识形态和个人性都在冲击和挑战我们关于社会和谐与均衡的学科观念。

一些学者认为对边疆采用一种隐喻性的路径会使我们从民族国家之间的社会和经济问题分心，并且转移我们对社群和民众这些研究对象的注意力（116a）。这些"写实主义者"（literalists）（如果我们可以这样称呼的话）所关注的是现实问题，其中就包括移民（8，29，36，38，42，43，45，47，53，111，118，119，120，138，140，143，144，181，214，215，217），政策（211，212），定居（8，44，45，52，53，89，178，207），环境（107，150，183，211），身份认同（105，145，155，158，168），劳工（28—30，42，74，75，89，110，111，116，119，159，198，208，209）以及健康（43，56，131，149，169，180，200，214）议题。另一方面，那些"反写实主义者"（a-literalists）则关注地缘政治边界的社会界线以及行为中的矛盾、冲突及身份转变问题（11，25，37，120，126，127，172，174，175，177）。不管怎样，两者之间存在着辩证影响的关系。

标准化的边疆和边界

人类学家所面对的"他们的"文化区域面临着越发明显的断裂，这源于民众在文化和政治身份上的跨越和重新协商所造成的族群边界的模糊。我们曾经描绘的文化边界由于政治边界的转变、性别身份的竞争、对父权制的怀疑以及全球资本主义的入侵而显得过时（14，68，74）。第三世界继续向第一世界扩展，民族国家也侵蚀吞噬那些边界外的领土（172）。然而，我们却继续教授传统的区域观念，这部分限制了我们的论述，并维持了我们所固有的殖民历史（65，172，174）。诸如中美洲的印第安人、西南部的印第安人、墨西哥民众、农民社会这样的话题，甚至诸如亲属关系和社会组织这样理论化的研究对象都印刻了学科的偏见和假设，这些偏见和假设都是基于地方性和家长制（171）的认知以及常常持有的对世界和民众的理想化观点（58）。边界和边疆人类学打破了这些结构，对我们形成了挑战，将地域加以再概念化。新的认知则提出了一个认识论上的新问题。罗萨尔多（Rosaldo）认为对边界交互地带进行社会分析可以看清冲突和改变的进程（172，173）。跨越边境和人类适应性在众多维度上的变化，表明了人类学标准中最重要的因素——社群、文化、性别、认同、权力以及支配。

人类学在边疆研究上的一个相当艰难的挑战在于对边界文化加以定义，其看起来似乎是一个建立在政治划界，共同的历史因素，多族群身份（印第安人、西班牙人、墨西哥人、盎格鲁人）以及跨国经济和政治基础之上的同质性结构（66，152）。如同文化这一显而易见的概念一样，边界文化这一概念也将特征与行为掩盖或者提炼，从而常常抹去了不同人类行为中的实际问题和状况。正如布斯塔曼特（Bustamante）所证明的，过去和现在为定义边界所做的不懈努力都没得到什么结论（32a）。将边界文化定义为是由西班牙人、英国人甚至纳瓦特人（Nahuatl）所构成的多彩混杂物的说法也是有误导性的。它是一种"薄膜"（membrane），第九个民族——墨西哥—美国人（Mex-America），在他们一系列的特征中常常包括玉米粉蒸肉、德克萨斯辣椒酱以及肯德基（24，85，88，97，99，145，158）。社群以及众多边界民众实际的社会—文化进程受到了通过将这一区域进行定义和分类而归为一种威斯勒式（Wisslerian）文化区域类型导向的阻碍。除了所共享的祖先、冲突性社会关系、历史以及当前问题之外，双方在边疆研究上存在明显矛盾：随着我们划定和控制实际的边界，同时也划定了我们的学科边界。

作为标志的墨西哥—美国边界

墨西哥—美国边界是全世界边界研究和边疆类型的模板。（尼日利亚）拉各斯大学的安东尼·I. 阿西瓦茹（A. I. Asiwaju）在柏林西非会议（Berlin West African Conference）上所发表的开幕式演讲就是一个标志性的戏剧化案例（16）。在他的演讲中，标示出现代国家体系在非洲的开启，阿西瓦茹说他自己就是一个非洲人，或者更精确地说尼日利亚边疆人（Fronterizo），一个边缘个体。这一概念被用于那些生活在墨西哥—美国边界上的人，他们在特定的定义和认同方面都处于边缘位置。距离北美很远的地方，仍然存在着这样的边疆画面。阿西瓦茹演讲中谈到的那种和墨西哥及美国边界相似的边界，是强制性和人为的，它造成了分离、排斥和冲突。通过民族国家政治，实现了边界分离与领土感的维持，但与此同时，受控的、受约束的以及之前历史中已经存在的跨境行为也得以允许。阿西瓦茹及其同事的作品所阐明的正是尼日利亚和西非关于现实边疆的观念。

矛盾语境：第一世界和第三世界的相遇之处

墨西哥和美国的交界地带具有最典型的边境冲突和矛盾特征，这一边境就是世界上经济—政治层面具有垄断性的民族国家与墨西哥这一"第三世界"经济体相遇的地方。没有其他任何边界能够展现出像这里一样的权力、经济以及人类境况上的不平衡（28，29，71，72，74，106，120，135，142，147，159）。这一矛盾的复杂性和固有问题超越了日常性的民族国家协商。这一矛盾直接深入最具地方性的语境，并影响到边境民众的日常生活（9，11，42，48，50，74，75，89，110，115，120，137，139，154，182，212）。大量的商品交换以及人员与货物流动都大大影响了生活和行为（3，9，11，25，29，113，114），并在民众、族群、性取向、身份认同、经济阶层和从属关系方面进行着时序性的转变和重构（11，25，31，40，50，74，96，115，120，130，134，139，154，174，175，212）。

考虑到不同政治经济体间的差异，以及征服和控制的一段历史，墨西哥—美国边界就是民族国家如何谈判、排斥并影响不断变化的地方行为的最好例子。印第安人、边疆人（Fronterizos）、北方人（Norteños）、奇卡诺人（Chicanos）、奇卡诺女性（Chicanas）、墨西哥裔美国人、墨西哥人、盎格鲁人、德克萨斯人（Tejanos）、外国佬（Gringos）和外国人

（Agringados）、德州人（Texans）、持有绿卡者、花衣墨西哥人（Pachucos）、乔洛人（Cholos）、往返者（Commuters）以及其他代表不同历史背景和文化举止的人。当前关于墨西哥—美国边疆的观念描绘了一群以边疆为家的民众在历史中的复杂性（7，34，50，90，105，119，123，137，148，190）。然而，所谓的边民，他们在对权力和服从的闪转腾挪中，不但变换和重建身份认同，并且往往运用多元身份（比如可参见13，14，84，102，116，174，175）。

边疆理念框架的出现

与其他边界不同，围绕墨西哥—美国边界这一对象有着丰富的学术对话和密集的社会科学研究（32，67，136，137，191，193，194）。这些聚焦于墨西哥—美国边界的研究是如何发生变化的呢？对于墨西哥—美国边界的早期人类学研究遵循的是历史学和社会学的传统路径（39，90，95，133，143，191，199）。三种主要发展类型构成了边疆人类学的基础。其一，人类学家形成了对过程，尤其是对墨西哥人向美国移民这一过程的早期关注。其二，人类学家注意到了民俗在理解身份、不平等以及文化冲突这些地方概念上的重要性（22，123—125，127，128，157，158）。其三，本土人类学家对主体/客体、内部/外部的人类学观念形成了认识论上的挑战。这三种发展中的每一种确实都跟墨西哥—美国边界相关，而且各个都有助于提升观念化的边疆对人类学理论的影响力。这些方面发展的同时，在跨国主义、文化全球化（68）、资本以及"世界主义"（3，103）的理论基础方面，也有平行发展的趋势。为了充分理解这些类型的内涵，有必要对人类学在边疆研究方面的学术与历史加以评述。

对墨西哥—美国边疆（地带）的人类学凝视

第二次世界大战之前，美国和墨西哥学者对于边界并没有什么兴趣。墨西哥人类学家曼纽尔·加米欧（Manuel Gamio）（92，93）和美国社会学家保罗·泰勒（Paul Taylor）（198）对墨西哥移民的研究则是不多见的例外。第二次世界大战之后，社会科学家关注边疆地区民众过去和当下的生活状况。在前哥伦布时代，墨西哥西南部和北部地区是相互分离的两个区域，两地间经由生活和贸易上的相似类型而被联系起来（59）。

这种关联十分重要，但是边疆地区依旧被视为位于（美国）西南和中美洲的两个伟大文化之间的巨大荒野和边疆区域。十分明显的是，一些考古地图上的政治界线就用来定义文化区。在最极端的例子中，文化区的范围就在边界处止步（4，59）。

早期的人类学对边疆所持有的观点是，现实中的边界区分了文化并确定了界线。当民族志学者在20世纪五六十年代发现边疆的时候，他们将其描述为一个由文化上孤立且界线清晰的社群所居住的地区（56，132，179，186，187）。边界本身并没有成为一个变量

(variable)。界线（linea）或者说政治界线两边民众的亲属关系、仪式以及社会关系则没有受到关注。虽然实际的边界并不会在文化区域的框架形成中受到关注，但边界也并没有成为社会分析中的一个因素或变量（193，194）。在这一时期的人类学传统中，民族志中的群体是由地理边界限定的，在时间维度上是被固化的，并且常常被嵌入对"他者"文化的想象中。在这样的语境下，墨西哥民间医疗（curanderos）和其他民间疗法成为美国人类学家（以及以跨文化为导向的服务）所关注的话题。墨西哥文化则因成为阻碍美国医疗服务向外传播的阻碍而受到美国人类学家的关注，并且还成为需要教育和改变的一个案例（56，132，179，180）。

边界事务的影响，尤其是美国和墨西哥如何管理和影响边疆地区则未受到关注。即便是《征服周期》（Cycle of Conquest）这部 1962 年出版，对西班牙人、墨西哥人以及美国人对西南地区印第安人所产生的影响加以论述的经典作品也没有将政治边界作为一个有意义的变量加以考虑（188）。

在斯派瑟（Spicer）与汤普森（Thompson）合著的《西南的多元社会》（Plural Society of the Southwest）（190）一书中，关注了西南地区边界两边的民众，并提出富有洞见的看法。但是在这本书中，边界的作用依旧未能显现。在同一时期，墨西哥和美国人类学家的文章对这生活在这一地区的民众的类型进行了描述和划分，其中就包括北方人（Norteños）（122）、摩门教徒（Mormons）（156）、霍皮人（Hopi）、纳瓦霍人（Navajo）和墨西哥人（91）。西南地区的墨西哥人和北美原住民则被视为这一地区天然的组成部分。族性和族群边界也受到关注。然而，在性别或身份认同上的多元协商则没有得到多少论述，更不用说对民族国家作为一个控制与排斥的体系提出质疑了。

同一时期，从人类学家的观点来看，他们所认为的边界是一个真实和自然的边界。早期的人类学将这一区域视为与中美洲和西南地区这些大文化区域相分隔的、在历史和地理层面具有延续性的区域。自然边界这一观点随后强化了对那些边界清晰的社群不是属于墨西哥一边就是属于美国一边的认知。居住在美国的墨西哥后裔则被美国人类学家解释成生活在墨西哥社群中，是如今已经成为官方政治边界的自然边疆的残余或某种程度上的遗留物。

人类学家加入其他社会科学家当中，将人们参与不属于他们那边活动的这一行为看成是非自然，是一种文化入侵。这就是一种自然暴力，并成为针对某些群体的性别、种族、社会意识形态的一部分，他们往往被排斥、不受欢迎和不被接纳。所谓的自然边疆的影响则被实际存在的延绵 2000 英里的边界和该地区稀少的人口所强化。

人造的边界

随着时间的流逝，人类学家对墨西哥—美国边界产生了新的兴趣点。在边境城镇和城市数量增加和边疆人口不断集聚的情况下，社会科学家开始聚焦实际的（actual）边界议题。边疆成为观察不同文化之间碰撞和互动的完美实验室（135，193，195）。虽然是在文本层面发声和表达，但社会学和人类学对边疆固有的冲突和差异所进行的描述则在最近受到了人类学家的关注（27，34，96，105，106，120）。这一时期人类学家开始聚焦边界，但是他们的眼睛依旧紧盯着标准研究中所强调的社群生活与文化中的社会平衡与和谐。

在这种情况下，边界以及边界两侧民众的问题常常被视为"跨文化"误解。因为社会问题被固定在经济和政治不平等的语境中，人类学早期作品所关注的就是生活在边境的墨西哥人对接受医疗健康服务的厌恶（56，132，179，180）。不管是美国人还是墨西哥人的诸如文化适应的重要议题都被语境化为跨文化误解问题。研究这些议题的人类学家在20世纪70年代以后被视为种族主义者和殖民主义者而饱受诟病（170），但是这一研究领域依旧是这一时期更大的人类学研究的一部分。诸如罗贝尔（Rubel）这样的人类学家都对边疆地区墨西哥人的生活状况抱有明确兴趣。

边界上的应用人类学（Applied Anthropology）

对理解和改变边境民众生活困境的兴趣和关注构成了应用人类学在墨西哥—美国边界得以发展的重要基础。如今，对现实和观念两个层面的边界进行研究的人类学家必须对种族、父权和平等这些流行观念持续进行证明和提出挑战。他们必须对当代美国和墨西哥社会问题中那些结构性和个人性的实际状况进行说明（43，114，174，206，217）。墨西哥人类学家对于边疆（28，29，63，86，89，106，147，155）和本土的美国人社群（86，105，155）在群体互动和政策上的结构性悖反的研究已经十分熟络。除了几个例外，美国人类学家继续处理那些由学科标准而不是实际社会状况所界定的理论和区域难题。

近来，人类学在关于边界的政策形成方面的研究进行了诸多努力（43，54，60，61，212）。人类学家已经成为旨在理解和评价边疆地区劳工、移民和新出现人口所形成影响的研究推动者与参与者（28—30，42，74，75，89，110，111，116，119，159，200，209）。其中一个领域就是美墨联营工厂（maquiladora）的劳动力市场（30，74，130）。帕特里夏·费尔南德斯－凯利（Patricia Fernandez-Kelly）（74）无论是在理解边境女性劳动力还是在说明华瑞兹市（Juárez）美墨联营工厂的结构性状况方面都是先锋。

许多应用性研究作品都以与墨西哥人类学家和社会学家以及政策制定者进行跨边境和跨学科合作为导向。在经典的跨文化研究路径中，人类学家都是在这一区域的墨西哥和美国文化对边境社群的影响以及环境污染及控制两个问题上下功夫（150，183）。人类学家加入跨学科的团队当中，在诸如加利福尼亚大学圣迭戈分校（University of California, San Diego）墨西哥—美国研究中心（Mexican-US Studies Center）、德克萨斯大学埃尔帕索分校（University of Texas, El Paso）、位于提华纳（Tijuana）的北方边疆学院（El Colégio de la

Frontera Norte)以及位于墨西卡利（Mexicali）的国立下加利福尼亚自治大学（Universidad Nacional Autônoma de Baja California）等诸多团队下开展研究。这些努力激发了对边疆研究的热情，最终产生了一批重要的跨学科杂志和出版物。艾尔文·斯托达（Elwynn Stodard）首倡出版《边疆研究杂志》（*Journal of Borderland Studies*）。而墨西哥出版的期刊《北疆》（*Frontera Norte*）和《边疆研究》（*Estudios Fronterzos*）也十分重要。事实上，人类学之外的诸多社会科学都参与到这种实际应用当中。

人类学应用研究局（Bureau Applied Research of Anthropology），前身是族群研究局（Bureau Ethnic Research），是少有的致力于边界研究的团队。最初在托马斯·韦弗（Thomas Weaver）的领导下，该团队集中进行亚利桑那边境城市道格拉斯（Douglas）的居住条件和社会问题研究（214）。这一机构也完成了墨西哥移民方面的前沿研究成果（215）。该团队后来则继续在卡洛斯·韦莱斯－伊巴涅斯（Carlos Vélez-Ibañez）的领导下开展工作。对图森（Tucson）墨西哥人社群与索诺拉省（Sonora）形成的跨境关联已积累了十多年的研究。边境生态理论（border ecological theory）（211）、人权和社会政策（212）这些概念得到了研究，也关注了美国—墨西哥家庭（205）和（基于家庭文化的课程的）知识基金（funds of knowledge）这样的问题，而墨西哥人对图森和西南部的贡献也是该团队持续关注的对象。正如他们的工作所表明的，边界研究具有复杂性，需要长时间对一个具体的边疆区域进行集中研究。不幸的是，虽然有其他强大的跨学科边界研究机构，但都不是这一类型。

墨西哥学者在国立大学于邻国所设立的分支机构开展的研究，在边界历史和生活方面的成就尤为重要（4，33，81，89，94，105，148，161）。尤其是，墨西哥学者在与邻国的墨西哥人的对话方面比美国学者与邻国的美国人对话上要顺畅得多（81，161）。与我们的学科体系相反，墨西哥人所从事的跨学科团队研究已是一种规则，而不再是例外。墨西卡利的北方边疆学院和墨西哥国立自治大学（UNAM）就是很好的例子。

由于边境地区快速的城市化进程，墨西哥—美国边界的城市已经受到社会科学家的关注（35，95，133，164，165，172）。边境城镇几乎一夜之间就成了城市综合体（urban conglomerates），随之而来的就是地方与国家所带来的问题。然而没有多少人类学家真正在这些城市开展工作。约翰·普莱斯（John Price）在下加利福尼亚（Baja California）的提华纳（Tijuana）和特卡特（Tecate）所做的民族志研究则是一个例外（164，165）。

墨西哥移民与人类学追求

社会科学家对墨西哥移民研究兴趣的持续增长也引发了人类学的兴趣。韦弗、唐宁（Downing）以及随后的范·坎伯（Van Kemper）、卡马拉（Camara）在移民方面进行着前沿研究，他们也是第一批从事墨西哥—美国边界研究的人类学家（35，36，181，215）。

少数人类学家事实上已经对边境开展研究，或者更准确地说，将目光聚焦于那些同样引起其他学科关注的问题。然而，随着移民问题变得越发重要，人类学家也随流而动，并且跨过了他们研究上的政治边界。

人类学边境移民研究的发现挑战了有关边界生活的现存观点，尤其是那种对文化持有的相互分离的观念。从20世纪70年代开始，那些重要的杂志和出版物就注意到墨西哥移民和非法入境问题（未得到官方许可的情况下越境），开始对移民问题持续关注（比如61，118，162，163）。人类学家从行动者的角度开展移民研究，并且在地方语境中描述重要的社会和文化行为（8，50，111，151，178）。之前的人类学开始经历一场变革，它过去没能将地缘政治边界问题化，现在则将边界视为边疆生活模式研究中的重要变量。

琳达·怀特福德（Linda Whiteford）对扩大型社群（extend communities）的研究（216）具有分水岭意义，明确地从那种边境社群具有清晰边界的观点中走了出来。怀特福德提出了一种跨境和跨国观点，对将边界简单定义为不可渗透的分界线的看法提出质疑。对扩大型社群进行的研究，所揭示的正是边界两侧所存在的政治经济现状和联系。如今这已成为人类学家的任务，要弄清楚人们是如何在这些跨国的和扩大型的社群中安排和定位自己的。

跨国型社群和家庭大多来源于最初的"派遣社群"（sending community）和"定居社群"（settling community）。更早时期对经济和人口状况的描述主要集中在家乡联系的断绝和移民进入美国劳动力市场方面。移民研究已经表明，家乡和移居社群之间存在着社会、文化、经济上的联系（8，25，61，111，118，119，138，143，144，177，178，192，217）。

认识到无论是在地方还是区域历史层面，美国人和墨西哥人都通过个人、家庭和经济网络形成联系，则成为人类学边疆研究的一个关键点（8，111，204）。当时，移民已经被视为一个具有曲折社会进程和历史先例的群体（8，111，118，119，177）。边界事实上就是一个社会体系（5），人类学者对这一跨境现象一直在进行阐释。

除了对边界上的群体进行研究之外，一些人类学家还首次对墨西哥的社会群体跨越边界迁移到美国的现象加以关注。迈克尔·卡尼（Michael Kearney）对米斯特克人（Mixtecos）的研究（119）强有力地影响了美国的移民和定居研究（101，207，217）。同样，理查德·迈因斯（Richard Mines）（143）的经典研究则表明墨西哥移民与墨西哥家乡的社群之间具有持续性的联系，并且这种迁移是跨代际持续进行的。韦莱斯－伊巴涅斯关于亚利桑那边界的作品（204）以及笔者对加利福尼亚边界的研究（8）与埃曼（Heyman）对亚利桑那所做的研究（111）一样，都表明移民家庭结构的历史重要性。这些研究界定了真实的移民进程，并推动我们去关注扩大型和再领土化的社群（177）。

在移民研究中关注进程则对领土化社群的地方性解释构成了挑战。各种各样的作品已经阐明，移民行为的社会因素所覆盖的范围已经超越了一个地理层面完整的领土单位。结果就是对移民群体的社会—文化解释只受到个人有意行为（meaningful behavior）因素的限制（25，120，177）。这些社群在行为上的社会—文化模式所界定的是群体的地域范畴，而不是民族化的地缘政治地理层面上的地方。人们对他们的社群边界进行创造和再创造，常常延伸到很远的地方。例如在瓦哈卡（Oaxaca）、墨西哥城和洛杉矶之间、中墨西哥（Central Mexico）和芝加哥之间、海地（Haiti）与纽约之间。这一"多维空间"（hyperspace）为社会行为的地理层面的解释赋予了新的意义，并且激发了跨国研究（25，177）。

在移民问题的新型研究中尤为重要的就是墨西哥和美国学者所持有的不同视角（101）。美国人类学家的研究集中在墨西哥移民对于美国社会的影响和劳动力市场对这些移民群体的同化。墨西哥学者首先关注的则是美国结构性的劳动力需求对移民所造成的影响（29）。墨西哥学者一直关注着生活在边界沿线和美国的墨西哥人生活上的困境。近来，墨西哥和美国都从这两种视角中发现了进行联合分析的因素（37）。

移民问题的当前论述

近年来，进入美国的移民和非法移民已经得到了广泛研究（28，49，50，52—54，62，100，111，118，138，146，207，217）。在这些研究中，许多都是在跨国主义的语境下展开的。扩大的社会关联网络成为了重要特征，威尔逊（Wilson）对此有所讨论（21，203，209，218），也成为主流研究对象。

在更大范围的边界移民和移居研究中，人类学者关注的是地方性的行为和个体的生命（8，96，111，112，148），并且是以经济全球化为背景加以展开。对家庭的专门研究所阐明的正是墨西哥人以及后来的奇卡诺人在边境地区和美国的移民和适应上的文化过程（8，47，205）。对这一过程中的妇女和女性权威所扮演的角色，现在还缺乏研究，但是也有所增长（100，140，182）。主要的关注点还是在移民个体上。

全球政治经济的语境已经成为地方层面行为研究不可或缺的部分。移民卷入全球资本主义中，一方面，边界所带来的区分被抹除；另一方面，通过具有霸权地位的国家机器形成一套边境控制机制。移民作为劳动力被怂恿和允许进入美国劳动力市场，然而却被作为商品进行监管和控制（29），市场上并没有什么合理的双边协调机制（120）。查韦斯（Chaves）（46，50）和埃曼（Heyman）（110，116）关于移民的作品都支持这样的分析。移民和这一过程必须与将墨西哥和美国区分开并经历了兴衰起伏的更大范围内对商品（劳动力）的结构性控制，结合起来加以分析。

正如像边界这样的客观事物，在现实中就是社会研究的一部分。罗斯（Ross）的《跨越边界的视野》（View Across the Border）一书（177）就指出，墨西哥和美国在各种议题和问题上相互矛盾的解释在墨西哥—美国边界上有着明确的体现。本卷［指的是《人类学年鉴》（*Annual Review of Anthropology*）第 24 卷，1995 年出版。——译者注］描绘了当今探索和开展的各种观念和现实问题的轮廓：文化、身份、政治、经济、移民、健康以及生态。此外还有对实践层面主要范畴的识别，有关身份、阶层、种族和移民劳动力的主要观念问题。但是在这一时期，性别、妇女角色以及边境民众的身份转变则未加以足够的认识。

新民俗学（folklore）和本土声音

对边疆人类学最主要的贡献者就是边疆本身。早期对于边疆地区墨西哥人的研究以及随后对墨西哥—美国人的关注都是欧美学者进行的——一种解释"他者"的潮流（128，157，158）。一支对西部和西南部文化强烈痴迷的学者队伍聚焦于边界的历史和大众文化。然而，唯一的奇卡诺人类学家在 20 世纪 40 年代晚期提出了许多之前的民俗学者所忽视的议题（157）。亚美科·帕雷德斯（Americo Paredes）一直关注墨西哥民歌和歌谣（corridos），他对边境地区民众与墨西哥之间形成认同的方式作了新的解释。帕德雷斯对德州骑警（Los Rinches）、法律、规则以及德克萨斯骄傲（Texan pride）中的象征以及具有种族主义、不平等和非公正的特哈诺（德克萨斯—墨西哥人）标志作了揭露（157）。由此，一个主要的矛盾和冲突暴露在阳光之下，一种传统也得以诞生：从美国—墨西哥人的角度出发，对流行文化进行研究和解释。研究的焦点就是新"墨西哥—特哈诺"民俗和其在边疆的阶层和经济不平等方面的表达。

帕雷德斯的作品已经成为关于奇卡诺男性和女性的其他研究的基础，这些研究对人类学和社会科学作了更广泛的批判（172）。奇卡诺人和其他学者所塑造的历史文本以及对那些历史和过程的再解释形成了新的意识和更广阔的研究领域（1，2，34，79，108，124，125，126，129，130，161）。在人类学内部，可能没有其他领域会像这一领域那样引发边境上的"本地学者"的广泛参与。这一内部视角对于我们追寻民族志真相具有重要意义（23，124，127，129，153，172，201）。对"边疆"人类学家以及他们关注点的概述所揭示的正是这种本土性的参与（8，34，39，41，50，69，76，90，95，99，101，107，129，138，141，160，169，170，182，205，213）。

在这一语境下，边境女性的声音就十分关键。正如罗萨尔多所表明的，帕雷德斯的诠释具有讽刺性和矛盾性，因为父权主义弥散于他们之中（171，173）。在墨西哥民俗学传统里，帕雷德斯力图阐明家长如何成为英雄和传奇，但同时又逃避了女性成为附属者这一话题。相反，格洛丽亚·安札杜尔（Gloria Anzaldúa）则对美国民族国家、传统父权制以及自然界定中的附属关系以及边界的标示做出了竞争性解释（13）。她所想象的边疆是交错性的，其基础是对边疆女性生活中矛盾性和冲突性本质的描述，这与帕德雷斯的作品是相反的。在墨西哥传统和奇卡诺女性身份、西班牙语和英语、性别支配和抉择、美国和墨西哥之间，安札杜尔重塑了边界以及对生活边界的观念层面的理解。

新民俗学——一种文化诗学——已经成为了边疆文学和人类学的一部分。跟早期民俗学家的作品不同，新的民俗学研究旨在通过对文化行为的记录和解释，揭示边疆社会的阶层、性别和不平等的社会—政治状况（34，77—80，108，127，128，130，173）。这类作品所关注的正是墨西哥民谣、歌谣，因为它们涵盖了历史、传奇、不公、坚忍不拔以及歧视这些主题（69，70，76，107，108，127）。其他的音乐表现形式则为社会和经济环境的解释提供了语境。曼纽尔·佩纳（Manuel Peña）的《墨西哥集体》（*The Mexican Conjunto*）（160）是一部经典的边界研究案例，证明了音乐流派在解释阶层和劳动力形成方面的重要性。

对新的"民俗传统"进行研究是对在双方诸如国庆节（Fiestas Patrias）（141）这样的风俗活动中记录文化展演这一传统的延续，然而他们也对作为边界的政治和文化戏剧的日常活动和生活进行解释（127，129）。事实上，这就是在边界上所能完成的最好的民族志。利蒙（Limón）的民族志就是这样一个例子。他从本土人的子嗣的视角来进行书写，将处于他位置上的读者放置在人类学家和南部边境德克萨斯人这样的位置。利蒙对舞厅、民众和谈话所进行的描述使社会生活的样态被活灵活现地展现出来（127，129）。除了这种内容丰富的民族志之外，新民俗学者都十分擅长对阶层和种族这类话题占支配地位的文化诗学进行记录。虽然利蒙的解释也受到批评，但是它十分明确地在历史中实现了语境化，并且是一部对生活加以忠实描绘的自我民族志（auto-ethnographic）。

20世纪60年代以及随后数十年的美国民权运动（Civil Rights Movement）在对现状进行再解释和加以挑战方面助力不少；对于社会科学而言，这一时期的反抗为批评我们学科的标准和认识论提供了新的方式。在过去几十年中，一直是帕德雷斯这样的人孤寂发声，但是现在一种新的合唱形式开始出现。墨西哥人和墨西哥裔美国人开始创作大量作品并发出足够大的声音，随后成为各种边疆风格所构成的景观的一部分：奇卡诺人和奇卡诺女性的边疆文学和诗歌。比如托马斯·里维拉（Tomas Rivera）（167）和鲁迪·安纳亚（Rudy Anaya）（12）的小说就展现了边疆生活的矛盾性。安纳亚的《奥蒂莫保佑我》（*Bless Me Ultima*）所展现的正是生活在边境上的墨西哥人在日常行动和信念上的顽固矛盾，宗教、学校教育、美国这一民族国家带来的挑战和对家庭带来的影响都造成了矛盾。这一文本传统在维拉萨诺（Villaseñor）的作品那里得到延续（201），他将南加利福尼亚与处于变革中的墨西哥乡村联系起来，这出现在以他自己的扩大型家庭为基础的生活史小说当中。

女性作家（117）的作品则具有额外的重要性。桑德拉·希斯内罗丝（Sandra Cisneros）和格洛丽亚·安札杜尔的作品表明不再仅仅是发出不同的挑战之声，而是形成了关于奇卡诺女性、奇卡诺男性、墨西哥女性和墨西哥男性的新观念的——所指涉的是人们处在一种冲突和对抗的语境中，在这里，生活本身的意义是在日常社会行为的矛盾中得到表达的。作者对这种二元性以及两性、族群、民族和文化身份诸多分歧上的多样性作了细致描绘，这些重要作品瓦解了边疆意识形态，并将从属关系的形式和性别、种族上的不平等暴露了出来。

边疆地区的本土学者所完成的作品是对所谓写文化（writing culture）这一我们的学科批评方式的模仿，并表明了作者在文化［阅读民族志（read ethnography）］中寻找一种权威性。此外，与后现代相似，这种对文化书写的再解释和批评对于那些使用文本分析来理解行为的人类学家而言有着很强的吸引力。帕德雷斯（Paredes）就跟希斯内罗丝和安札杜尔一样，通过各种分析者——利蒙和罗萨尔多这样的人——与当前民族志的语调相呼应的一系列发现而加以解释（23，154，201）。帕德雷斯、安札杜尔和其他人所发出的声音打破了地缘政治边境的分界线，并证明了边疆生活的多维性这一特征；这一特性是在西班牙人、墨西哥人和美国人的冲突史中形成的，本土因素则一直贯穿其中。通过这些双语（bilingual）、双文化（bicultural）和双国家（binational）的声音，奇卡诺男性和女性展现出对性别、种族、阶层、国家和族群上的观念界限的跨越。边界获得了新的意义。

对来自边疆地区的声音的汇集和承认激发了对人类学标准的再评价，并且引起了一场在全球性语境背景下关注地方层面的行为、生活以及境况的创造性争论。资本以及伴随其左右的意识形态和霸权不再是边疆地区社会结构的主要因素。我们接下来研究的目标就是对这些边疆民众具体的表达和适应加以辨识。

人类学话语中的边疆：结语

人类学对边界和边疆的关注对人类学话语和理论产生了重要影响。

正是聚焦于特定文化实践和认同中的悖论、矛盾和冲突，当代生活中人们不同寻常的生活模式、解释和表达才能被阐发出来（173）。内在于各种边疆研究类型的观念，与其说将焦点维持在地理和领土范围清晰界定的社群和文化之上，毋宁说已经转向了对行为和身份的游移以及文化实践的机制性空隙中的社会类型的重组的关注。当我们在寻求相似与和谐的时候，我们在社会均衡的功能论形式中找到了对应的模式，而对矛盾和悖反的认同则对我们理解地方和全球范围内人类行为的差别、不均衡和冲突的社会模式至关重要。

此外，如果要对社群、文化和社会均衡这样的学科概念行进再评价，我们需要对矛盾、冲突、悖反和反差这些概念进行检验。这些概念是对全球政治经济中人类行为的混杂性和多元性的确认和识别。这些概念都具有分析意义。不像那些意图唤起一种统一模式的老旧概念，这些概念迫使我们去寻求一种日常生活中共同的非常规性表达，以及人类存在的变迁和差异，此外还有日常权力斗争下的社会分层趋势。它们迫使我们对这种等级秩序中的悖反加以检验，而这一等级秩序以资本主义和愈发分化和界定清晰的民族国家为基础。我们的意识形态不再稳如泰山；具有批判精神的原住民（Rousseauian Native）以及意识形态化的农民已经打破了人类学的模式。

过去，人类学处于边疆研究的边缘，但现在我们处于新的边疆研究类型的前沿。虽然有一支杰出的社会历史学家和人类学家的队伍已经将边疆情境化（3，18，19，82，83，185，189），但我们依旧需要更多专门聚焦于边界所扮演角色的民族志作品，这样才能将人们生活协商中的无数种类型梳理清楚。

新的边疆研究类型的讽刺之处在于，人类学家所做研究的趋势是忽视边疆生活在社会和历史上的延续性。我们的大多数作品都是与历史无关的。历史不仅仅是情境，我们没能将历史解释融入我们的边疆研究中。在我们极力追求对差异和对比的重要性进行揭示和阐发的时候，边界在人们塑造关联和社会网络时所一直发挥的作用则被忽视。边疆民众独特的持久性和长期性在形成社会关联和促成政治经济斗争方面具有重要作用（6，8）。笔者自己的作品就表明，墨西哥—美国边界上那些家庭成员真实的跨境行为的确创造了具有持续性的家庭网络，并且在他们的生活被边界隔绝之后也依旧保持了下来（8）。事实上，在墨西哥—美国边疆地区的历史中，这一现象可以跨越好几代人。同样相似的是，卡洛斯·韦莱斯-伊巴涅斯则使我们从前哥伦布时代贸易路线上的索诺拉-亚利桑那边疆地区历史经验中去关注他自己的家庭（204）。与边疆政治意识形态、家庭生活、艺术以及表现的种种关联被杂乱地编织进韦莱斯-伊巴涅斯的民族志中。对韦莱斯-伊巴涅斯和笔者而言，边界就是一个现代人造品，被施加到社会领域，而且有一段可以追溯到古人进入这一地区的漫长历史。

对边界加以高强度和长时间研究的例子是很少的。然而，很多学者近来已经开始关注边境地区。利奥·查韦斯（Leo Chaves）和约西亚·McC. 埃曼就是其中两位。埃曼（110—116）对边境的长时段研究尤为关注，并且对那些在更大的人类学范畴内能够揭示主要矛盾的政策有着独特解读。其中尤为重要的就是其对于科层（115）、商品（113，114）和劳动力（110，111）的人类学研究。埃曼关注的是边境巡逻和美国移民与归化局（Immigration and Naturalisation Service，INS），后者是一个需要调查和研究的机构。其作品的重要性不仅体现在政策研究层面，而且也体现在边疆研究类型方面：他的作品展现出了对实际和观念两个层面的复杂性分析。埃曼是在科层和权力的人类学研究这一语境下进行工作的，展现了美国移民与归化局官员的行为和移民对美国劳动力市场作出的反馈之间如何存在持续的政策上的矛盾。即使采取逮捕拘留措施，但是非法越境并没有停止。通过对美国的墨西哥非法移民的细致研究，查韦斯对边境地区生活的矛盾性带来了一个极为丰富但是又令人不安的解释（49，50，52）。他的电影《法网恢恢》（*Under the Shadow of the Law*）和《不安四邻》（*Uneasy Neighbors*）对于审视实际和观念两个层面的边境生活都有着重要意义。

除了一些作品之外，人类学家在国家边界比较研究方面还做得很少（15，16，38，

57，73，109，166）。在努力对墨西哥—美国边界进行地方性和直接关注的过程中，我们没能坚持一个主要的人类学原则：比较。在近期的合作中，乔治·科列尔（George Collier）与笔者比较了玛雅人（Maya）和北方人（Norteño）卡车司机在墨西哥南部边境和北部边境的经历（11）。这部作品带来了一系列重要议题，比如强调了族群社会组织的差异以及创业者在参与生机勃勃的资本市场时的不同表现。研究墨西哥南部边境的重要作品展现的是墨西哥民族国家的运作和界定（63—65），并对政策和其在不同边境地区的实施提出了质疑。威尔逊（Wilson）和多尔曼（Donnan）共同完成的作品则对国际层面的边疆文化比较作出了独一无二的贡献。

总之，随着边疆人类学的诞生，我们对既有的人类学标准提出了挑战，并重新确立了方向。最近我们已经听到了关于承认民族志的尝试、文化书写以及人类学家权威性的呼吁。观念和实际层面的边疆以同样的方式向我们提出挑战。让我们重绘我们文化领域的边界，去找寻行为的界限与关联。我们需要通过介入当代世界，从而参与到我们所研究的对象人群中去，而这可能也是人类学家所要跨越的最为艰难的边界。

致谢

感谢下述对笔者搜集边疆研究类型的信息和材料时提供帮助的人。尤其感谢下加利福尼亚自治大学的汤姆·韦弗（Tom Weaver）、卡洛斯·韦莱斯-伊巴涅斯、费德里科·贝塞雷尔（Federico Besserer）、米歇尔·贝纳维德斯（Michele Benavides）以及露西·奥尔特加（Lucy Ortega）所提供的帮助。也要感谢乔治·科列尔、利奥·查韦斯、迈克尔·卡尼、凯伦·赫斯利（Karen Hesley）以及雷纳多·罗萨尔多，他们阅读了之前的草稿；还要感谢《人类学年鉴》的编辑，尤其是 E. 瓦伦丁·丹尼尔（E. Valentine Daniel）细致和翔实的评论。

笔者的研究助理道格·史密斯（Doug Smith）给了很大的帮助，埃韦拉多·加多诺（Everardo Garduño）在挖掘和联系墨西哥资源方面提供了诸多帮助。感谢曼纽尔·穆列塔（Manuel Murrieta）、"边疆人类学"（The Anthropology of Borderlands）席明纳的学生以及玛莎·施韦泽（Marsha Schweizer），正是他们推动笔者不断前行，并在手稿准备阶段提供了无微不至的帮助。

参考文献

1. Abrahams RD, Shouting Match at the Border：The Folklore of Display Events, See Ref. 22, 1983, pp. 303–321.

2. Abu-Lughod L, Writing against Culture, See Ref. 84, 1991, pp. 137 – 162.

3. Achor S, *Mexican Americans in a Dallas Barrio*, Tucson: Univ. Ariz. Press, 1978.

4. Alvarez Palma AM, Echávarri Pérez A, Escárcega Escárcega JA, Montané Marti JC, Pérez Bedolla RG, et al., eds., 1985, Historia General de Sonora. Periodo Prehistórico Prehispánico, Hermosillo: Gobierno del Estado de Sonora.

5. Alvarez RR, "The Border as Social System: The California Case", *New Schol*, 9 (1 – 2), 1984, pp. 119 – 134.

6. Alvarez RR, "The Lemon Grove Incident: The Nation's First Successful Desegregation Court Case", *J. San Diego Hist*, 23 (2), 1986, pp. 116 – 135.

7. Alvarez RR, "The Paipai of Jamau: A Test Case for Constitutional Reform", *Cult. Surviv.*, 14 (4), 1990, pp. 31 – 36.

8. Alvarez RR, (1987), *Familia: Migration and Adaptation in Baja and Arta California, 1800 – 1975*, Berkeley: Univ. Calif. Press, 1991.

9. Alvarez RR, "Changing Ideology in a Transnational Market: Chiles and Chileros in Mexico and the U.S.", *Hum. Organ.*, 53 (3), 1994, pp. 255 – 262.

10. Alvarez RR, "Changing Patterns of Family and Ideology among Latino Cultures in the United States", In *Handbook of Hispanic Cultures in the United States: Anthropology*, ed. T Weaver, 1994, pp. 147 – 167, Houston, TX: Arte Público Inst. Cooperacion IberoArnericano.

11. Alvarez RR, Collier G, "The Long Haul in Mexican Trucking: Traversing the Borderlands of the North and South", *Am. Ethnol.*, 21 (3), 1994, pp. 607 – 627.

12. Anaya R, *Bless Me Ultima*, Berkeley, CA: Tonatiuh-Qunito Sol, 1972.

13. Anzaldua G, *Borderlands, La Frontera*, Berkeley, CA: Aunt Lute, 1987.

14. Appadurai A, Disjuncture and Difference in the Global Cultural Economy, See Ref. 68, 1990, pp. 295 – 310.

15. Asiwaju Al, Borderlands Research: A Comparative Perspective, Presented to Joint Sem. Cent. Inter-Am. and Border Stud. And Hist. Dept., Sept. 12, Univ. Tex., El Paso, 1983.

16. Asiwaju Al, *Artificial Boundaries*, Lagos: Lagos Univ. Press, 1984.

17. Asiwaju AI, Adenyl PO, eds., "A Multidisciplinary and Comparative Focus in Nigeria and West Africa", *Borderlands in Africa*, Lagos: Univ. Lagos Press, 1989.

18. Bahr DM, *Pima and Papago Ritual Oratory: A Study of Three Texts*, San Francisco: The Indian Historian, 1975.

19. Bahr DM, Gregorio J., Lopez D., Alvarez A., *Piman Shamanism and Staying Sickness*, Tucson: Univ. Ariz. Press, 1974.

20. Bancroft HH, *History of the North Mexican States and Texas*, San Francisco: Bancroft, 1884 – 1889.

21. Basch L, Schiller NG, Blanc CS, *Nations Unbound*, Langhorne, PA: Gordon & Breach, 1994.

22. Bauman R, Abrahams RD, eds., *And Other Neighborly Names: Social Process and Cultural Image in*

Texas Folklore, Austin: Univ. Tex. Press, 1983.

23. Behar R, *Translated Woman. Crossing the Border with Esperanza's Story*, Boston: Beacon, 1993.

24. Bernal I, Cultural Roots of the Border, See Ref. 176, 1978, pp. 25 – 32.

25. Besserer F, *Los Mixtecos en el Campo Global de Producción de Vegetables Significados*, Presented at the 13th Ann. Congr. Internacional de Las Ciencias Anthropol, yEtnol. , Mexico City, 1993.

26. Bolton HE, *The Spanish Borderlands: A Chronicle of Old Florida and the Southwest*, New Haven, CT: Yale Univ. Press, 1921.

27. Buenrostro Ceballos AF, ed, *Fronteras en Iberoamerica*, Torno I. Memorias del ler Congreso Internacional Sobre Fronteras en Iberoamerica, Mexicali: UABC, 1990.

28. Bustamante JA, *Espaldas Mojadas: Materia Prima Para la Expansion de/Capital Norteamericano*, Mexico: El Colégio de Mexico, 1976.

29. Bustamante JA, Commodity Migrants: Structural Analysis of Mexican Immigration to the United States, See Ref. 176, 1978, pp. 183 – 203.

30. Bustamante JA, "Maquiladora: A New Face of International Capitalism on Mexico's Northern Frontier", In *Women, Men and the International Division of Labor*, ed. J Nash, P Fernandez-Kelly, 1983, pp. 224 – 256. Albany: S. Univ. NY.

31. Bustamante JA, Frontera Mexico-Estudos Unidos: Reflexiones para un Marco Teorico, *Front. Norte* I (1), 1989, pp. 7 – 24.

32. Bustamante JA, Francisco MA, *México—Estados Unidos: Bibliografia General Sabre Estudios Fronterizos*. Mexico: El Colégio de Mexico, 1980.

32a. Bustamante, J, "Preface: A Conceptual and Operative Vision of the Political Problems on the Border", In *Demographic Dynamicsof the US-Mexico Border*, ed. JR Weeks, R Hamchande, pp. v – viii. El Paso: Texas Western, 1992.

33. Cabrera IF, "La Distribución RangoTamaiño en la Region Fronteriza de Sonora yArizona", *Estud. Front AñoI.* I (3), 1984, pp. 11 – 18.

34. Calderón H, Saldivar JD, eds. , *Criticism in the Borderlands. Studies in Chicano Literature, Culture and Ideology*, Durham, NC: Duke Univ. Press, 1991.

35. Camara F, Differential Migration Streams, Economic Growth, and Socio-cultural Changes in Mexican Border Cities, See Ref. 36, 1978, pp. 101 – 126.

36. Camara F, Van Kemper R, eds. , *Migration across Frontiers: Mexico and the United States*, Inst. MesoArn. Stud. Contrib. Lat. Arn. Anthropol. Group, Vol. 3. Albany: S. Univ. NY, 1979.

37. Canclini NG, *Culturas Híbridas. Estrategias para Entrar y salir de la Modernidad*, México: Grijalva México, 1990.

38. Caiñeras de Velasco M, The Problems of Migration: A Mexican View, See Ref. 176, 1978, pp. 395 – 398.

39. Cardoso L, *Mexican Emigration to the United States, 1897 – 1931*, Tucson: Univ. Ariz. Press, 1980.

40. Carrillo MMH, "Convergencias y divergencias en la Frontera Norte de México", *Estud. Front Año II.* II

(6), 1986, pp. 65 – 80.

41. Chabran A, Chicana/A Studies as Oppositional Ethnography, *Cult. Stud.* 4 (3), 1990, pp. 228 – 247.

42. Chavez LR, "Households, Migration and Labor Market Participation: The Adaptation of Mexicans to Life in the United States", *Urban Anthropol.* 14, 1985, pp. 301 – 346.

43. Chavez LR, "Immigration and Health Care: A Political Economy Perspective", *Hum. Organ.* 47, 1986, pp. 95 – 108.

44. Chavez LR, "Settlers and Sojourners: The Case of Mexicans in the United States", *Hum. Organ.* 45, 1988, pp. 344 – 352.

45. Chavez LR, "Migrants and Settlers: A Comparison of Undocumented Mexicans and Central Americans in the United States", *Front. Norte* 1, 1989, pp. 49 – 75.

46. Chavez LR, "Introduction: Immigrants in U.S. Cities", *Urban Anthropol.* 19 (1 – 2), 1990, pp. 1 – 8.

47. Chavez LR, "Coresidence and Resistance: Strategies for Survival among Undocumented Mexicans and Central Americans in the United States", *Urban Anthropol.* 19 (1 – 2), 1990, pp. 31 – 61.

48. Chavez LR, ed, "Immigrants in U.S. Cities", *Urban Anthropol.* 19 (1 – 2) (Special Issues), 1990.

49. Chavez LR, "Outside the Imagined Community: Undocumented Settlers and Experiences of Incorporation", *Am. Ethnol.* 18, 1991, pp. 257 – 278.

50. Chavez LR, *Shadowed Lives: Undocumented Immigrants in American Society*, Ft. Worth, TX: Harcourt, Brace, Jovanovitch, 1992.

51. Chavez LR, "Defining and Demographically Characterizing the Southern Border of the U.S.", In *Demographic Dynamics of the US-Mexico Border*, ed. JR Weeks, R Hamchande, 1992, pp. 43 – 60. El Paso: Texas Western.

52. Chavez LR, "The Power of the Imagined Community: The Settlement of Undocumented Mexicans and Central Americans in the United States", *Am. Anthropol.* 96 (1), 1994, pp. 52 – 73.

53. Chavez LR, Estevan TF, López-Garza M, "Migrants and Settlers: A Comparison of Undocumented Mexicans and Central Americans in the United States", *Front. Norte* 1 (1), 1989, pp. 49 – 75.

54. Chavez LR, Flores E, Lopez-Garza M, "Here Today, Gone Tomorrow? Undocumented Settlers and Immigration Reform", *Hum. Organ.* 45, 1990, pp. 193 – 205.

55. Cisneros S, *The House on Mango Street*, Houston, TX: Arte Público, 1992.

56. Clark MM, *Health in the MexicanAmerican Culture: A Community Study*, Berkeley: Univ. Calif. Press, 1970.

57. ColeJW, WolfER, *The Hidden Frontier. Ecology and Ethnicity in an Alpine Valley*, New York: Academic, 1974.

58. Collier GA, *Basta! Land and the Zapatista Rebellion in Chiapas*, Oakland, CA: Food First, 1994.

59. Cordell LS, Gummerman OJ, eds., *Dynamics of Southwest Prehistory*, Washington, DC: Smithsonian Inst, 1989.

60. Cornejo G, *Al Norte del Milenio*, México: Leega, 1989.

61. Cornelius WA, Bustamante JA, eds. , *Mexican Migration to the United States: Origins, Consequences, and Policy Options. Dimensions of Policy Options*, Vol. 3. La Jolla, CA: Univ. Calif. San Diego Press, 1989.

62. Cross H, Sandos JA, *Across the Border. Rural Development in Mexico and Recent Migration to the United States*, Berkeley: Univ. Calif. Press, 1981.

63. Fabregas AP, *Frontera Sur Indicadores Basicos*, México: Coordinacion General de, Geographica Estadistica Informatica Informatica CIESAS Del Sureste, 1988.

64. Fabregas AP, Teoría y Practica del Concepto de Frontera: El Caso de México, See Ref. 27, 1990, pp. 65 – 76.

65. Fabregas AP, Pohlenz J, Baez M, Macias G, *La Formación Histórica de la Frontera Sur*. Del México: Cuadernos de la Casa Chata 124. México: S. E. P. & C. I. E. S. A. S, 1985.

66. Fagan R, "How Should We Think about Borderlands? An Afterward", *New Schol*. 9 (1 – 2), 1984, pp. 271 – 273.

67. Falk BG, *Borderline. ABibliography of the United States-Mexico Borderlands*, Los Angeles: UCLA Latin Am, 1988.

68. Featherstone M, *Global Culture: Nationalism, Globalization and Modernity*, Newbury Park, CA: Sage, 1990.

69. Fernandez C, "The Mexican Experience and the 'Corrido' Mexicano", *Stud. Lat. Am. Popul. Cult*. 2, 1983, pp. 115 – 130.

70. Fernandez C, Officer JE, "The Lighter Side of Mexican Immigration: Humor and Satire in the Mexican-corrido", *J. Southwest*, 31 (4), 1989, pp. 471 – 496.

71. Fernandez RA, *The United States-Mexico Border: A Political-Economic Profile*, Notre Dame, IN: Univ. Notre Dame Press, 1977.

72. Fernandez RA, *The Mexican American Border Region: Issues and Trends*, Notre Dame, IN: Univ. Notre Dame Press, 1989.

73. Fernandez RA, Esquema Para Estudios Comparativos: La Frontera Colombia Venezuela, Mexico EUA, España-Portugal. See Ref. 27, 1990, pp. 320 – 327.

74. Fernandez-Kelly MP, *For We are Sold, I and My People: Women and Industry in Mexico's Frontier*, Albany: S. Univ. NY, 1983.

75. Fernandez-Kelly MP, Mexican Border Industrialization, Female Labor Force Participation and Migration, See Ref. 30, 1983, pp. 205 – 223.

76. Flores RR, "The Corrido and the Emergence of a Texas-Mexican Social Identity", *J. Am. Folklore*, 105 (416), 1992, pp. 166 – 182.

77. Flores RR, "History 'Los Pastores' and the Shifting Poetics of Dislocation", *J. Hist. Sociol*. 6 (2), 1993, pp. 164 – 185.

78. Flores RR, "Los Pastores and the Gifting of Performance", *Am. Ethnol*. 21 (2), 1994, pp. 270 –

285.

79. Flores RR, "Memory-place, the Alamo and the Construction of Meaning", *Am. J. Semiotics.* In Press, 1995.

80. Flores RR, "Private Visions, Public Culture: The Making of the Alamo", *Cult. Anthropol.* 10 (1), 1995, pp. 99 – 115.

81. Flores-Caballero RR, *Evolución de la Frontera Norte*, Monterrey: Universidad Autónoma de Nuevo Leon, 1982.

82. Foley D, *Learning Capitalist Culture: Deep in the Heart of Tejas*, Philadelphia: Univ. Penn. Press, 1990.

83. Foley D, Mota C, Post D, Lozano I, *From Peones to Politicos: Ethnic Relations in a South Texas Town 1900 – 1977. Monogr. No. 3*, Austin: Univ. Tex. Cent. Mex. Am. Stud., 1978.

84. Fox R, ed, *Recapturing Anthropology*, Santa Fe, NM: Sch. Am. Res., 1991.

85. Franz JB, The Borderlands: Ideas on a Leafless Landscape, See Ref. 176, 1978, pp. 33 – 49.

86. Freyermuth-Enciso G, Hernandez-Castillo RA, eds., *Una Década de refugio in México*, Mexico: CIESAS Ediciones de la Casa Chaza, 1992.

87. Friedman J, Morales R, "Planeación Transfronteriza: ¿un Caso de Provocación Sofisticada?" *Estud. Front Año Ill.* III (7 – 8), 1985, pp. 31 – 43.

88. Fuentes C, *Christopher Unborn*, New York: Farrar, Straus & Giroux, 1989.

89. Fuentes DFR, Felix MG, "Migración y fuerza de Trabajo en los Asentamientos Humanos Irregulares de la Ciudad de Mexicali, B. C. 1940 – 1982", *Estud. Front Ano I.* I (3), 1984, pp. 25 – 40.

90. Galarza E, *Merchants of Labor*, Santa Barbara, CA: McNally & Loftin, 1964.

91. Galarza E, Mexicans in the Southwest: A Culture in Process, See Ref. 190, 1972, pp. 261 – 298.

92. Gamio M, *Mexican Immigration to the United States*, Chicago: Univ. Chicago Press, 1930.

93. Gamio M, *The Mexican Immigrant: His Life Story*, Chicago: Univ. Chicago Press, 1931.

94. Garcia CVM, La frontera entre México y Estados Unidos: Breves Comentarios, See Ref. 27, 1990, pp. 180 – 183.

95. Garcia MT, *Desert Immigrants: The Mexicans of El Paso, 1880 – 1920*, New Haven, CT: Yale Univ. Press, 1931.

96. Garduño E, *Voces y Ecos de un Disierto Fertil*, Mexicali: Universidad Autónoma de Baja Calif, 1991.

97. Garreau J, *The Nine Nations of North America*, Boston: Houghton Mifflin, 1981.

98. Gómez-Peña G, *Warrior for Aringostroika*, St. Paul, MN: Grey Wolf, 1993.

99. Gómez-Quinoñez J, "On Culture", *Revista Chicano-Riqueña*, 5 (2), 1978, pp. 29 – 47.

100. Goodsen-Lawes J, "Feminine Authority and Migration: The Case of One Family from Mexico", *Urban Anthropol.* 22 (3 – 4), 1993, pp. 277 – 297.

101. Griswold R dC, "La frontera y la Linea Fronteriza: Puntos de Vista Méxicanos y Americanos Sobre la Frontera México-Americana", *Estud. Front Año I.* I (3), 1984, pp. 19 – 24.

102. Gupta A, Ferguson J, "Beyond 'Culture': Space, Identity, and the Politics of Difference", *Cult. Anthropol.* 7 (1), 1992, pp. 6 – 23.

103. Hannerz U, Cosmopolitans and Locals in World Culture, See Ref. 68, 1990, pp. 237 – 251.

104. Hansen N, *The Border Economy*, Austin: Univ. Tex. Press, 1981.

105. Hernandez LP, Sandoval JM, eds, *Frontera Norte. Chicanos, Pachucos y Cholos*, México: Editorial Ancien Régime y Universidad Autónoma Metropolitana, 1989.

106. Herrasi L, Estados Unidos: Alternativa Inexistente Para los Indigenas de Baja California, *Mexico Indigena*, No. 14. Año 111, 1987, pp. 34 – 35.

107. Herrera-Sobek M, "Mexican Immigration and Petroleum: A Folklorist's Perspective", *New Schol.* 9 (1 – 2), 1984, pp. 99 – 110.

108. Herrera-Sobek M, *The Mexican Corrido: A Feminist Analysis*, Bloomington: Indiana Univ. Press, 1990.

109. Herzog LA, The Transformation of Boundaries in the Americas: A Comparative Analysis, See Ref. 29, 1990, pp. 52 – 64.

110. Heyman JM, "The Emergence of the Waged Life Course on the United States Mexico Border", *Am. Ethnol.* 17 (2), 1990, pp. 348 – 359.

111. Heyman JM, *Life and Labor on the Border. Working People of Northern Sonora Mexico, 1886 – 1986*, Tucson: Univ. Ariz. Press, 1991.

112. Heyman JM, "The Oral History of the Mexican American Community of Douglas, Arizona 1901 – 1942", *J. Southwest*, 35 (2), 1993, pp. 186 – 206.

113. Heyman JM, "The Organizational Logic of Capitalist Consumption on the Mexico-United States Border", *Res. Econ. Anthropol.* 15, 1994, pp. 175 – 238.

114. Heyman JM, "Changes in House Construction Materials in Border Mexico: Four Research Propositions about Commoditization", *Hum. Organ.* 53 (2), 1994, pp. 132 – 142.

115. Heyman JM, "Putting Power into the Anthropology of Bureaucracy: The Immigration and Naturalization Service at the Mexico-United States Border", *Cun. Anthropol.* 36 (2), 1995, pp. 261 – 287.

116. Heyman JM, "In the Shadow of the Smokestacks: Labor and Environmental Conflict in a Company-dominated Town", In *Articulating Hidden Histories: Anthropology, History and the Influence of Eric R. Wolf*, ed. J Schneider, R Rapp, 1995, pp. 156 – 174. Berkeley: Univ. Calif. Press.

116a. Heyman JM, "The Mexico-U.S. Border in Anthropology: A Critique and Reformulation", *J. Polit. Ecol.* 1 (1), 1995, pp. 43 – 65.

117. Hicks DE, *Border Writing. The Multidimensional Text. Theory and History of Literature*, Vol. 80. Minneapolis: Univ. Minn. Press, 1991.

118. Kearney M, "From the Invisible Hand to Visible Feet: Anthropological Studies of Migration and Development", *Annu. Rev. Anthropol.* 15, 1986, pp. 331 – 361.

119. Kearney M, "Integration of the Mexteca and the Western U.S.-Mexico Region via Migratory Wage La-

bor", In *Regional Impacts of U. S. -Mexico Relations*, ed. I Rosenthal-Urey. La Jolla, CA: Univ. Calif. San Diego Press, 1986.

120. Kearney M, "Borders and Boundaries of the State and Self at the End of Empire", *J. Hist. Sociol*, 4 (1), 1991, pp. 52 – 74.

121. Kutsche P, Borders and Frontiers, See Ref. 196, 1982, pp. 16 – 19.

122. Leon-Portilla M, The Norteñō Variety of Mexican Culture: An Ethnohistorical Approach, See Ref. 190, 1972, pp. 77 – 114.

123. Limón JE, The Folk Performance of "Chicano" and the Cultural Limits of Political Ideology, See Ref. 22, 1983, pp. 197 – 225.

124. Limón JE, "Agrigado Joking in Texas Mexican Society", In *Perspectives in Mexican American Studies*, ed. J Garcia, 1, 1988, pp. 109 – 127.

125. Limón JE, "Carne, Carnales, and The Carnivalesque: Bakhtinianbatos, Disorder, and Narrative Discourses", *Am. Ethnol.* 16 (3), 1989, pp. 471 – 486.

126. Limón JE, "Dancing with the Devil: Society, Gender, and the Political Unconscious in Mexican-American South Texas", See Ref. 34, 1991, pp. 221 – 236.

127. Limón JE, *Mexican Ballads, Chicano Poems. History and Influence in Mexican-American Social Poetry*, Berkeley: Univ. Calif. Press, 1992.

128. Limón JE, "Folklore, Gendered Repression, and Cultural Critique: The Case of Jovita Gonzalez", *Tex. Stud. Lit. Lang.* 35 (4), 1993, pp. 453 – 473.

129. Limón JE, *Dancing with the Devil*, Madison: Univ. Wis. Press, 1994.

130. Lugo A, "Cultural Production and Reproduction in Ciudad Juarez, Mexico: Tropes at Play among Maquiladora Workers", *Cult. Anthropol.* 5 (2), 1990, pp. 173 – 196.

131. Madsen W, "Value Conflicts and Folk Psychotherapy in South Texas", In *Magic, Faith and Healing: Studies in Primitive Psychiatry Today*, ed. Ari Keiv. New York: Free Press, 1964.

132. Madsen W, *The Mexican Americans of South Texas*, New York: Holt, Rinehart & Winston, 1964.

133. Martinez OJ, *Border Boom Town: Ciudad Juarez since 1848*, Austin: Univ. Tex. Press, 1978.

134. Martinez OJ, ed, *Across Boundaries: Transborder Interaction in Comparative Perspective*, El Paso: Texas Western Press & Cent. Inter-Am. Border Stud, 1986.

135. Martinez OJ, *Troublesome Border*, Tucson: Univ. Ariz. Press, 1988.

136. Martinez OJ, Research Activity in the U. S. -Mexico Borderlands, See Ref. 17, 1989, pp. 397 – 402.

137. Martinez OJ, *Border Peoples. Life and Society in the U. S. -Mexico Borderlands*, Tucson: Univ. Ariz. Press, 1994.

138. Massey DS, Alarcon R, Durand J, Gonzalez H, *Return to Aztlán: The Social Process of International Migration from Western Mexico*, Berkeley: Univ. Calif. Press, 1987.

139. Mathai H, "El Congreso Internacional Sobre Fronteras en Iberoamerica. Ayer y Hoy:¿un Reto a La Humanidad?" In *Fronteras enIberoamerica*, ed. AF Buenrostro Ceballos, 2, 1990, pp. 327 – 335. Memorias Del ler

Congreso Interacional Sobre Fronteras en Iberoamerica. Mexicali: UABC.

140. Melville MB, "Mexican Women Adapt to Migration", *Int. Migr. Rev.* 12 (2), 1978, pp. 225 – 235.

141. Melville MB, "The Mexican American and the Celebration of the Fiestas Patrias: An Ethnohistorical Analysis", *Grito del Sol*, 3 (1), 1978, pp. 107 – 123.

142. Mikus W, "Sistemas Industriales y Cambio en las Economias de las Regions Fronterizas: Comparaciones Transculturales", *Estud. Front Año III.* III (7 – 8), 1985, pp. 105 – 127.

143. Mines R, "Developing a Community Tradition of Migration to the United States: A Field Study in Rural Zacatecas, Mexico and California Settlement Areas", Monogr. Ser. No. 3. La Jolla: Univ. Calif. San Diego Press, 1981.

144. Mines R, Nuckson CF, *The Evolution of Mexican Migration to the United States: A Case Study*, Berkeley: Univ. Calif. Press, 1982.

145. Monsivais C, The Culture of the Frontier: the Mexican Side. See Ref. 176, 1978, pp. 50 – 67.

146. Morales P, *Indocumentados Mexicanos*, México: Editorial Origalba, 1982.

147. Mungarcey AL, Mungarcey PM, La Disputa del Mercado Fronterizo 1960 – 1983, *Estud. Front Año I.* 1 (3), 1984, pp. 89 – 111.

148. Murrieta M, Hernandez A, *Puente México. La Vecinidad de Tijuana con California*, Tijuana: El Coégio de la Frontera Norte, 1991.

149. Nalven J, Health Research on Undocumented Mexicans, *Soc. Sci. J.* 19 (2), 1982, pp. 73 – 88.

150. Nalven J, A Cooperation Paradox and an àiry Tale along the Border, *New Schol.* 9 (1 – 2), 1984, pp. 171 – 200.

151. Nalven J, Measuring the Unmeasurable: A Microstudy of an Undocumented Population, In *Anthropological Praxis*, ed. RM Wulff, S Fiske, 1987, pp. 26 – 38. Boulder, CO: Westview.

152. Nalven J, Kjonegaard V, Border per Spectives: A Forward, *New Schol.* 9 (1 – 2), 1984, pp. IV – 1.

153. Narayan K, How Native is a "Native" Anthropologist? *Am. Anthropol.* 95 (3), 1993, pp. 671 – 683.

154. Nolasco M, *Los Niños en la Frontera. Espesismos de Una Nueva Generación?* México: Editorial Oceano y Centro de Ecodesarrollo, 1985.

155. Nolasco M, Las Identidades Nacionales en las Fronteras, *México Indigena* No. 14 arto 111, Enero-Febrero, 1987.

156. O'Dea 1F, The Mormons: Church and People. See Ref. 190, 1972, pp. 115 – 166.

157. Paredes A, *With His Pistol in His Hand: A Border Ballad and its Hero*, Austin: Univ. Tex. Press, 1958.

158. Paredes A, The Problem of Identity in a Changing Culture: Popular Expressions of Culture Conflict Along the Lower Rio Grande border. See Ref. 176, 1978, pp. 68 – 94.

159. Pedraza-Bailey S, *Political and Economic Migrants in America: Cubans and Mexicans*, Austin: Univ. Tex. Press, 1985.

160. Peña M, *The Texas-Mexican Conjunto*, Austin: Univ. Tex. Press, 1985.

161. Piñera DR, *La Historia de la Frontera Norte Considerada en su Conjunto*, Meyibó No. 4. Tijuana: UABC, 1984.

162. Piore M, *Birds of Passage: Migrant Labor and Industrial Societies*, Cambridge: Cambridge Univ. Press, 1979.

163. Portes A, Bach RL, *Latin Journey: Cuban and Mexican Immigrants to the United States*, Berkeley: Univ. Calif. Press, 1985.

164. Price JA, Tecate: An Industrial City on the Mexican Border, *Urban Anthropol.* 2 (1), 1973, pp. 35 – 47.

165. Price JA, *Tijuana: Urbanization in a Border Culture*, Notre Dame/London: Univ. Notre Dame Press, 1974.

166. Price JA, Mexican and Canadian Border Comparisons, See Ref. 196, 1982, pp. 20 – 23.

167. Rivera T, *Y no se lo Tragó la Tierra... And the Earth did not Devour Him*, Houston, TX: Arte Público, 1992.

168. Rodriguez Sala ML, "Identidad Cultural en Grupos Sociales de la Zona Fronteriza de Baja California", *Estud. Front Año Ill.* III (7 – 8), 1985, pp. 69 – 83.

169. Romano-V 01, "Charismatic Medicine, Folk-healing and Folk-sainthood", *Am. Anthropol.* 67 (5), 1965, pp. 1151 – 1173.

170. Rosaldo R, "Chicano Studies, 1970 – 1984", *Annu. Rev. Anthropol.*, 14, 1985, pp. 405 – 427.

171. Rosaldo R, "Politics, Patriarchs, and Laughter", *Cult. Crit.* 6, 1987, pp. 65 – 86.

172. Rosaldo R, *Culture and Truth: The Remaking of Social Analysis*, Boston: Beacon, 1989.

173. Rosaldo R, Fables of the Fallen Guy, See Ref. 34, 1991, pp. 84 – 93.

174. Rosaldo R, "Social Justice and the Crisis of National Communities", In *Colonial Discourse/Post Colonial Theory*, ed. F Barker, P Hulme, M Iverson, 1994, pp. 239 – 252. Manchester/New York: Manchester Univ. Press.

175. Rosaldo R, "Race and other Inequalities: The Borderlands in Arturo Islas' Migrant Souls", In *Race*, ed. S Gregory, R Sanjek, 1994, pp. 213 – 225.

176. Ross S, ed, *Views across the Border*, Albuquerque: Univ. New Mex. Press, 1978.

177. Rouse R, Mexican Migration and the Social Space of Postmodernism, *Diaspora*, 1 (1), 1991, pp. 8 – 23.

178. Rouse R, "Making Sense of Settlement: Class Transformation, Cultural Struggle, and Transnationalism among Mexican Migrants in the United States", In *towards a Transnational Perspective in Migration: Race, Class, Ethnicity, and Naturalism Reconsidered*, ed. NG Schiller, L Basch, C Blanc-Szanton. *Ann. NY Acad. Sci.* 645, 1992, pp. 25 – 52.

179. Rubel AJ, *Across the Tracks: Mexican Americans in a Texas City*, Austin: Univ. Tex. Press, 1966.

180. Rubel AJ, "Concepts of Disease in Mexican American Culture", *Am. Anthropol.* 62 (5), 1969, pp. 3 – 13.

181. Rubel AJ, The Problems of Migration: A North American View, See Ref. 176, 1978, pp. 390 – 394.

182. Ruiz VL, Tiano S, eds, *Women on the U. S. -Mexico Border: Responses to Change*, Boston: Allen & Unwin, 1987.

183. Sanchez R, "La Negociación de Conflictos Ambientales Entre México y Estados Unidos", *Front. Norte*, 1, 1989, pp. 77 – 96.

184. Deleted in Proof.

185. Sheridan TE, *Los Tucsoneses: The Mexican Community in Tucson, 1854 – 1951*, Tucson: Univ. Ariz. Press, 1986.

186. Spicer EH, *Pascua: A Yaqui Village*, Chicago: Univ. Chicago Press, 1940.

187. Spicer EH, "Potam, a Yaqui Village in Sonora. Am. Anthropol. Assoc. Mem., Part 2", *Am. Anthropol.* 56 (4), 1954, pp. 1 – 220.

188. Spicer EH, *Cycles of Conquest: The Impact of Spain, Mexico and the United States on the Indians of the Southwest 1533 – 1960*, Tucson: Univ. Ariz. Press, 1962.

189. Spicer EH, *The Yaquis. A Cultural History*, Tucson: Univ. Ariz. Press, 1980.

190. Spicer EH, Thompson RH, *Plural Society in the Southwest*, Albuquerque: Univ. New Mex. Press, 1972.

191. Stoddard ER, "The Status of Borderland Studies: Sociology and Anthropology", *Soc. Sci. J.* 12 (3), 13 (1), 1975, pp. 29 – 54.

192. Stoddard ER, "Functional Dimensions of Informal Border Networks", *Border Perspectives No. 8*. Center for Inter-American and Border Studies. El Paso: Univ. Tex. Press, 1984.

193. Stoddard ER, "Border Studies as an Emergent Field of Scientific Inquiry: Scholarly Contributions of U. S. -Mexico Borderlands Studies", *J. Bord. Stud.* I (1), 1986, pp. 1 – 33.

194. Stoddard ER, Developmental Stages of U. S. -Mexico Borderlands Studies, See Ref. 17, 1989, pp. 403 – 424.

195. Stoddard ER, Frontiers, "Borders and Border Segmentation: Toward a Conceptual Clarification", *J. Bord. Stud.* VI (1), 1991, pp. 1 – 22.

196. Stoddard ER, Nostrand RL, West JP, eds, *Borderlands Sourcebook: A Guide tothe Literature on Northern Mexico and the American Southwest*, Norman: Univ. Okla. Press, 1982.

197. Suarez Navaz L, *Political Economy of the Mediterranean Rebordering*, Presentedat Am. Ethnol. Soc. Meet., Los Angeles, 1993.

198. Taylor PS, *Mexican Labor in the United States*, Vols. 1, 2. New York: Arno/*The New York Times* (Reprint of Studies Originally Published Between 1928 and 1934), 1970.

199. Tinker-Salas M, "Sonora: The Making of a Border Society, 1880 – 1910", *J. Southwest*, 34 (4), 1992, pp. 429 – 456.

200. Trotter RT, Chavira JA, *Curanderismo: Mexican American Folk Healing*, Athens: Univ. Georgia Press, 1981.

201. Tsing AL, *In the Realm of the Diamond Queen*, Princeton, NJ: Princeton Univ. Press, 1993.

202. Vélez-Ibañez C, "Networks of Exchange among Mexicans in the U. S. and Mexico: Local Level Mediating Responses to National and International Transformations", *UrbanAnthropol*. 17: 1 (1988), 1988, pp. 27 – 35.

203. Vélez-Ibañez CG, *U. S. -Mexico Border Issues and the Borderlands: Implications for Ethnology*, Presented at Ann. Meet. Am. Anthropol. Assoc. , 87th, Phoenix, Ariz, 1988.

204. Vélez-Ibañez CG, *Border Visions of One World: An Anthropology of U. S. Mexicans of the Southwest*, Tucson: Univ. Ariz. Press. In press, 1996.

205. Vélez-Ibañez CG, "Plural Strategies of Survival and Cultural Formation in U. S. Mexico Households in a Region of Dynamic Transformation", In *Diagnosing America*, ed. Shepard Formann, 1994, pp. 193 – 234. AnnAbor: Univ. Mich. Press.

206. Vélez-Ibañez CG, Greenberg J, "Formation and Transformation of Funds of Knowledge among U. S. Mexican Households", *Anthropol. Educ. Q*. 23 (4), 1992, pp. 313 – 335.

207. Villar MdL, "Rethinking Settlement Processes: The Experience of Mexican Undocumented Migrants in Chicago", *UrbanAnthropol*. 19 (1 – 2), 1990, pp. 63 – 79.

208. Villar MdL, "Changes in Employment Networks among Undocumented Mexican Migrants in Chicago", *Urban Anthropol*. 21 (4), 1992, pp. 385 – 397.

209. Villar MdL, "Hindrances to the Development of an Ethnic Economy among Mexican Migrants", *Hum. Organ*. 53 (3), 1994, pp. 263 – 268.

210. Villaseñor V, *Rain of Gold*, Houston, TX: Arte Público, 1992.

211. Weaver T, "The Social Effects of the Ecology and Development of the United States-Mexico Border", In *Ecology and Development of the Border Region*, ed. S Ross, pp. 233 – 270. Mexico: ANNUIES, 1983.

212. Weaver T, "The Human Rights of Undocumented Workers in the United States-Mexico Border Regions", In *HumanRights and Anthropology*, ed. TE Downing, G Kushner, pp. 73 – 89. Cambridge: Cambridge Univ. Press, 1988.

213. Weaver T, Latino Legacies: Crossing National and Creating Cultural Borders, See Ref. 10, 1994, pp. 35 – 58.

214. Weaver T, Downing TE, eds. , *The Douglas Report: The Community Context of Housing and Social Problems*, Tucson, AZ: Bur. Ethnic Res, 1975.

215. Weaver T, Downing TE, eds. , *Mexican Migration*, Tucson: Univ. Ariz. Press, 1976.

216. Whiteford L, The Borderland as an Extended Community, See Ref. 36, 1979, pp. 127 – 137.

217. Wilson TD, "What Determines where Transnational Labor Migrants Go? Modifications in Migration Theories", *Hum. Organ*. 53 (3), 1994, pp. 263 – 268.

218. Wilson TM, Donnan H, *Border Cultures: Nation and State at International Boundaries*, Cambridge: Cambridge Univ. Press. In press, 1995.

The Mexican-American Frontier: the Birth of Frontier Anthropology

Robert R. Alvarez, Jr, Translated by Yuan Jian, Liu Xihong

Abstract: This review traces the development of an anthropology of borderlands. The ideas of early ethnography and applied anthropology about border regions are considered along with contemporary perspectives on reterritorialized communities and practices illustrated specifically by Mexican migration and transborder processes. The argument is made that the conceptual parameters of borderlands, borders, and their crossings, stemming from work done on the Mexican-US border, in particular, illustrate the contradiction, paradox, difference, and conflict of power and domination in contemporary global capitalism and the nation-state, especially as manifested in local-level practices. Furthermore, the borderlands genre is a basis upon which to redraw our conceptual frameworks of community and culture area.

Keywords: Mexico; The United States; The Frontier; Anthropology

边疆研究钩沉

本栏目主持人：孙勇，四川师范大学四川文化高等教育研究院教授

主持人语：本辑的《边疆研究钩沉》栏目刊载了国家图书馆副研究员李东晔的专文《陶云逵云南民族研究回顾》，是多年前李东晔出版的专著《陶云逵民族研究文集》之回响。当今做边疆研究学问的人，大多不了解陶云逵，对其在人类学、民族学（体质人类学）等方面的成就几乎一无所知，亦即不知在边疆研究中曾有一位学者在云南的经历与贡献。《陶云逵云南民族研究回顾》一文与《陶云逵民族研究文集》的交响，其实在提示研究者："和大多数已经被遗忘的名字一样，陶云逵曾经给20世纪40年代中国学界带来的震撼，几乎没留下些微涟漪。"这是一件令人遗憾的事情。那么，重新"发现"陶云逵的理由，就在于陶先生是第一位用"文化"理论来做实地经验研究的中国学者，他在实证研究中思考如何保存"文化"自身的神圣性，肯定人的精神价值，对文化之间如何相互沟通和理解提出过精彩的讨论。从边疆史地研究的角度看，我们必须承认，研究者往往对距离当今很近的学者们有所忽略，在中国近现代第二次边疆研究高潮之中，群星灿烂，大师辈出，很多成果现在看来仍然呈现了令人惊异的前沿性和独特性，陶云逵的研究成果无疑也在前沿性和独特性之列。从李东晔的文中，我们看到了陶云逵五彩斑斓的边疆研究工作与生活，读出了陶云逵横跨几个学科的研究功底，也读出了陶云逵对文化的理解更接近赫尔德、甚至也有黑格尔等学者所具有的西方学术思想的底蕴，这样以文化延伸的民族国家需要在实施边政的时候，作为知识界人士该做什么，陶云逵的见解是独立的，与吴文藻、傅斯年等迥然不同。但是，正因为陶先生的不同，显得其尤为可贵。陶云逵的研究扎实，在于边疆的经验积累，才有其理论化成果，并以之为基础展开应用研究，这样的经历使得我们理解了其对边政学理解，原因在于陶先生在边疆经年的深入与感悟，使得自己走出了一条独特道路。

陶云逵云南民族研究回顾

李东晔*

（国家图书馆社会教育部中国记忆项目中心，北京，100080）

摘要：本文通过对陶云逵在云南少数民族地区调查研究成果的梳理，全面回顾了陶云逵1935—1944年在云南的生活和工作经历。陶先生的云南调查研究大致可以"边疆人文研究室"的创建为界，前期主要研究云南各少数民族的体质、文化及地理分布，后期则注重边政问题，对边政提出自己的见解。综观陶云逵近10年间在云南开展的民族学、人类学调查研究，可以知道他不仅开创了中国学者体质人类学以及文化地理分布研究的先河，他重视历史文献与实地调查结合的方法更是为中国西南少数民族文化研究找到了一把利刃，而最弥足珍贵的则是他给后来学人留下了大量第一手调查资料。

关键词：陶云逵；云南少数民族；边疆人文；边政

陶云逵，原名陶祖逵，字似龙，1904年农历十月二十五日出生，祖籍江苏武进。其父陶瑢（原名陶璐），字宝如，又字剑泉，号佚庄，擅长书画，1909年（宣统元年）曾出任河南临颍县知县（保举知府衔，从四品），后来与金城等人一起创建了北方"中国画学研究会"，是中国近代著名实业家和藏书家陶湘的孪生兄弟。陶瑢原配夫人庄氏于1900年病逝，云逵先生是其续弦张氏所生之独子[①]。

云逵先生1924年毕业于天津南开中学，继而升入南开大学，其间由于受到中国第一位人类学博士李济等学者的启蒙，对人类学和社会学产生了浓厚兴趣。后因1925—1926年父母相继离世，云逵先生于1927年离开南开远赴德国求学，先后就读于汉堡大学和柏林大学，并于1933年获得人类学博士学位。据先生的女儿陶宗舜女士回忆，她父亲生前与他的五姨感情最深，当年留学亦是靠五姨丈的资助，为了资助他出国求学，五姨丈变卖了位于北京王府井的房产。

---

* 李东晔，女，国家图书馆古籍馆馆员，人类学（法学）博士，主要研究方向为人类学研究方法、艺术人类学、流行文化及文化遗产等。

① 陶湘等：《陶氏迁常支谱》，1908年；陶琪等：《溧阳陶氏迁常支谱》，1935年。

回国之后，陶云逵先生就任"中央研究院"历史语言研究所编辑员一职。① 上任不久，即受"中央研究院"的派遣前往云南，在滇西，从北至南作了为期近两年的人类学调查。抗战爆发后，先后辗转长沙、香港、缅甸、越南等地，于1940年再度到云南，历任云南大学社会学系教授、代系主任，西南联大社会学系讲师、教授，并于1942年南开大学成立"边疆人文研究室"之时，出任主任一职，直至1944年1月26日在昆明病逝。其间，他的研究区域则主要转移至滇东南，自昆明经玉溪至红河一线。

陶云逵先生在云南的近10年调查研究大致可以"边疆人文研究室"的创建为界，前后两个阶段的研究不仅地理区域不同，关注的问题也不同，前者主要关于云南各少数民族的体质、文化及地理分布，而后者则注重边政问题，本文即是围绕这两个相互联系又有分别的主题展开。

一、云南少数民族及其地理分布

自1934年秋至1936年春，陶云逵北及毒龙河（独龙江），南至九龙江（车里，今西双版纳一带），进行了广泛的人种调查②。这是他在云南的第一次田野工作，也是非常重要的一次，历时近两年，奠定了他云南民族研究的基石，同时也促使其学术研究方向发生了重要的转移——从"体质"到"文化"。我们从其发表在《西南边疆》1941年第12、14、15期上的日记《俅江纪程》中记录下来的各种细节，通过《几个云南土族的现代地理分布及其人口之估计》一文，可以对他这次田野工作的路线、区域与调查对象有一个总括性的了解。从滇西北至滇西南，他对当时云南的民家（白族）、摆夷（傣族）、栗粟（傈僳族）、么些（纳西族）、曲子（独龙族）、怒子（怒族）、窝尼（哈尼族）、猓黑（拉祜族）及阿卡（佤族）9个少数民族的体质状况、风土民情、地理分布及人口进行了系统的测量、调查和分析。尽管这次调查的初衷是研究"人种"，但由于此次工作的性质，他却关注到了大量"人种"以外的文化事项。

与本次调查相关的学术成果非常丰硕，包括最早刊载在《中央研究院历史语言所集刊》中的《几个云南土族的现代地理分布及其人口之估计》《关于么些之名称分布与迁移》和《碧罗雪山之栗粟族》，后来陆续发表的《么些族之羊骨卜及贝巴卜》《几个云南藏缅语系土族的创世故事》《车里摆夷之生命环》《车里摆夷情书汉译》《一个摆夷神话》《云南摆夷族在历史上及现代与政府之关系》以及《十六世纪车里宣慰使司与缅王室之礼聘往还》，还有用笔名力生发表在《旅行杂志》第十六卷第十期上的随笔《云南怒山上的

---

① 徐益棠：《陶云逵遗著〈车里摆夷之生命环〉序》，金陵大学中国文化研究所编印《边疆研究论丛（民国卅四至卅七年度）》第3期，第1页。
② 陶云逵：《关于么些之名称分布与迁移》，《中央研究院历史语言所集刊》第七本，1936—1938年，第121页。

栗粟人》等十余篇文章。

综观陶云逵这一阶段的调查和研究工作，我们不难发现有这样几个特点：

一是诚实严谨的治学态度。

目前我们能看到的正式发表的陶云逵先生撰写的民族志有两部，《碧罗雪山之栗粟族》和《车里摆夷之生命环》。《碧罗雪山之栗粟族》是一部典型的民族志，从生活在碧罗雪山上的栗粟族的自然与社会环境、衣食住行、人际交往、婚姻家庭、生命礼仪、社会结构、战争、语言及信仰等加以全面的记录。而《车里摆夷之生命环》是陶先生的遗作，虽然成文很早，但由于各种原因几经拖延，正如徐益棠在序中告诉我们的："时余编边疆研究论丛，乞云逵赐稿，云逵乃以此稿寄余。匆匆校读一过，拟刊入论丛第二辑（卅一年至卅二年），以篇幅过长，留待次辑，不意云逵于三十三年一月二十六日以回归热病逝于昆明而不及见也。年仅四十。"他继而写道："云逵治学勤慎，颇有德国学者的风度。兹举一例：此稿寄余后数日，即来函嘱改正若干小疵，如序中'六年'改为'七年'，政治制度章'内官'节中之英文译音之删除是也。三十二年（1943年）冬，又函嘱将旧稿寄去，拟增入一年来所得之新材料。"① 该长篇记叙了摆夷从出生到死亡，整个一生中的诸多方面，也是一部相对全面的民族志。就如陶云逵在自序中所述："本文主要是叙述摆夷自生至死，一生中生活的各方面，即所谓'生命环'。以生命环为经，以生活的各方面为纬。因为摆夷社会有贵族与平民两个阶级，两者在生活上有很大的差异。故所以在叙述本题之先，把他们的社会体系，如阶级、政制等，加以阐明。在材料整理之后，感到有很多的遗漏，例如生活的经济方面，全付阙如。又本文没有个案调查，仅报道了一个 Ideal Type（Max Weber），也是方法上的一个大欠缺。因为这种原因和参考书的缺乏，本文仅将所看到的听到的（而认为可靠的）实事，叙述出来，既不作社会学的诠释，也不作历史学的考证。所以把本文付印，仅为保存一个摆夷生活的忠实记录。"② 尽管搜集了大量资料，但因其治学态度的审慎则使他一直不作专著。虽然发表的各类调查报告及论文相当多，他总是会很严谨地提出"由于缺乏比较材料以及参考书，所以留待以后论述"。勤奋又不计名利，并甘于为后来的学者做人梯，这种奉献精神，在其发表的部分日记《俅江纪程》中也可窥见一斑，他写道："自三四至三六两年间，我走了不少的路。单先把这段日记发表，是因为：自叶枝往西，走北路渡澜沧江越碧罗雪山、怒江、高黎贡山至毒龙河，然后走南路向东渡越同名的山江之南段而达小维西这条路线，及其所包括的区域，很少有人到过。而到过俅子地（就是毒龙河流域）的，尤其少。……我把这段日记写出来，也许有点实际

---

① 徐益棠：《陶云逵遗著〈车里摆夷之生命环〉序》，金陵大学中国文化研究所编印《边疆研究论丛（民国卅四至卅七年度）》第3期，第2页。

② 同上书，第2—3页。

的用处，就是给预备到那区域的人，一个途纹上的参考。"① 他是那种勇于且甘于做先驱者、铺路石的人。就如作者所希望的那样，在这连载的日记中，我们不仅可以了解沿途的社会人文及地理状况，还能领会包括田野关系在内的诸多学术信息。

二是注重地理分布的统计和分析。

在对这几个民族文化的论述中，他都首先对各族族称与分布状况加以叙述，使读者对该族群人口及其文化的来龙去脉有所了解。这一方面与其承接的德国学派之传统是有所关联的，但更重要的是体现出一个学者严谨的治学态度。中国的学术向来有注重历史文献研究的传统，而 20 世纪三四十年代在中国云南进行艰苦卓绝的调查研究的陶云逵更是摆在我们面前的一个鲜活的例证。

陶云逵先生后来发表在《边疆人文》上三篇文章——《大寨黑夷之宗族与图腾制》《么些族之羊骨卜及贝巴卜》和《西南部族之鸡骨卜》。其中《么些族之羊骨卜及贝巴卜》是基于 1934—1936 年的调查资料，而另外两篇则是在 1942 年边疆人文研究室成立后的实地调查成果。在两篇关于占卜的文章中，他都是不仅注重对占卜本身的调查，还关注了与占卜相关的其他文化事项，并且重视民国前的各种史志札记中的相关文献资料。他试图通过占卜这种文化形式，揭示出文化中各种因素之间的相互关系，以及这种文化形式的分布情况。他将统计法运用于卜相与卜辞的分析，在《么些族之羊骨卜及贝巴卜》一文的最后得出结论："么些的羊骨卜在审兆上，无客观（即从裂纹之曲直、繁简等以定其吉凶）的标准。占卜时的判词，是依照着自古传下来的习惯，也就是照着卜书上所示。说的更显明点：卜书本身就是个标准了。"这分明是想表达文化的那种"后天"的创造力，说明文化所特有的"非自然"属性。他根据这种"物质"上的遗存对族群的来源以及族群间的关系做一种推测："灼骨卜是渔猎或牧畜社会的文化产物；在亚洲东北、北部，以及中央亚细亚、康藏高原一带流行。这也是给云南么些族来自西藏高原的一个旁证，而么些正是由牧畜变化到农业的一个人群。"② 而"鸡股骨卜分布于粤、桂、湘、黔、川、滇，其最北之分布止于川南，亦即我国西南。西南非汉语部族之三大族群，每群均有若干部族行用此种占卜方式。此种占卜方式为非汉语部族之文化产品。汉语社会中行用'鸡卜'乃自非汉语部族传入"③。这些推测似乎是他一贯的学术兴趣所在。

《大寨黑夷之宗族与图腾制》是关于云南新平县鲁魁山彝族（过去称黑夷）的宗族与图腾制的调查报告。他通过对族祭与宗谱的存留来讨论其社会制度的状况，认为它们乃"这个制度的最后根据地。若并此而无之，则这个宗族团体势将完全瓦解，有如当今大部

---

① 陶云逵：《俅江纪程》，《西南边疆》1941 年第 12 期，第 55 页。
② 陶云逵：《么些族之羊骨卜及贝巴卜》，《边疆人文》第一卷第一册，1943 年，第 125—126 页。
③ 陶云逵：《西南部族之鸡骨卜》，《边疆人文》第一卷第二册，转引自南开大学校史研究室编《联大岁月与边疆人文》，南开大学出版社 2004 年版，第 538 页。

分汉语社会然"①。他对图腾制的调查采用了更为详细的统计,结合当地的民间传说,以说明这一地区族群中图腾制的存在以及族群成员与其图腾之间的关系。

三是历史文献、口述资料与实物、实地考察相结合。

他不仅重视查阅、引用历史文献,还特意搜集了大量少数民族文本与口述文献,"笔者于民国二十五年调查滇边,集得车里、孟连、猛哲、猛茫、耿马等五土司之原文史志各一册"②。前者以《云南摆夷族在历史上及现代与政府之关系》和《十六世纪车里宣慰使司与缅王室之礼聘往还》为代表,而《车里摆夷情书汉译》与《一个摆夷神话》以及同样为遗作的《几个云南藏缅语系土族的创世故事》,则是他搜集整理少数民族文献的最好说明。他非常重视神话故事的搜集,指出:"他们的神话是活在他们生活之中,从神话,我们不难窥见其人群之信仰、道德和规定社会行为的法则。……从比较民族学观点来研究文化的传播、演变,以及诸民族的亲疏关系问题,神话自亦为重要的研究对象。"不无遗憾的是,如其自己在文中也提到的,由于缺乏比较材料,所以这些文献仅限于记录整理,"聊当一种研究资料"③。

在实地调查中,他不仅重视使用科学的人体测量法,历史文本与口述文献的搜集,还非常重视实物和影像资料的搜集,这在其《俅江纪程》中都多有体现。

二、《边疆人文》与边政问题研究

1937年抗日战争爆发后,陶云逵几经辗转,再次到达云南,先后在云南大学社会学系及西南联大社会学系任教,并于1942年6月南开大学成立"边疆人文研究室"后担任该室主任。从呈贡的魁阁,到创办学术刊物《边疆人文》,这个阶段虽然应当说是陶云逵人生中最幸福的时期,但也是他最为磨难、最为艰辛的时期,同时还是他学术上的成熟期。此间,他与心爱的人组成家庭、生儿育女。但当时的中国哪里能容得人们有一丝的安宁,大部分人都随时面临着妻离子散、家破人亡的悲惨境地。但即便如此,陶先生还是怀着饱满的热情投入云南的少数民族社会文化调查研究中,直至英年离世,令生者与后人为之潸然泪下。

(一)《边疆人文》的创办

"边疆人文研究室"成立前后是云逵先生学术研究中的一个分水岭,此间他将研究的重点放在了对"文化"的讨论上。为了让《边疆人文》早日问世,陶云逵多方拜访或写

---

① 陶云逵:《大寨黑夷之宗教与图腾制》,《边疆人文》第一卷第一期,1943年。
② 陶云逵:《十六世纪车里宣慰使司与缅王室礼聘往还》,《边政公论》第三卷第一册,1944年,第41页。
③ 陶云逵:《几个云南藏缅语系土族的创世故事》,《边疆研究论丛》第二期,第1页。

信给有关专家学者，并亲自编写稿件，刻写蜡版，甚至参加刊物的油印、装订。这个刊物作为抗战时期中国人类学界的重要学术刊物之一，不仅成为本室同人发表科研成果的阵地，而且通过刊物联络会集了西南地区人类学、社会学、语言学的著名学者。陶云逵还亲自带领该室研究人员从昆明出发，经玉溪、峨山、新平、元江、金平，沿红河而下，对红河哈尼、彝族、文山苗族、傣族及纳西等少数民族的语言、民俗、社会经济、地理环境等开展调查工作，取得了大量社会调查珍贵资料①。

（二）"边政"与文化

此间他关注的一个大的主题就是"边政"，发表的相关文章有《开化边民问题》《论边政人员专门训练之必需》《关于"边疆从政人员奖励条例"》《论边地汉人及其与边疆建设之关系》《倭寇侵越与我边民之责任》以及遗作《边疆与边疆社会》等，但其核心却都是"文化"。他在《论边政人员专门训练之必需》中指出，边政目的的重心是文化的"统一化"——"但所谓文化的统一化并不是说主观的以固有的中原文化为标准而把其他的同化，也不是说取某一个边社文化为标准而把中原文化与其他边社文化同化起来。所谓边社文化的改变，也并不是改变成固有的中原文化。这里所谓文化的统一化或文化的改变乃是把边社的文化也跟中原人群的文化一样的'近代化'起来。换言之，就是全国近代化的统一化！这里包括教育的近代化、经济的近代化、政治的近代化、军事的近代化、交通的近代化，等等。"在该文中，他强调边政人员训练的重点也应该是加强对"边社文化"的了解，同时还专门讨论了"什么是文化及其性质"等问题。他认为"文化"可以从"静的或形态的"与"动的或动能的"两个方面来看。其中前者又分成物质的、社会的及精神的三部分，但三者仅是人为的分类，之间相辅相成、相互影响作用；而后者则是实为一套"理念体系"（A system of ideas）的"生活方式和价值标准"②。

《开化边民问题》则对"文化"进行了更加全面的讨论，并且指出了当时边疆政策中存在的一些弊端。他首先提出"文化"的两种差别"一是形态差别，一是（外向）功能差别。"他强调"文化是有差别的，在形态上或者外向功能上。从比较形态上讲，无价值问题在内，从功能上讲，文化有高下之别。每一文化自其本文化之功能而言，则其文化即其社会的价值总合。但一切差异，无论形态或功能均是相对的"。他注意到"我们的边疆政策，弊病在于单边的，仅顾政府一方面意旨而未从边民意旨与生活实况着想"。有意思的是，陶云逵在文章中一再提及似乎并不被他"看好"的功能派，他写道，"研究简单文化，一向认为是人类学的范围，但人类学在以往大半功夫用在考证。注意过去，忽略现代，避谈将来。研究重点在死的形态比较，而不探索其活的功能关系。我们不愿与功能派

---

① 王建民：《中国民族学史》（上卷），云南教育出版社1997年版。
② 本段参见陶云逵《论边政人员专门训练之必需》，《边政公论》第2卷第3—4册，1943年，第3页。

共一主张。认为文化问题就是功能问题。但谈到实际应用,谈到预言(predict),这个科学的主要条件是舍功能方法以外。别无他策。为实用不但得认识一群人文化中各方面各因子的外表形态,并须认清各方面各因子对其社会整合上的功能关系"①。

所以,一个伟大的学者一定不可能是眼光狭窄的人,一定具有宽广的胸怀和包容力。费孝通先生对此有很深的感悟,对他们之间在学术上"相反相成"的情谊记忆犹新。他写道:"中国人不很容易赏识'相反相成'的原则。我们听见和自己不合的意见,总会觉得人家和自己过不去,因之影响了交情,甚至互相中伤,形成了党同伐异的风气。我知道我自己也不免受这传统的遗毒。但是在和云逵相处的四年中,我实在领会到'反对'的建设性。当他离开云大时曾和我极诚恳地说:'我确有很多时候气你,但是我们的交情也就在这上边建筑了起来。'我是明白他的,他是个要求丰富生活的人。生活要丰富就得有一个可以时常找到和自己不同见解的人在一起,这样才能引得起内心的矛盾,有矛盾,才有新的创造。他是我的畏友,我爱找他谈,这因为我们不会再离开时和见面时完全一样,不会没有一点新的领悟,不会没有一点新的烦恼。他是明白学问的人,为什么中国明白学问的人就不易长寿?这是我永远不明白的。"②

他还注意到了"人与文化"的关系问题,这体现在《论边地汉人及其与边疆建设之关系》与《个人在文化中的参预》两篇文章中。两篇文章都涉及文化的变迁,前者更多地谈及一种"受到外来影响的、被动的变迁"——边政问题。指出了在边地社区生活的汉人对于边政的重要作用——由于他们对于边地社会情况以及人民心理的了解,所以他们是推行边疆政策的非常好的"桥梁"。在后一篇文章中则主要讨论了"由于文化内部的因素而引起的变迁",他将文化划分为四种范畴:普遍的、专门的、并存的以及个人特有的。他提出了"个人特有的"之于文化变迁过程中的作用,认为这种因素"乃是文化变迁的一个起点。将来这个人特有,如果推行,便溶入社会,而为文化的一部分了"。他同时提出了一个文化的"心核"概念——"我们可以说所有的文化,包含有两个层次或部分,第一个是一个结实、合整,而较恒久的心核,即是普遍与专门的两种;第二是一个流动较大,多半未合整的常在变迁中的并用的,这并用的常是围绕着心核的"③。应当说,正是"文化"的这两个层次的互动造成了文化的变迁。当然,我们从这些文章提到的中国社会与边疆社会的"近代化"等问题中,仍然能够看到上文谈到的当时知识分子的那种"理想主义"态度,在特殊的历史状况中,见识过西方近现代文明的学者们迫切地希望自己的祖国尽快借助于"近代化"来摆脱遭受欺辱的落后面貌。

---

① 本段参见陶云逵《开化边民问题》,《西南边疆》1940 年第 10 期,第 4—11 页。
② 费孝通:《物伤其类——哀云逵》,载《逝者如斯:费孝通杂文选集》,苏州大学出版社 2005 年版,第 31 页。
③ 本段参见陶云逵《个人在文化中的参预》,《自由论坛》第二卷第四期,1944 年,第 2—3 页。

三、结语

  综观陶云逵先生抗战前后在云南开展的民族学、人类学调查研究，他不仅开创了中国学者体质人类学以及文化地理分布研究的先河，而且他重视历史文献与实地调查结合的方法更是为中国西南少数民族文化研究找到了一把利刃，而最弥足珍贵的则是他给我们后来的学人留下了大量的第一手调查资料。由于历史上的各种原因，陶先生的大量研究都不太为后人所知晓，从而也没有受到应有的重视，这不仅对陶先生是一种大不敬，也是我们中国人类学研究，尤其是学科重建以来工作中的重大缺失。

  曾经以为他是一个孤独的人——生在一个旧式的大家庭，却无兄弟姐妹；父母早逝，独自一人去往德国求学；晚婚，又不幸丧子……这一切都令人感伤。但他却是一个充满激情的人。我们从他当年与同仁之间的往来书信以及后来各界回忆陶先生的文章中不难看出一个学者的工作热情，即便在那样艰苦的条件下。早年在南开大学边疆人文研究室担任讲师的高华年曾经回忆与陶先生初次见面的情景，陶先生握着他的手说："干干干！我们要埋头苦干十年八年，我们总可以干些成绩出来。云南这块研究语言人类学的好地方，就是我们的天下。"①

  他也是一个勤学好问、兴趣广泛的人。潘光旦先生在为费孝通《鸡足朝山记》所作的序中曾提到："云逵有似从前所称的輶轩使者，到处采风问俗。……云逵在西南边疆游迹最广，是一个'曾经沧海，除却巫山'的人，加以当时恰好是旧历年关，他认为看民家过新年，比自己过洱海要有趣得多。"② 曾昭抡先生在回忆这段在大理的经历时也提到："去年年初我们十位朋友，同去大理讲学中值废历年关，休息几天。同人大都用此种机会，游览滇西名胜，只有云逵一位，始终不忘学问，他一人跑到一个渔村住下，考察渔人生活，替同人们带了几条鱼回来。他还想在本地'民家'人家过年，可惜为风俗习惯所限，未能实现。"③

  1944年1月26日，陶云逵因突染回归热，病逝于云南大学附属医院。陶云逵逝世后，中国社会学学会、南开大学边疆人文研究室、西南联大社会学系、云南大学社会学系、西南联大文科研究所和南开大学校友会六团体于2月16日在联大昆北食堂召开追悼会。追悼会由黄钰生主持，罗常培、潘光旦等致辞。潘光旦先生说：陶氏一生的特点是兴趣广泛，不爱表现。不单专攻人文学，并且还懂得高深的自然科学，还喜欢诗歌和绘画。他

---

① 高华年：《念云逵先生》，《云南日报》1944年2月16日第3版。
② 潘光旦：《潘光旦选集（第四卷）》，光明日报出版社1999年版，第478—479页。
③ 曾昭抡：《悼云逵》，《云南日报》1944年2月16日第3版。

说:"他懂得诗,在他死后我才知道,他懂得诗我今天早上才知道。"① 同日,《云南日报》《正义报》分别刊登追悼专栏,发表了冯文潜、李树青、罗常培、高华年、袁家骅、瞿同祖、曾昭抡等学人的悼文,沉痛悼念这位英年早逝的学者。云南民政厅边疆行政设计委员会亦对陶云逵的学术贡献褒奖有加。曾昭抡先生在纪念文章中提到他们之前在云南喜洲的一次出游:"午刻在董庄进餐,主人将战时在香港所搜集的许多珍贵字画见示,云逵对于古人笔迹,逐一批评其真伪,无不中肯,让在座者敬佩不已,由此乃知他原是一位艺术家,在学生时代,本来预备专门学画的。"②

> 我拜托这阵清风,
> 告诉你一句话,
> 这里有明朗的碧落,
> 这里有悠然的白云。
> 在温暖的阳光下,
> 我独自在湖畔闲玩,
> 枯叶在水波上回旋荡漾,
> 情思随着风飘向远方。
> 亭啊!爱的:
> 没有你在,
> 这美丽的风光陡增我无限的怅惘。

这是陶先生故去后刊登在《自由论坛》上的诗作,是当年写给妻子林亭玉女士的,朴素的字句浸透着作者满怀的深情。陶云逵先生身后家庭生活十分萧条。夫人林亭玉因失子丧夫,生活无着,痛不欲生,乃至投身滇池,幸为渔民所救。人们从她的棉衣襟内找到她的绝命书,才知她是经受苦难的陶云逵教授之夫人。南开大学为陶云逵争取抚恤而不得,罗常培、冯文潜、黄钰生和陶云逵生前挚友、留德同学、哲学家郑昕(秉璧)等发起募捐,才将陶夫人及襁褓中之女婴送回广东阳江县的娘家安置③。以后,中央民族学院在北京建立,林亭玉女士到该院工作,与在该院工作的不少中国民族学界老一代学人亦有交往。

费孝通先生在《物伤其类——哀云逵》一文中回忆:"云逵本是个诗人,血里留着他

---

① (本报讯)《本市六学术团体昨沉痛追悼陶云逵》,《云南日报》1944年2月17日第3版。
② 曾昭抡:《悼云逵》,《云南日报》1944年2月16日第3版。
③ 参见抗战时期南开大学边疆人文研究室《天津抗战纪事》,天津图书馆,http://dlibrary.tjl.tj.cn/tjkzjs/qmkz/kzsqnkdxbjrwyjs.htm。

阳湖望族爱美的性格，尽管他怎样对他天性遏制，怎样埋头在数字或逻辑里，但人静酒后，娓娓话旧时，他那种不泥于实际，富于想象，沉湎洒脱的风致，就很自然地流露，使人忘却眼前一切的丑恶。"当年，费先生在云南呈贡三台山上，听吴文藻先生说起，"城外有个魁阁，魁阁里有位陶先生"。从山顶远眺，他们看见松林里影影绰绰的一座古庙，费先生暗想："找到这地方住的，定是个不凡之人。"①

可是有谁能想象，这不凡之人的不凡境遇啊！费先生在文中还提到云逵先生爱子且爱人子之情深入微，每每读到这段文字，笔者都不禁落泪。我们从陶先生的几篇署名"尧父"的文章，不难看出一位父亲的良苦用心。但令人痛心的是，尧尧当年在他外出考察时，突患当地称为"大热病"的一种急症，虽经当地医生救治，仍不幸夭折。陶宗舜女士回忆说，"听说，当年可能是因为我父母是住在庙（魁阁）里生下的我哥哥，所以我哥哥长得特别漂亮，但可能也因此有所冒犯（神）所以夭折，所以我父母就搬离了那里"。陶女士说，父亲患病时她才刚刚满月，据说父亲起初就是感到口渴，但一直不肯请医生，后来却执意找来当年医死她哥哥的那个医生为他诊治。用陶女士的话说，那医生正好把父亲的病治反了，当时"房子上已经没有一根草是直的了，而父亲只是念念的要去找尧尧"。就这样，年仅40岁的陶先生离开了②。

在遭遇国难、家愁的艰苦岁月，一个满怀生活与工作热情，充满理想主义与浪漫主义思想的人就那样悄然离我们而去了，不仅丢下无所依靠的妻女，也丢下了自己未竟的事业与满是足迹的云南……60多年之后，我们重读这段学术史，在感伤之余，更应该做也必须做的就是努力去追寻先生的那份情怀，恪守一个人类学、民族学学人的本分，脚踏实地地去工作！

A Review of Tao Yunkui's Minorities' Study in Yunnan

Li Dongye

(National Library of China)

Abstract: This paper reviews Tao Yunkui's life and work experience in Yunnan from 1935 to 1944, based on his investigation and research in Yunnan minority areas. Mr. Tao's Yunnan investigation and research can be divided by the establishment of "Frontier Culture Research Office". In the early stage, he mainly studied the physical, cultural and geographical distribution of Yun-

---

① 费孝通：《物伤其类——哀云逵》，载《逝者如斯：费孝通杂文选集》，苏州大学出版社2005年版，第31页。
② 陶宗舜电话访谈记录，2009年10月12日。

nan minorities, while in the later stage, he paid attention to the frontier politics. Looking at Tao Yunkui's ethnological and anthropological research in Yunnan in 10 years, we can see that he not only pioneered the study of physical anthropology and cultural geographical distribution of China, but also found a key method for the study of minority culture in southwestern China by combining historical documents with field investigations. The most precious one is that he left a great deal of first-hand investigation materials for the later scholars.

Keywords: Tao Yunkui; Yunnan Minority Groups; Frontier Culture; Frontier Politics

边疆学者专访

和而不同：抗战时期华西坝教会五大学边疆学者对中国边疆、边政的认识[*]

汪洪亮[**]

四川师范大学汪洪亮教授近年来研治边疆学术史，对民国时期的边政学及相关学者的研究在学界有着相当的影响。在出版了《民国时期的边政与边政学》后，其学术视野转向华西边疆学术史，尤其是对华西坝教会五大学的边疆研究进行了系统梳理。近日，本刊编辑部编辑对汪洪亮教授进行了访谈，颇受启发。现将访谈推出，以飨读者。

本刊编辑：汪教授好！早闻您在华西边疆的历史研究中很有功底，近期又参加了有关国家社科基金的项目研究，请您谈谈您在这方面的一些学术认识好吗？

汪洪亮：谢谢。我在对民国时期边政学的研究中，注意到成都华西坝聚集了一批边疆学者。华西坝的边疆学者群形成较早，早在1920年代华西大学以博物馆和华西边疆研究学会为基地，就笼聚了一批来自多个国籍、多种学科的学者，致力于华西边疆研究，取得了丰硕成果。抗战时期，华西坝聚集了五个教会大学，包括东道主华西大学及迁来的金陵大学、金陵女大、齐鲁大学、燕京大学。其办学体量，从师生规模和学科设置来看，均与其时北大、清华和南开在云南重建的西南联合大学相当。但相对西南联大研究的繁盛，华西坝教会五大学的研究可谓凋零。华西坝教会五大学的边疆研究，是民国时期边疆学术史的重要组成部分。边疆研究是中国人类学民族学和社会学研究的重要学术领域，也是这些学科中国化和落地化的重要表征。抗战时期边疆建设面临着前所未有的机遇。由于国家重心的西移，川康地区建设和发展具有人才聚集、政策支持和资源集中的优势。众多高校内迁西部地区，导致中国学术和高等教育地图变化，促进了边疆研究的复兴，表现在大量边疆研究机构的创立和边疆刊物的发行。华西坝教会五大学众多边疆学者也是其中的重要力

---

[*] 基金项目：国家社科基金重大招标项目"20世纪20—40年代人类学'华西学派'的学术体系研究"（17ZDA162）和中国博士后科学基金第九批特别资助项目"抗战时期内迁西南大学的边疆民族问题研究"（2016T90200）。

[**] 汪洪亮，四川师范大学历史文化学院教授，研究方向：中国近代学术史。

量。他们对中国边疆、边政的观察，是那时国人边疆观的重要组成部分。他们到底如何表述边疆，如何建言边政？鉴于时间关系，我们今天可以仅就华西坝教会五大学相关学者关于边疆问题的若干论述略作梳理，试图探讨他们对中国边疆现状及其成因的认识，从而为讨论他们的治边思想，体会时人对强化国族建设及增强抗战力量的关切和焦虑，提供一个语境。① 这个话题，我觉得可以用"和而不同：抗战时期华西坝教会五大学边疆学者对中国边疆、边政的认识"来归纳。

本刊编辑：您的这个起手的话语交代，我看相当地有意思！那么，当时的华西坝学者的研究是个什么状态呢？他们是怎样认识中国边疆的呢？

汪洪亮：华西坝是抗战时期人类学和边疆研究的中心区域之一。华西坝教会五大学的各科学者积极从事边政研究，创办了多个研究机构和刊物，发表了不少调查报告和论著，留下了大量重要文献，形成了具有华西风格的边疆学术。抗战时期华西大学的边疆研究，以博物馆、社会学系、华西边疆研究学会、中国文化研究所、华西边疆研究所等机构为主要阵地。其中，李安宅主持的社会学系和边疆研究所，主要研究人员就有任乃强、蒋旨昂、于式玉、谢国安、刘立千、郑象铣等学者。金陵大学成立了边疆社会研究室，并创办《边疆研究通讯》《边疆研究论丛》等刊物，并凭借徐益棠当时实际主持中国民族学会工作的机缘，以学会名义接办《西南边疆》杂志，有影响者还有柯象峰、卫惠林等学者。金陵女大地理学教授刘恩兰是中国第一位环球考察北美及欧亚社会地理和风土人情的女地理学家，她对川西北边疆地理与人文政治多次进行实地考察。齐鲁大学在边疆研究方面有两个事项值得提一下，一是在国学研究所主任顾颉刚主导下成立了中国边疆学会，后因多个学会同名而改组为四川分会，但顾颉刚仍担任总会副理事长和分会理事长；二是在文学院院长张伯怀主持下，中华基督教会全国总会边疆服务部凝聚了华西坝五大学师生力量，在川康边区从事以医疗卫生、文化教育、生计改良为主要内容的边疆服务工作，同时也借助服务工作便利实地调查，形成了"研究服务训练合为一体"的突出特色。燕京大学1942年抵蓉后，社会学系主任暂由李安宅兼任，不久由留学归来的林耀华接任，对凉山彝区、嘉戎藏区、康北藏区等都开展了实地研究。具体情况，以后再讲。

华西坝教会五大学学人对边疆含义的认识及对边政现状的考察，是研讨其边政主张的基础。我曾对南京国民政府时期国人对近代中国边疆局势变迁的观察及对边疆、边政含义的认识进行了梳理。我认为，1930年代中国边疆危机严重，边疆的国防意义较为凸显，国

---

① 学界已有一些重要高校的发展沿革及相关学科专业的历史研究成果，但较少有边疆研究方面的专门论述。关于民国时期边疆研究的成果虽多，但从高校角度切入的研究成果仅有数篇。岱峻的《风过华西坝：战时教会五大学纪》（江苏文艺出版社2013年）和《弦诵复骊歌——教会大学学人往事》（商务印书馆2017年），梳理了华西坝教会五大学的发展历程及部分学人与学科往事，但对其边疆研究着墨不多。另有两篇硕士论文对华西坝教会五大学办学状况有所讨论，但均对其边疆研究无所措意。边疆学术史研究领域的学者也对华西坝教会五大学较少关注。故对此问题的探讨尚有较大空间。

人界定边疆大多基于地理。但在 1940 年代，边疆建设重要性凸显，被赋予抗战大后方和民族复兴基地，政学两界多从文化视角看边疆，并对其作了基于地理的解释。其意在避免将国内民族问题政治化，而是将其定位在文化上，以团结各族民众投入边疆建设和开发，以巩固抗战建国的基础。当然也有人从其他各个层面来解说边疆，但大体都可归入文化因素。由此，那时国人所言说的"边政"内容涵盖面非常广泛，边疆民族地区的政治、经济、文化和社会建设，都被纳入边政范畴。在边政工作中，民族、边疆与边政含义的认知，对当时边疆研究范围的广狭和研究范式的变化都有非常重要的影响。①

我所做出的结论，其实是基于民国时期部分学人相关论述的抽样调查，未必周延和客观，但大体应不差。华西坝教会五大学的存在，恰处于抗战时期，也就是 1930 年代后期至 1940 年代中期。那么五大学的学人对中国边疆和边政含义的认识，是否仍是在这个框架内，或者是否仍能支持作者以前的论断呢？

在以前讨论民国时期国人对边疆含义的认识时，我所引用文献的部分作者即为华西坝教会五大学的学人。但既讨论"国人"认识，需兼顾政学两界及其他人士，对华西坝边疆学者并未悉数介绍，对其观点及论证也未全部铺开。现在我们可以侧重引述华西坝学人相关表述。

本刊编辑： 能不能谈得具体一点？

汪洪亮： 可以。时任蒙藏委员会秘书周昆田曾指出，"忆自抗战以还，国内学人及从事边政工作之人士，对此问题即不断加以研讨，惟以个人观点的不同，见仁见智互有歧异，迄未获一致的结论"。② 大体来看，时人对边疆概念的认识并未统一，分别从地理、文化、政治、民族等要素阐释。边疆的概念并非恒定不变，其范围会随着国家实力的强弱、经济文化的发展以及边疆政策的演变而变化，因而边疆的概念显得丰富而又复杂。③

中央大学教授胡焕庸在其《国防地理》中指出，国人常称边疆为塞外、域外、关外，而称内地为中原、腹地、关内。④ 曾任蒙藏委员会调查室主任的高长柱认为："凡国与国之间标识其领土主权之区别者曰'国防线'，接近'国防线'之领域，即边疆也。边疆有远边近边之分，远边，如吾国之外蒙、新疆、西藏是也；近边如察、绥、青、康是也。无论远边近边，其去内地必远，交通阻塞，自无待言，一切落后，亦意中事。"⑤

时为国防最高委员会参事的社会学家、但实际上对燕京大学社会学系仍有"遥控"指

---

① 参见汪洪亮《中国边疆研究的近代转型——20 世纪 30—40 年代边政学的兴起》，《四川师范大学学报》2010 年第 5 期。
② 参见蒙藏委员会主编，周昆田编著《边疆政策概述》，（台北）"中央"文物供应社印行 1984 年第 4 版，第 5 页。
③ 汪洪亮：《民国时期的边政与边政学（1931—1948）》，人民出版社 2014 年版，第 38 页。
④ 参见胡焕庸《军事学校战时政治教程：国防地理》，国民政府军事委员会政治部 1938 年版；《地理与国防》，正中书局 1941 年版。
⑤ 高长柱：《筹边政策与边疆现状》，《边疆问题论文集》，正中书局 1941 年版，第 1—2 页。

导的吴文藻认为胡、高的见解乃典型的"地理边疆说",实际上国人心目中的"边疆"并非都与国界有关联,比如"东南诸省,以海为界,本是国界,而并不被视为边疆;反之,甘青川康,地居腹心,而反被称为边疆"。他认为:"这明明不是指国界上的边疆,而是指文化上的边疆";而"文化上的边疆,系指国内许多语言、风俗、信仰以及生活方式不同的民族而言,所以亦是民族上的边疆"。①

时为齐鲁大学国学研究所主任的顾颉刚也认为:"边疆者,一国领土之外缘地带,在地理上与内地异其部位,而在国家主权及政治制度上皆与内地合为一体。然就吾国言,则其事有别。东南滨海,未曾有以边疆一名呼之者;而察、绥、宁、青、康、黔诸地,虽尽在腹地,却无不目之曰边疆。因此,所谓边疆与内地之界划,实以地理环境与生活文化为其标准。"②

顾颉刚和吴文藻,分别作为历史学家与社会学家,对边疆含义有大致相同的认知,不过也有差异:虽然都认可边疆要从文化上来认识,但是吴文藻将文化的边疆等同于民族的边疆,这一点顾颉刚是无法认可的。他在来到华西坝前就已发表《中华民族是一个》,认为不应在中华民族之下再分什么民族出来,但可分为几个不同的文化集团,如汉文化集团、回文化集团和藏文化集团。实际上,吴文藻对顾颉刚的观点也不尽认同,故授意费孝通撰文批评顾颉刚,引起论争。③关于"中华民族是一个"的学术论争,近年来屡有学者论及。④由于当时投入这场论争的主角并未在华西坝,暂不赘述。

本刊编辑: 从这些史料中看,当时的学者也是各抒己见,有着一些不同的见解,这些会影响到他们的交往吗?

汪洪亮: 尽管在学术见解上未必一致,但并不影响他们在学术生活中仍是朋友。顾颉刚和吴文藻都是1929年到燕京大学工作的,也时有往来,且曾共同组织考察活动。在顾颉刚日记中常出现与"文藻""孝通"交往的记录,可见顾颉刚与他们曾有着较多的学术互动。我们不必对于他们思想的鸿沟过度阐释,就如新文化运动中看似壁垒森严的对立方,实际上有可能是在唱双簧。尽管我们依据目前史料,无法认为顾颉刚与吴文藻、费孝通等人对这次学术论争有着绸缪的默契,但我们不能因此而夸大他们思想的差异。

华西协合大学社会学系主任、边疆研究所副所长(所长为校长张凌高)李安宅是不赞成"地理边疆说"的。他认为把"边疆"理解为"国界"是一种"误解"。在其《边疆

---

① 吴文藻:《边政学发凡》,《边政公论》1942年第1卷第5—6期,第3—4页。
② 顾颉刚:《中国边疆学会宣言》,《中国边疆学会宣言及会章》,1941年。
③ 参见汪洪亮《顾颉刚与民国时期的边政研究》,《齐鲁学刊》2013年第1期。
④ 较有代表性的论著有黄克武《民族主义的再发现:抗战时期朝野对中华民族的讨论》,载中共中央党史研究室、中国社会科学院、中国人民解放军军事科学院编《纪念中国人民抗日战争暨世界反法西斯战争胜利70周年国际学术研讨会论文集》,中共党史出版社2015年版;周文玖、张锦鹏《关于"中华民族是一个"学术论辩的考察》,《民族研究》2007年第3期;马戎《如何认识"民族"和"中华民族"——回顾1939年关于"中华民族是一个"的讨论》,《中南民族大学学报(人文社会科学版)》2012年第5期。

社会工作》一书中开篇即论"何谓边疆"。他认为边疆是相对内地而言的,其所以不与内地相同,"就自然条件而论,不在方位,而在地形;就人为条件而论,不在部族,而在文化"。从地理角度看,中国东南沿海各省虽位于"边界"却不能算作"边疆",而新疆、内蒙古、西藏"同样到了边界,则又算作边疆,甚至于国土中心如川、甘、青、康的交界藏名安多区者,在四川有松潘、茂县、汶川、理番、懋功之类……也都成了边疆"。从历史角度看,某些"部族"在某一时代为边民,但并不表明他在其他时代还是边民,所以"不能不用地形与文化来作边疆的界范":"河谷、平原、盆地不是边疆;高原、沙碛、茂草、森林才算边疆","进行精耕农业者不是边疆,进行粗放游牧者才算边疆。而粗放游牧者必据高原、沙碛、茂草、森林一类的地形;精耕农业必据河谷、平原、盆地一类的地形。故文化的边疆实以地形的边疆作基础"①。

李安宅指出,"我国正统文化为以农立国之文化,惟因地理之限制或人工之未尽而未至农工阶段者,其区域吾人率以'边疆'目之。故国人之谈边疆者,多系指文化上之边疆,非国界上之边疆……我国之东北、西南、西北各方面在文化与国界双重意义之下,其可称为边疆之区域殊多"②。

他在这里采用了拉铁摩尔（Owen Lattimore,李安宅译为"赖德懋",顾颉刚日记中记为"拉丁摩"）的观点,认为中国有精耕细作的农耕文化和粗放的游牧文化,其中有过渡地带,耕牧皆有;农耕文化是正统文化,游牧文化为附从文化,前者就是内地,后者即为边疆,故二者的区分实际上是社会距离的远近。③

这一点,中山大学教授杨成志和西南联大（清华大学）教授吴泽霖曾有类似的看法。杨成志认为边疆可以分为狭义的边疆和广义的边疆。狭义的边疆是指"中华四方境土凡与外国领土或殖民地接壤或毗邻的地方,其政治虽受本国政府管辖然尚未达到真正直接的支配;其人民虽受本国法律所保障然尚未跻到真正蹳等的机会"。换言之,"凡领土、政治及人民尚未能与本国文化政治经济和教育发生更加直接或密切关系同列于水平线上的区域,便是边疆"。他提出"较宽大的广义的解释":"凡国家的疆土必有其边界,边界的范围原未固定,却随着时代、权力与疆土的扩张和缩小而变迁的",所以不必"拘泥于字义的边疆",而应"顾及实际上的领土完整","今日的广义边疆界说,便是'领土完整'四个字可作代表。再伸述之,不特包容了狭义解说所指定的地区,而且应概括凡沦陷区和接近沦陷区的各省,尤其是既未开发而尚有无□未受汉化的苗夷瑶藏回各族群所居的内省各山地,都属于边疆范围的重地"。由此,"边疆"即"国疆","边疆问题亦等于国家问题"。④

---

① 李安宅:《边疆社会工作》,中华书局1944年版,第1—2页。
② 李安宅:《实地研究与边疆》,《边疆通讯》1942年第1卷第1期,第1页。
③ 李安宅:《边疆社会工作》,中华书局1944年版,第2—3页。
④ 杨成志:《边政研究导论》,《广东政治》创刊号,1941年,第53—61页。关于杨成志的边政研究思想,可以参见汪洪亮《民国时期的边政研究与民族学——从杨成志的一篇旧文说起》,《民族研究》2011年第4期,第34—44页。

吴泽霖指出，如果秉持地理立场，"边疆是一个纯粹的空间概念"，以政治观点，"边疆与中枢是对立的名称"，部分地区因"离中央遥远""或因人口组织的复杂，或因国防上的重要"等"特殊情形"，"政府在设政施令上不得不略有权益处置的必要，因而边疆遂成为政治上的特区"。他强调，如果国家之政治中心、地理中心与政治重心不符，政治中心偏重于地理上的边疆者，则边疆会失去政治意义，如东南沿海本是中国边缘地带，但因其为当时中国政治中心及经济命脉所在地，"毫没有边疆社会的特征"，而"甘肃内蒙一带，在地理上实为中国的中心，但因离政治中枢过于遥远，又因民族及宗教上的特点，强邻势力的侵入，这些地方的应付及对策最可影响国家的命运，在这种情形之下这些中心地带反成为政治上的边区"。他还说，文化上的边疆比政治上的边疆更接近内地，但因与内地民族、语言、文字、宗教、信仰、风俗习惯不同，故被视为边疆。①

金陵大学社会学系主任柯象峰指出，"在中国而言边疆之研究，盖不仅以与邻国接壤之区域为限"，不能只以地理的因素来考虑，如东南沿海在地理上显然算得上边疆，但因其"已全为文化进步之国民所据，自不在边疆研究范围之内"；而东三省内蒙新疆西藏等地"固邻接异国，且拥有数量庞大之边区民众，与本部人民间尚未臻入同文车同轨之境地"，"固为边疆研究之主要对象"；但是西南诸省，"文化不同之民众，虽不尽在边疆，而与汉族相处极其错综复杂，且时时发生冲突，引起边患，隐忧堪虞"，如川西北的羌戎，川西西康之"西番"，川西南及云南贵州之"倮倮"，川南湘西云贵之"苗"，云南西南之"摆夷"，广西之"傜"，海南之黎人等，皆应纳入"边疆"，"研究边疆者，固不容忽视者也"。柯象峰进一步"推而广之"，认为"西北至中亚细亚，南至南洋群岛以及东南沿海之岛屿，凡具有远大之眼光者，谅亦注意及之也。故我国边疆之研究，应为一较广之范畴，即除边区各广大之民众外，边省内地，未尽同化之民众，以及在可能范围内，邻近有关之各地民族，均应加以研究"②。

金陵大学中国文化研究所研究员徐益棠呼吁更多从文化、民族等多种角度研究边疆问题。他指出，"九一八"前的边疆研究，大多从"纯粹之自然科学"着眼，常将边疆问题"视为属于外交或内政之问题"，"其时边疆学术之综合的研究，尚无人注意，而民族学在我国之幼稚，在当时亦毋庸讳言也"。他一针见血地指出，已有的边疆研究，与实际边疆问题无甚关系，"于边疆问题之解决，仍未有丝毫裨补"，"盖当时谈实际的边疆问题者；每每注意于'土地'与'主权'，而边地民众之如何认识，如何开化，如何组织与训练，均不甚加以重视也"。他充分肯定了新亚细亚杂志的出现，认为它是"专门研究

---

① 吴泽霖：《边疆的社会建设》，《边政公论》第 2 卷第 1—2 期合刊，1942 年，第 1 页。当时不少学者在论述边政相关问题时，往往对"边疆"都有类似声明，如凌纯声在《中国边政改革刍议》中也指出"本文所称之边省，系指一省内有政治的或文化的边疆之省份而言，其地域之是否在边地，又在其次"。参见《边政公论》1947 年第 6 卷第 1 期，第 10 页。

② 柯象峰：《中国边疆研究计划与方法之商榷》，《边政公论》1941 年第 1 卷第 1 期，第 47—48 页。

边疆问题及民族问题"的杂志。"九一八"后，中国边疆危机四伏，可谓"四壁楚歌，千钧一发！"①

本刊编辑： 真是有百花齐放，百家争鸣的味道啊！那么具体到"边疆"这个术语的理解上，您认为当时也是各抒己见的么？

汪洪亮： 从上面我介绍的情况，可见柯象峰、徐益棠所认定之"边疆"，与李安宅等人观点相似，但也有不同，其边疆指谓更涵括海外，其具体意思并未详明，但可推断，或有两个层次，一是边界之外，如中亚细亚其他国家和地区，二是华人所至较为集中之所，如南洋。其边疆视野已延伸至海外。时人也有类似见解，略举一二。

西南联大（南开大学）教授陶云逵就曾言："边疆（Frontier）一词，含义甚广，一国之内毗邻政治边界（Boundary）之地带称之为边疆，而一国国民移植它邦自成一社区，其居住地实亦其国之边疆，如英法人之殖民它陆，及国人之移居各洲是。有统治权之殖民地为其国之政治的边疆，无统治权之殖民地为其国之社会的边疆。故边疆一词包括国内毗邻边界诸省与海外侨胞社区。"② 将侨胞社区也作为边疆，这是一个值得珍视的重要见解，但在那时，国人最为关注的还是本土的边疆，包括那些并不在"政治边界"的地带。

曾任教育部蒙藏教育司司长、时为贵州大学校长张廷休分别从地理学、人地学和文化的立场分别辨析了边疆的涵义。地理边疆就是"海岸线以外的领土边境"，"与外国国土毗连"，无论其语言、风俗及文化有何差异，"在国防的观点上，其有同样重要之地位，概以边疆名之"，"此等边疆"可称为"内边"。与"内边"相对应的是"外边"。在他看来，"凡人文风习与中土密合者可以边疆视之"，如安南及南洋一带华侨密集区域，"无论此等地域在历史上曾否投入故国之怀抱，共当前宅居之人，确然为中国人民，殆无疑义"。内边是从地理学的立场来说的，外边则是从人地学的立场来说的，"苟舍属地主义而言属人主义，当亦以边疆名之。吾人如欲与前举'内边'相对待，则此等边疆，可名为'外边'"。除了内边和外边外，还有文化的边疆，即"开发较迟，文化水准过低之区"③。

陶云逵所谓侨胞社区，大体与张廷休所谓"外边"类同。这些都充分说明在当时人心目中，是把海外华人或受中华文化影响较深社区作为边疆来看待的。这种看法后来甚至渗透到官方的认识中。如1947年，时任教育部长朱家骅在《论边疆教育》一文中，对边疆含义从地理、政治和文化三个层次作了解读，其中谈到地理边疆时讲道："海南岛、台湾、澎湖、琉球，等等，均为海疆"，在谈到文化的边疆时讲道："文化的边疆，系指语言文化

---

① 参见徐益棠《十年来边疆民族研究之回顾与前瞻》，《边政公论》1941年第5—6期，第52—59页。
② 陶云逵：《论边政人员专门训练之必需》，《边政公论》1941年第1卷第3—4期，第2—3页。
③ "故滇之夷，蜀之羌，黔之苗，广西之瑶，海南之黎，虽非全在边地，亦以边疆名。同时，凡语言文字风俗习惯——所谓文化表象与中土殊异者，亦可以边疆视之。如蒙回藏是，蒙也，回也，藏也，各有其特殊文献，自成其文化体系，与中土较，并无优劣之分，而有异同之别。吾人为求民族文化整个性之表现，乃有化异从同之必然要求，凡此两种，吾人概名之为'文化的边疆'。"参见张廷休《边疆与教育》，《贵州教育》1942年第7—9期。

具有特殊性质者而言。如谓地理的边疆基于属地主义，则文化的边疆可谓基于属人主义。其包括之范围，约分为内边与外边两种，蒙古人、西藏人、南疆之维，康滇之夷，湘黔之苗，两粤之瑶，台湾之高砂，均使用特殊之语文，形成特殊之文化型，统称内边；越南、缅甸、琉球、朝鲜等地，向受中华文化之孵育，其后让割分隶，致文化稍稍变质，然其基本生活，仍不脱中土情调，姑称之为外边。"①

朱家骅曾两度担任教育部长，张廷休长时间在教育部工作。朱家骅或许读到过张廷休的文章，或许未曾读到，或许此文也是由其他人代写，但由朱家骅名义发表，朱应曾圈阅。总之，朱家骅大致也是认为"外边"的"边疆"也是中国边疆，应纳入中国边疆研究的范畴，与张廷休观点几无二致。

本刊编辑： 上述多位并非都是华西坝教会五大学教授，您是要表达什么意思呢？

汪洪亮： 我详述至此，意在表明当时华西坝教会五大学的学者对边疆的认识与当时学界（也包括政界）主流意见近乎一致，界定边疆含义大体也是兼顾地理、政治和文化等多种因素，而尤其侧重文化层面，是否在国土边缘并非首选指标；而且部分学者对文化边疆延伸更远。所谓"外边"的相关论述，或许潜藏了国人对中华文化曾经的光荣的追慕和怅惘。这在多大程度上成为处于国家危难中的国人仍然牵挂的思想命题，这些内容或宜另文探讨。

本刊编辑： 嗯，确实有些话外之题需要另外再谈。那么，华西坝教会五大学对中国边疆政策的认识是怎样的？

汪洪亮： 清代到民国，中国边疆问题趋于严重。金陵大学教授徐益棠就曾指出："中国的边疆，三百年来，天天是在非常时期中的，故不自今日始。不过，到现在更严重了。从前国人对于边疆的概念，以为金城汤池，有天然的高山大川，可以作极可靠的屏障，到现在，主峰高达八千八百多尺的喜马拉雅山，流域长达三千七百公里的黑龙江，早已不守，即二千余年来视为'足以限戎马之足'的万里长城，亦已失去效力，国际边界已伸入我国中心——河北平原。于是引起极度的恐慌，甚至失望，悲观，认为'国亡无日'。"②

这种情绪，顾颉刚也曾有。1931年春，他在河北、河南、陕西、山东等地旅行了一圈，看到国计民生的"愁惨暗淡"，比如鸦片流行、梅毒蔓延，感到触目惊心，亡国灭种危机将至。这与徐益棠对其时国人心态的描述何其相似乃尔！顾颉刚也察觉"帝国主义的侵略已经成了国民的常识"。都市人已敏锐感觉到"亡国"的危险，但顾颉刚所言"灭种"的忧虑，却被朋友认为"言之过重"。顾颉刚由此立志学范仲淹"以天下为己任"："本来我的精神是集中在学问上的，从此以后，总觉在研究学问之外，应当做些救国救民

---

① 朱家骅：《论边疆教育》，参见教育部边疆教育司编印《边疆教育概况》续编之《代序》，1947年8月，第1—2页。

② 徐益棠：《非常时期之云南边疆》，《中国新论》1936年第4期，第87页。

的事。"① 顾颉刚本是民初学界著名的为学问而学问的读书人，在1930年代以后思想有如此大的转变，而后一直拿出很多精力从事与边疆研究有关的工作，即在于这种对国家民族前途命运的深层忧虑。②

对于20世纪三四十年代中国边疆问题的现象及其成因，华西坝学人也有系列论述。一方面，他们关注中国边疆大势，深知边疆多事，与列强环伺从中搅动有关；另一方面，他们也关注中国边疆内部，洞悉边政困难，成因甚多，其中既有自然条件艰难，也有社会文化工作开展不足，而须全面筹谋以图改变。这种认知中，有一种"反求诸己"的观念转变。

中国边疆问题并非新事物。边政问题不仅是个现实问题，也是个历史问题。在中国历代王朝历史进程中，"边患"一直是中央政权面对的共同挑战，历代疆域盈缩及国家统分，均与"边患"直接相关。历代边政问题反映了中央与地方、内地与边疆、汉族与少数民族三个方面利害关系的互动。有效处理边政问题，维护边疆地区稳定，成为历代中央经略边疆的重要任务。历代边疆政策的实施及其成效，历代边政机构的设置及其作用，均值得后人施行边政所借鉴。

顾颉刚曾对传统中国的边疆政策进行了批评。他在中央大学、中组部及边疆学校等多处演讲其对边疆问题的基本看法，认为中国过去的边疆政策，无非就是两种，一是放任，二是分化。其中放任，又可分为三种类型：一是王道，努力"修德"而使边民"不造反"；二是"舍弃边疆"，"那里出了乱子就把那里放弃"；三是"自然的同化"。他认为国人有一种不论血统而论文化的观念，"认为中原与边疆的差别只是文化程度和道德阶段的差别"，"所以各种各族的人们都会融洽起来"。这种精神促成了各族融合，汉族也不过是许多血统的混合结果，中华民族的发扬光大也成于这种同化的力量。不过，"这只是一种文化观念，并不能算做一种政策"。如果说顾颉刚对于所谓"放任"政策还有部分同情和支持的话，那么对于分化政策，顾颉刚则给予了严厉批评。他将分化政策分成三个方面：一是用文化政策牢笼；二是用"愚禁"政策羁縻；三是用残杀政策削弱。③

这篇文章虽然发表于1947年，但实际上是顾颉刚多年来在多处演讲的底稿修订而成。整理者对此有说明："正月间我去苏州，顾先生将他以前在中央大学、中央组织部及边疆学校等处所演讲的几篇底稿交给我看。因为其内容大体上都有相通之处，所以我便遵先生嘱，将它合并起来，整理成一篇长文。"④

徐益棠也曾分析"中国历来边疆政策之错误"，认为中国历代边疆政策主要就是"羁

---

① 顾颉刚：《我怎样从事民众教育工作》，《顾颉刚自传》，北京大学出版社2012年版，第69—81页。
② 参见汪洪亮《顾颉刚与民国时期的边政研究》，《齐鲁学刊》2013年第1期。
③ 顾颉刚：《中国边疆问题及其对策（上）》，《西北通讯》1947年第3期，第1—3页。
④ 同上书，第1页。整理者为李文实。

縻"：中央政府强盛时武力征服边疆地方，享有对土地的宗主权，但对于土地上的人口多少及其经历能力和文化程度等，"都置之不问"，相安无事，但到了中央政府实力"衰替"之时，边疆多事，往往牵动大局，使国家从此不振，"鉴之历史，屡验不爽。及至今日，还逃不了这个例"，如外蒙和西藏闹"独立"，都是在清末民初中央政府无力他顾之时，哈密事变和"南疆独立"，都是在国民政府尚未统一或东北沦陷之际。徐益棠指出："不过从前还是内部的问题，现在却有国际的背景；从前的问题简单，现在的问题复杂；从前可以用一种空虚的怀柔政策来羁縻，他们现在却须有实利的获得；从前只须有武力可以平靖，现在却除了武力以外，还须有其他的积极的建设——政治、经济、宗教、教育……"①

唐高祖李渊诏书所言"怀柔远人，义在羁縻"，道出了古代中国治边之精义。历代中央多数只图"归顺"的名号和边徼的安宁，在边疆经济开发、文化教育发展等方面少有建树。在古代大部分时间里，中央对边疆政策大体就如顾颉刚所言，是一种文化观念，一种"文化主义"的态度，也就是"修其教不易其俗"，"修文德以来之"，相对无为而治。

本刊编辑： 在当时的华西边疆研究之中，李安宅对中国边疆政策是怎么认识的？您又是怎么看这个问题？

汪洪亮： 当时李安宅也对传统中国边疆政策进行了总结，认为中国对待边疆的传统做法，要点有三：一是"歧视边民，成见太深，未将边民看作国民"；二是"忽视边民生计，不论重威、重德，或德威并重、军政参用，以及利用羁縻、教导诸法，均未改善边民生计"；三是"证明边疆问题至今还是问题"。换言之，"过去边疆只有军事和外交的方式，即所谓政治，也限于管与教，而未顾及养与卫；更不用说，即管也未彻底，而教只在形式了"②。

其实，不唯"传统中国"如此，近代中国依然如是，就是到了抗战前夕，国民政府的边政也难说是积极进取的。时人指出，近代中国边疆沦陷和屡次变乱，中央政府边疆政策的"失当"，要负"一大部分的责任"，清中叶以来，中央政府对于边疆地域"只取敬而远之的消极态度，甚至漠不关心，完全不知边情"，基本仍是传统对策，即羁縻政策（偶用高压的政策，如清末赵尔丰之经略西康和进兵西藏），将"宣抚""册封""赠谥""致祭"一类仍作为"法宝"搬出来，"这只表现当局对边疆问题的无策"；"边疆有事变发生，不作釜底抽薪之计，只因循敷衍，想偷安一时，也是大大的失策"。也就是说，近代以来，乃至到了抗战前夕，中国政府对边疆问题仍是"无策"或"失策"，"中央对于边疆多半取消极的政策，边疆经济的开发、文化的发展自然谈不到"。③ 这与李安宅对历代

---

① 徐益棠：《边疆建设的根本问题》，《地理教育》第2卷第3期，第3页。
② 参见李安宅《边疆社会工作》，中华书局1944年版，第21—22页。
③ 思慕：《中国边疆问题讲话》，上海生活书店1937年版，第16—18页。

边政的看法基本一致。

历代采取这样的政策，除了边疆四至广袤，交通条件拘囿、信息传递缓慢而难以遥制，还与古代中国的边疆观念有关。中央政府对边疆地方缺乏积极开发和平等交流，没有注目于边疆地方的经济发展和文化进步，而是消极追求边地无事，满足于"以御夷狄""征贡方物""臣奉正朔"。这种立足于消极应对、不尚征伐的边政，固然可以降低边疆管理成本，但也使边疆经济文化难与中原地带并驾齐驱。

本刊编辑：当时还有哪些学者做了怎样的研究？怎样阐述这个问题的？

汪洪亮：那个时候，徐益棠对民国时期边疆问题的演变有较为全面的描述，并以几个时间节点为序构建了边疆民族研究发展的历程。从其论述来看，对边疆问题成因的认识，趋于从外因到内因的视角转换；对边疆研究的入手，趋于从文献研究到实地调查的转变，趋于从自然科学向人文科学（尤其是民族科学）的转换；边政的思路也经过了一个认识到边疆问题的严重性，进而开展边疆实地调研，最终依靠开发与建设边疆，团结各族民众来获得国族认同，从而实现抗战建国的时代使命。徐益棠指出："往者，论边疆问题者每推其原因于帝国主义者之挑拨，证之以当时各边区之骚动，或有其显明之理由。迨广西兴安、全县、灌阳、龙胜等处徭民二次叛变（第一次：二十一年十月，第二次：二十二年三月），云南邱北侯保全王相等叛变（二十二年一月至八月）以及湖南永绥苗民发生抗租事件（二十五年六月至二十七年一月），乃知中国之边疆问题，民族的因子实居其重心，文化之低落，又为其根本之原因。于是各省乃竞设学校，广训师资，而民族研究之工作，亦同时为各边省当局所注重。"徐益棠此言，其实反映了国人对边疆问题成因从外到内的观察视角，也揭示了民族因子和文化低落的相通性，也就是暗含了民族学家希望从文化角度调适民族问题的边政思路。①

抗战军兴，"国府西迁，各学术机关亦相继迁至后方"，关于边疆学术之综合研究才开始兴盛起来。徐益棠非常敏锐地注意到一个现象，那就是国民党及其政府虽对边疆民族多次表示密切注意，"然迄未规定具体的边疆政策设施纲领，故数年来关于边疆的行政机构常有'无所适从'之感"。

他的这一观察，在当时不乏知音。1937 年，思慕陈述了中国各个边区的严重边疆问题，试图回答"究竟中国政府对边疆是不是有政策，是甚么政策，执行的效果怎样"②，可见时人对中国有无边疆政策还是有疑问的，在某种程度上恰好证明其边政成效甚微。国民党及政府在其施政纲领中倒是有民族政策的明确表述，但对边疆问题却表述模糊，边疆政策的核心是民族问题，但二者不能等同。国民政府的边疆政策更多还是停留在纸面，以

---

① 本段及下段，参见徐益棠《十年来中国边疆民族研究之回顾与前瞻——为边政公论筹备及中国民族学会七周年纪念而作》，《边政公论》1942 年第 1 卷第 5—6 期，第 51—63 页。

② 思慕：《中国边疆问题讲话》，上海生活书店 1937 年版，第 3—4 页。

至于一直有学者呼吁政府确立边疆政策，或者"向政府要边疆政策"。这并非学者吹毛求疵，对政府政策熟视无睹。蒙藏委员会官员周昆田就承认，历届全国代表大会及中央全体会议对边疆问题虽均有涉及，但"有关此项文献，前后散列，易为一般人所忽视，或竟以为现在尚无一定之边疆政策"①。

本刊编辑： 学者的研究比较深入而且与时事相关联，那么当时政界在这个问题上是个什么状况？

汪洪亮： 国民政府在边疆政策上表态比较明确而系统，是在1941年国民党五届八中全会上。这次全会于1941年3月召开，此后国民政府有关边疆政策才开始有比较多的实际措施，所谓边疆建设才开始比较全面铺开。官方学者对于边疆政策的阐释，基本如出一辙。不管是朱家骅的《边疆政策与边疆建设》还是周昆田的《三民主义之边政建设》，都是从"总理遗教"和"总裁言论"和中央历次宣言及决议中"仔细寻求"，从而证明"三民主义之边疆政策，早已确立"。②

1943年，金陵大学教授卫惠林指出："'边疆建设'这口号在最近二三年来由朝野一致的要求与抗战建国的实际需要，已由言论进于行动，由主张变为政府的决策了，自那次全会以来，每次的机关重要决策，总有关于边疆建设的若干决议，若干政治的，经济的，教育的措施，已见诸施行。但边疆还是边疆，一些临时的设施距离时代与国家的要求仍甚遥远。世界改造与国家建设的趋势愈紧迫，对边疆的期望愈深切。"③ 这再次证明时人对国民党边疆政策之有无尚存疑虑是合乎情理的。

就是抗战结束两年后的1947年，还有人写文章质问："政府对边疆有没有根本政策？有的话，究竟是什么？"④ 这篇文章的题目就是《向政府要边疆政策》！可见那时边政至少在政策上还很"不接地气"，以至于民间以为就没有而向政府伸手来"要"。同年，担任教育部边疆教育司司长的民族学家凌纯声就说："近尚有人认为中央对于边疆，迄今犹未建立一确定之政策者，此实为已定边疆政策，未能见诸实施，而引起之误解。"⑤ 这也算是官方的对民间以为政府无边疆政策见解形成的一个解释了，无异于承认了边疆政策的无力与无效。

本刊编辑： 请您谈谈，华西坝教会五大学的边疆学者对边疆地理和社会文化的认识有哪些？

汪洪亮： 边疆社会经济形式及其发展程度，很大程度上受到其自然环境影响。如《边政公论》编者张承炽所言，"由于边疆社会的地理基础，以及牧畜这个职业的性质，边疆

---

① 参见周昆田《三民主义之边政建设》，《边政公论》1941年第1卷第1期，第5页。
② 参见凌纯声《中国边政改革刍议》，《边政公论》1947年第6卷第1期，第2页。
③ 卫惠林：《边疆文化建设区站制度拟议》，《边政公论》1943年第2卷第1—2期，第8页。
④ 桑林：《向政府要边疆政策》，《西北通讯》1947年第2期，第18页。
⑤ 凌纯声：《中国边政改革刍议》，《边政公论》1947年第6卷第1期，第2页。

社会生活差不多都直接（受）物质环境的支配，边疆社会地理基础，是高原丛山，风沙寒雪，衣食住行一切都受了物质环境的限制"。①

徐益棠也曾特意提醒研究边疆离不开边疆地理研究："我们研究边疆的人们，千万不要忘记了边疆的特殊性质——自然的地理环境……近来，研究边疆的同志们，往往过于看重人类的活动，'筹边救国'，又成为最近的救国运动中的一个别树一帜的口号。我们当然很表同情于一切'情势危迫'的报告，而很想替国家做一些有效率的工作；我们也很同意于做几篇很动听的文章，劝大家'到边疆去'。但是我们要知道'救国'不止一端，'到边疆去'亦非易事……我在这里并不是反对国人研究边疆，实在是希望国人进一步的研究边疆，注重边疆。我们在这个时候，当然不能不努力去设法保留这些残余的边疆了。我们能尽几多力便尽几多力，下多少种子便得多少收获；但是我们不要以为研究边疆便是救国的唯一途径，不要以研究边疆为获得名誉地位的时髦的手段，我们要拿'边疆研究'作为'终身以许之'的纯粹的专门学术，同时，帮助解决边疆问题的各种工作，也要协同进行。'边疆研究'最基本的学术，当然要算'地学'。现在谈边疆的同志，大都注意到边疆的政治、经济、交通、社会的情形，而忽略了和这些现状有连锁的自然的环境……假使我们不能从地理的环境中去了解其文化，假使我们不能从地理的环境中去决定其政策，空谈'边疆'，抑又何益？"②

我在前面讲述民国时期国人对边疆的认识时，已提到边疆地区往往在地带、气候、民族、语文、政俗等方面都与内地有显著差异。就其地理方面特征而言，李安宅的一段话最为典型："河谷、平原、盆地不是边疆；高原、沙碛、茂草、森林才算边疆"，"进行精耕农业者不是边疆，进行粗放游牧者才算边疆。而粗放游牧者必据高原、沙碛、茂草、森林一类的地形；精耕农业必据河谷、平原、盆地一类的地形。故文化的边疆实以地形的边疆作基础。"③ 在一般国人看来，边疆地方往往地处边陲，人口稀少，交通不便，信息阻隔，这些都是导致边疆经济社会发展迟滞的重要因素。④ 这可以说是边疆地理的一个共同特点，但在不同边疆区域也存在明显差异。

徐益棠就曾从地理角度对新疆问题做了一番"观察"。他先从地形、地质与土壤、气候等各个方面阐释新疆之自然地理，认为"颇有几个特殊问题，影响于人文地理"。一是农耕与畜牧的分布，即与新疆省内各地之自然地理状况相关。二是聚落与民族的分布，农

---

① 张承炽：《边疆社会的特征》，《历史社会季刊》1947年第2期，第42—43页。
② 徐益棠：《边疆问题之地理研究的必要》，《边事研究》1935年第1卷第3期，第13—15页。
③ 李安宅：《边疆社会工作》，中华书局1944年版，第1—2页。
④ 正如丁道谦所言，"晚近经济的发展，使其时间与空间的关系越来越密切"，促成了"经济地理"的兴起。经济地理"是经济建设的蓝本，也即是经济建设的根据"，地上资源与地下资源的蕴藏及其利用，"实为其发展成都的契机"，"经济发展能至何程度，均待其天然资源——林产、农产、矿产以及水利等的蕴藏量来决定，因为这是经济建设的一种主要资本"。参见丁道谦《贵州经济地理发凡》，《贵州企业季刊》1943年第2期，第31页。

业区域人口一般较密，牧业区域人口相对稀疏，各地民族分布情况也颇不同，如准格尔盆地汉回杂居，北部则回族较多，南部汉人渐多，仍少于回族。塔里木盆地人口较密，汉回人数亦悬殊，但汉人政治地位较高。徐益棠认为，由于各族自成集团，文化相互隔阂，政治易起纠纷，当前新疆中心问题是应加强民族团结。三是新疆"水源为新疆居民最重要之需要"，河流上下游往往由于争水而致纠纷，故其水利建设非常关键，不仅关乎经济，也关乎政治文化。四是新疆交通建设乃必需但又受限于地形、水源等自然地理条件，"政治家如何信任科学，耗较多之财力与人力，以克制边疆发展上最大之困难，使新疆之自然地理环境为之一变，实为经营新疆最值得考虑之一问题"。五是边防问题，尤其是新疆北部"交通机构不备，道路不治，沿途缺少人烟，给养不易"，"遂成为严重之问题"。六是分省问题。时人因为新疆过大，不易经营，遂有分省之议，以天山分南北两省，但徐益棠提醒，由于新疆特殊的自然地理和人文地理影响，设两省或三省，其省会选址等都还需要重新考虑。①

徐益棠所言新疆经济人文地理情况，在边疆地区具有普遍性。川西北和西康地区因国府内迁以后，成为畿辅重地。政学两界均对该地多有调查，撰写了不少调查报告或游记，对该地的地理和人文状况多有记载。1941年，教育部曾组织大学生暑期服务团，由边疆教育委员会秘书王文萱担任团长，边疆服务部川西区部主任崔德润担任副团长，编写了调查报告《川西调查记》，介绍杂谷脑河流域、岷江流域茂县、汶川一段地区自然地理及民族状况。该书分为"羌人之部"和"戎人之部"，从族源传说、信仰、建筑、婚嫁丧葬、艺术、岁时、语言等方面介绍了羌人和藏人的生活，分为地理之部、经济之部、农业之部、动物之部，对川西区域的自然与人文环境、耕地与气候、农作物和动物情况作了介绍，其经济之部仅记述了"杂谷脑的汉番贸易"和"杂谷脑的喇嘛寺的经济组织"，可见在教育部蒙藏教育司所组织的考察团之眼中，杂谷脑在川西边地的经济生活中具有非常重要的位置。②

该书由骆美奂作《序》，其词曰："三十年夏，大学生暑期边疆服务团深入川西羌戎居地，调查文化、地理、经济、农畜诸部门，历时二个月，足迹遍黑水杂谷流域，归制报告，都十万言，洵创举也。"骆美奂认为川西地方虽非地理的边疆，但"沦为文化之外域"，边疆服务团同仁栉风沐雨，跋涉在此人迹罕至之区，历尽艰辛，根据其所见闻，公之于世，对于改进边务工作具有借鉴意义。③

本刊编辑：当时众多的边疆研究者之中，有没有女性学者？她们做了哪些研究？

汪洪亮：有的，有的。例如著名地理学家刘恩兰是我国第一个考察北美及欧亚社会地

---

① 参见徐益棠《新疆问题之地理的观察》，《边政公论》1946年第2期，第2—6页。
② 参见教育部蒙藏教育司编《川西调查记》，教育部蒙藏教育司出版，1943年3月。
③ 骆美奂：《序》，教育部蒙藏教育司编《川西调查记》，教育部蒙藏教育司出版，1943年3月。

理、自然环境、风土人情的女学者,曾多次在英美留学,并创办了金陵女子大学地理系。抗战时期女大迁到华西坝,她常到川西地区考察,发表有多篇论文及游记。刘恩兰指出:"昔日之论地理者皆以山川河流出产为研究之中心,今日之论地理者则以人与地之相互关系为研究之对象。故有人称地理学为自然科学,另有人则称之为社会科学。实际上地理学乃居于二者之间,盖地理因素之研究,则属自然科学,但研究此项因素在社会经济上之结果则为社会科学,而研究二者相互关系之学问则为研究地理学之中心。"她解释,所谓地理因素,包括位置、地质、地形、气候、土壤及动植物。刘恩兰对地理学的这种理解,贯彻在她的川西北考察系列论著中。可以说,她的观察始终围绕基于地理因素的人文和社会。即如她基于四川若干地理因素考察,认为四川可以划分为以下人文区域。一是"衣食仓库的四川盆地",二是"工业资源丰富之丘陵带",三是"人烟稀少之森林带",四是"游牧为生的草地"。她特别关注交通与民生之关系。一方面,四川可谓我国四方交通之枢纽,所以四川人民组成复杂,四川文化乃南北东西之混合,另一方面,交通要道限于河谷地,又为历代防守要塞,成为政府鞭长莫及之地,加上土地肥沃,生息滋繁,"故为历代野心之有据为造乱之原"。不过她澄清:"乱川省多非川人,是地势使然也"。她指出交通建设在抗战时期四川发展中的重要作用:"川省交通实为战后建设急务之一。总括之,由地理眼光观之,四川省民生与地理因素调整之较当者,厥为成都平原水利之灌溉与航运。急待调整者,则为资源之开发及交通之建设。错用而急待纠正者,则为土壤之冲刷,森林之滥伐,以及□山之蹂躏,实为今后之研究四川地理及社会经济者所当注意者。因人地相关之认识,乃为抗战建设计之先决条件也。"①

刘恩兰在《四川西北边区民族之检讨》中同样突出地践行了其地理学的学术理念。她对川西北的区位、沿革、山脉、水系等做了介绍后,即对该区域民族分布及其历史变迁做了梳理。她注意到时空格局之变导致当地族群文化及其生活方式的变迁,包括在语言、文字及法规、习俗等都已经"因地制宜"。比如羌人汉化较早,与藏文化有较大差异,而藏民东迁系从海拔意义上讲也是"低迁",其生活方式也逐步发生变迁,"其今日生活之环境与其他番族异,盖为适应环境而不得不弃牧从农也,职业既已固定,则其生活方式自与向昔不同"。当然,身处汉藏之间的族群,也会留下多族会通的特殊印记,如"今日之羌戎及黑水蛮等,既处于两种不同文化之间,互相接触,遂产生相互之影响,造成多种特殊活动,而形成特殊势力,故其社会结构亦为汉藏文化之混合体而并异于汉或藏,其差别之大小,则视其混合时期与空间之远近而转移。例如羌民本为青海、川边际西康一代高原之牧人,而今竟纯以农为业,是因其迁移后之栖息地之土壤、气候、地势皆利于农,而不便大规模放牧,且该环境中,麻较毛为易得,故服装亦以麻织物为主"。藏人亦如是,其生

---

① 本段参见刘恩兰《川省人地关系之检讨》,《学思》1943年第6期,第5—9页。

活方式也因海拔及距离汉人远近而有差异。刘恩兰由此提出，所谓汉藏区别，"乃基于地域而非由自统"，"由此观之，川西边境之复杂民族，实际上皆中华民族也。若各文化区之居民能互相接近，彼此采取优点，使成一统文化，则国内各民族间之无悔及战争定可大量减少。所以，迄今不能达到此理想者，乃由于历代治边政策多有不当处，溯源宋代，多用分化政策治边，至满清更形成显著，如所谓以夷制夷、以汉制汉、以满制汉等策皆是，现时十六区各土司之设立，即唐宋以来分化政策之余迹。处此生活竞争之世界中适我中华民族自力更生之时，国人统一当为建国首策，故亟应联合边疆同胞，集中意志及力量，同舟共济，成效必大也"[①]。

还有李安宅的夫人于式玉，于式玉是我国近代边疆研究的重要女学者，从事藏族民情风俗及宗教的调查研究、开办学校教化藏区学生。其著作关于反映藏族文学、宗教和民情风俗颇丰。当时人们对于边疆问题的关注主要集中在两个方面：一是国家对于边疆的主权及领土安全；二是边疆的统一和稳定，目的在于团结边疆地区少数民族，发展边疆政治经济文化，阻止少数民族分离分子的活动。于式玉则侧重于第二方面，不仅在方法上进行了探讨，而且不断地进行有效的实践。"七·七"事变后，她绕道上海、香港和云、贵、川、陕等地，来到保存有大量藏族历史文献和经籍的拉卜楞寺院地区。在藏区开办女子学校，并与其夫从事藏族民情风俗及宗教的调查。她通过大量的实践调查在藏学研究史上留下了自己辉煌的印记。于式玉1942年离开拉卜楞后，到协和大学的华西边疆研究所任研究员兼及藏文资料工作。解放后于式玉随夫进藏，从事教育工作。1954年回蓉后，先后任教于西南民族学院和四川师范学院（现四川师范大学）。其主要著文有《黑错、临潭、卓尼一带旅行日记》《到黄河曲迎接鑫木样活佛日记》《桑科呼滩欢迎辅国阐化嘉木样呼图克图由藏返拉记》《拉卜楞藏族区民间—文学举例—民歌》《藏民妇女之一生》《拉卜楞寺祈祷大会之布施》《拉卜楞红教喇嘛现况与其起源及其各种象征》《藏民妇女》《介绍藏民妇女》《黑水民风》《一个藏族借鸟还魂的故事》《漫"谈番例番规"》《藏学目录索引》《西藏民法》《藏族宗教史之实地研究》等。她所著的藏学论文，收录在《于式玉藏区考察文集》和《李安宅、于式玉藏学文论选》。于式玉的边疆教育思想具有一个显著特点，就是十分注重实地研究和实践，特别是在文化教育方面，她做到了"知行合一"和那种献身边地、发展民族教育及服务求实和吃苦精神，可以说是一笔宝贵的财富。

本刊编辑：当时的人们由于所处的时代不同，虽然接受了西方的若干理论的影响，但主要还是从中国地理与人文的角度来看边疆和边疆问题的吧？

汪洪亮：是的。中国的边疆地区长期生活着很多非汉人族群，过去一般称为"边民"。但"边疆"与"民族"的结合使用，还是在"九一八"之后的事情。国民党多强调实行

---

① 刘恩兰：《四川西北区民族之检讨》，《新中华》1946年第10期，第27—29页。

地方自治而非民族自治,"国大代表"选举以行政区域为范围而非以民族单位为对象,其目的是希望借此淡化或消解各民族的独立意识。① 国民党和国民政府虽然不能遏止"民族"和"少数民族"等概念的使用,但极力避免过多使用类似用法,而倾向于使用"边疆民族",更多是简称"边民"或"边胞"。

那时不少学者否定中国存在民族问题。如张廷休赞成顾颉刚的"中华民族是一个",反对提倡"云南民族",认为是对"民族"的滥用:"随便说夷汉是两个民族,中华民族之中又分什么云南民族,这不但忽视了历史,而且在目下对于抗战的影响实在太坏了"。于是他的观点就是"中国没有少数民族问题",中国边疆地区"绝对没有什么民族问题,只有教育的问题"。② 陈碧笙也认为,云南"客观上不存在"民族问题,如边地官吏的贪污、边地政治的黑暗,以及边地民众负担的日趋繁重,都是全国性的普遍问题,而非边地所独有。边民生活的痛苦更多是边地土司给予的。从边地民族所处地位来说,民族问题无从发生。③

这可能是一个悖论性的论述方式。认为不存在民族问题者,可能恰是注意到其严重性的。正因为顾及其严重性,才矢口否认其存在,并以整体性的中华民族的构建来抵消民族问题的严重性。其实民族问题是客观存在的,包括很多强调中华民族整体性的学者在谈到中国边疆问题时,也往往要讲到"边疆辽阔,民族复杂,语言各殊"。就是认定汉族可作"中华民族"代名词的张廷休也认为,汉族本身的历史构成,追溯起来,也是复杂到了极点。④ "复杂"二字,颇能表明中国边疆民族社会文化的多元性,不仅与内地不同,就是边疆各族间也有较大差异。正如《边政公论》发刊词中指出,"我边疆文化,因为环境上的差异和隔绝,无论在物质方面或非物质方面,都形成其各式各样的形态"⑤。

沙戢指出,"我们通常所说的中华民族,是比较笼统的名词。其实,这名词应该包含有生存在中国的许多民族,如同汉、满、蒙、回、藏,以及苗傜、罗罗、僰撣,等等",这些民族"在种系上,生活上,语言文字和风俗习惯上,都各有其不同的历史传统。虽然经过某些限度的交流作用,仍各自保持着独立的个性,决不可能予以否认或抹杀的","汉族以外,只是国内少数民族,由于他们现在大都生活在边疆,所以也被称为边疆民族"。⑥ 这就是典型的在中华民族整体性前提下,承认边疆民族的多元性。当时多数学人都不忘做

---

① 参见杨思机《以行政区域统驭国内民族——抗战前国民党对少数民族的基本策略》,《民族研究》2012年第3期。
② 参见张廷休《苗夷汉同源论》,《中央周刊》1939年4月,第33期;《再论夷汉同源》,《西南边疆》第6期,1939年5月;《边疆教育与民族问题》,《学生之友》1941年第1期。在这些文章中,张廷休反复推广其同源论。也有人提倡汉藏同源论,见王光璧《汉藏同源论》,《康导月刊》第2卷第11期,1940年7月25日。
③ 陈碧笙:《滇边散忆》,中国民俗学会影印1941年版,第131—140页。
④ 参见张廷休《边疆教育与民族问题》,《学生之友》1941年第1期。
⑤ 《发刊词》,《边政公论》1941年第1期,第4页。
⑥ 沙戢:《当前的边疆民族问题》,《中国建设》1947年第1期,第22页。

此交代，明显可见学者们对此问题的高度自觉。

本刊编辑：这样看来，那个时候的边疆研究还是比较注重民族文化研究的，请您阐述一下。

汪洪亮：抗战时期投入边疆民族调查研究者空前增多，发表论著也是指不胜屈。民国学者徐益棠的《十年来边疆民族研究之回顾与前瞻》、马长寿的《十年来边疆研究的回顾与展望》均有胪列①。王建民所著《中国民族学史》更是搜罗详尽。② 我仅就有关华西坝教会五大学学者有关边疆民族社会文化的研究略作介绍。

顾颉刚早在1920年代即对边疆社会文化有过了解，且表示了一定程度的敬意。如1925年，九世班禅从西藏流亡到北平，不少蒙古民众前往朝拜。他建议组织汉蒙联欢会，成立蒙藏学院，以增进汉蒙民众的文化沟通和情感交流。③ 1936年，顾颉刚对边疆教育工作给予相当关注，因管理中英庚款董事会注重办理边疆教育，董事长恰为顾颉刚当年在中山大学的老校长朱家骅，鉴于禹贡学会注重边疆研究，给予1.5万元补助。④ 顾颉刚由白寿彝牵线，对回汉问题及其沟通工作较为关注，提出要从文化沟通入手，消除隔阂，其中主要措施就是教育层面和学术研究。在1937年发表的《中华民族的团结》一文中，顾颉刚阐述了各族平等的边疆文化观。他提出要用平等眼光和同情心来看待国内诸族，增进团结而成一个"中华民族"，其措施有物质、精神和行政层面，精神层面主要就是要彼此充分了解和尊重，保存语言文字和文学艺术。⑤ 在西南工作期间，顾颉刚对边疆问题的关注一如既往。在华西坝齐鲁大学担任教授时，他还应允担任边疆服务委员，为边疆服务团写了团歌，其词最能表明他对边疆社会与文化的认识及其对边疆社会文化建设的美好愿景。

据顾颉刚1941年6月25日日记，他为边疆服务团作团歌，其词曰："天何苍苍，野何茫茫，宇宙宽大容徜徉。以幕为屋，以酪为浆，到处都好作家乡。莫分中原与边疆，整个中华本一邦。施医为复健康，立学为造贤良，为民服务总该当。'天下一家，中国一人'，孔墨遗训非虚诳。千山不隔，万里一堂，团结起来强更强。"团歌前两句描绘了边疆民族地区的自然环境和生活方式：边疆辽阔，生活粗放，饮食居住均与内地大异，第三句表达中华一邦，"天下一家"，到处都是我们的家乡，希望边部工作人员能够尊重边民文化及生活方式，以团结互助的心态帮助边疆建设发展，共同实现抗战建国和民族复兴。第四句介绍了边疆服务的主要内容，即医疗卫生和文化教育。最后两句则立足于传统文化和当

---

① 参见徐益棠《十年来边疆民族研究之回顾与前瞻》，《边政公论》1941年第5—6期；马长寿《十年来边疆研究的回顾与展望》，《边疆通讯》1947年第4期。
② 参见王建民《中国民族学史》，云南教育出版社1997年版；《中国人类学西南田野工作与著述的早期实践》，《西南民族大学学报》2007年第12期。
③ 顾颉刚：《宝树园文存》卷四：《边疆与民族编》，中华书局2011年版，第24—27页。
④ 参见顾潮编著《顾颉刚年谱》（增订本），中华书局2011年版，第277页。
⑤ 顾颉刚：《宝树园文存》卷四：《边疆与民族编》，中华书局2011年版，第73—74页。

前实际，呼吁大家团结起来。整体而言，表明了顾颉刚的国族关怀。①

李安宅早在西北时期也对边疆社会，尤其是宗教层面进行了深入考察，对回汉问题和藏族问题都有论著。在华西坝工作期间，他创立华西边疆研究所，身先士卒对康藏地区做了不少实地调查研究。如其《西康德格之历史与人口》，乃李氏1945年赴西康考察研究报告之一部分，是一篇边疆人口问题研究的重要文献。李安宅明确指出，该文之作是为"将来进一步研究整个社区及社会制度之张本"。他概要介绍了德格的得名由来，并对德格地区的政治、经济、交通、教育及寺院发展历史做了详细考证，再从各类人口比例、寺院在各区分布、寺院人口年龄组、农牧人口年龄组、人口类型及家庭结构等方面，对其人口问题进行了分析。该文与其关于拉卜楞寺的调查报告类似，他并不满足于描述现状和揭示其功能，而是先从历史讲起，娓娓而至。② 李安宅的学术"路数"较阔，超越了"功能学派"的学术范式。他不受门第和学科之限，善于从多种学科、各种学术流派和学术领域汲取学术滋养。这也表明了多学科的交互性和各种知识的相通性，在那时已经被学人所提倡和实践。③

李安宅发现，该地农区单身男子家庭、单身女子都多于牧区，是因农区生活较为容易。但在牧区之婚媾家庭多过农区。他认为原因在于藏民区域"土地适于畜牧，故畜牧文化为正统文化，农耕文化为外来文化；正统文化韧性强，而外来文化代表分化势力，故婚媾家庭之在牧区较农区为重要"。在"身体生活弱点"方面，以农耕者为多，可证"限界人"（Mergivue men）产生于"文化边缘"，须有合理之"文化接触"。李安宅比较藏区康人家庭、汉康合璧家庭和汉人家庭，发现三者人口数量平均分别为2.54、4.88、6.5，可见康人家庭人口最少，汉人家庭人口最多，但是"汉人之在境内具有家室者，为数极少。然此少数例证，对于文化接触与文化变迁等问题，不无意义。盖康藏人口型既不健全，内地与边疆之有效融合实为必要。"这一点尤其关键，汉藏关系对国族构建至为重要，而康人与内地接触历史悠久，对内地政治也有直接体验，相对安多社区更拥护内地而"反对拉萨干涉"。他进一步指出边疆建设，关键是要因势利导，但要知其形势，明其导向，非有普遍深入的客观研究难作判断，康藏民众早已受到内地影响，如："有现代人类学之技术与观点者，加以文化接触之分析，环境适应之实验，其结果将如何可以限量?！"李安宅指

---

① 参见汪洪亮《顾颉刚与中华基督教会在西南边疆的社会服务运动：以顾颉刚日记为中心的考察》，《西南民族大学学报》2013年第11期，第11—15页。
② 李绍明曾分析李安宅的学术特点，认为学界对李安宅的学术定性并不准确，其实李安宅的学术路数比较宽阔，不像林耀华或费孝通那样，"完全用功能学派的理念来做学问"，"不能算是完全的功能学派"。以其代表作《藏族宗教史之实地研究》为例，如从功能学派的观点来看，只需研究当今现存的情况即可，但李安宅先写藏族宗教的发展史，再写宗教各个派系的发展史，"这样做已经有很多（美国）历史文化学派的东西在了"，"因为他在美国念书的时候，也不止是功能学派影响他。所以不能因为他是吴先生的学生就把李先生完全作为功能学派"。参见李绍明口述，伍婷婷记录《变革社会中的人生与学术》，世界图书出版公司2009年版，第61—63页。
③ 参见汪洪亮《李安宅的学术转型及时代动因》，《宜宾学院学报》2012年第11期。

出,康、藏、安多等区域广大,不知十百倍于德格,但对德格人口的研究,俾能引起对整个康藏地区的关注,从而将康藏建设上升为国家政策,即其所谓"使西南、西北边疆进行区域分工之探讨,以有计划之适应,代替'限界人'之接触",这才是其真正关注所在。在这篇调研报告中,李安宅不仅表现出超凡的学术水准,对德格人口分析非常细腻和深邃,而且也表现了其严谨的学风,他自承"本篇据以探讨之时间不足两月,自难完成比较满意之报告。要知有效工作,即在德格一县亦应时间较久、规模较大,方始可能"[①]。当时边政学者对边地社会组织的研究有很多,田野调查做得比较细致。

本刊编辑:华西坝的大学研究者以及其他大学学者对西南的研究在这方面是怎么做的?

汪洪亮:华西坝教会五大学这方面的研究主要集中在川康地区,尤以凉山夷族为甚。需要说明的是,对于时人对夷族的称谓很多,如倮倮、罗罗、罗族、倮族等,不一而足。凉山夷族社会在民国时期仍处于奴隶制度占主导地位的社会阶段,被誉为"神秘而危险的区域"[②]而为各界人士所关注。不少人类学者也纷至沓来,写下了不少基于实地调查的论著。如曾昭抡的《大凉山夷区考察记》(求真书社,1945年),江应樑的《凉山夷族的奴隶制度》(珠海大学出版社,1948年)、《大小凉山开发方案》(云南省民政厅边疆行政设计委员会,1944年),毛筠如的《大小凉山之夷族》(四川省建设厅,1947年),任映沧的《大小凉山倮族通考》、《大小凉山开发概论》[③](西南夷务丛书第一分册,西南夷务丛书社,1947年),这些论著大多描述了凉山夷族这个原始而神秘的族群的区域、氏族、婚姻、经济、阶级、巫术等社会制度和生活方式。徐益棠的《雷波小凉山之罗民》(金陵大学中国文化研究所,1944年),林耀华的《凉山夷家》(社会学丛刊乙集第五种,商务印书馆,1947年),也是当时彝族研究的重要著作。民国以来关于夷族历史文化的学术研究,今人李列已做系统的学术史研究,揭示了作为现代学术的夷族研究的思想内涵和研究方法。[④]

上述民国时期的彝族研究者,显然以燕京大学教授林耀华学术影响最大,屡被后来学者所参考或阐发。若以边政学的应用立场,则任映沧和江应樑的论著更为值得关注。如任映沧的《大小凉山开发概论》分上下卷,上卷为"雷马屏峨利病书",对"汉地沦陷问题"和"汉地人民夷化问题""夷汉合作种烟问题"、建立"垦社"及"夷务"问题等做

---

① 本段内容参见李安宅《西康德格之历史与人口》,《边政公论》1946年第2期。
② 江应樑:《凉山夷家的奴隶制度》,珠海大学出版社1948年版,第1页。
③ 该书乃时任四川省雷马屏峨垦务局长的任映沧前往大小凉山地区实地社会调查后撰写的调查报告,对民国及以前的大小凉山地区的气候、地形、交通、地质条件、资源分布、土地开垦情况、生产水平以及凉山彝族历史变迁、社会关系、生活习性与社会经济制度等各方面作了较为详细的考察和记录,对凉山地区的经济开发、资源利用、难民安置等系列问题提出了见解,是研究大小凉山地区地理、社会、历史、民族风貌的重要文献。参见谷彦梅《〈大小凉山开发概论〉的写作背景和史料价值》,《西南古籍研究2014》,云南大学出版社2015年版。
④ 参见李列《民族想像与学术选择——彝族研究现代学术的建立》,人民出版社2006年版。

了专门论述。下卷为"实施军区屯垦开发雷马屏峨大小凉山十年计划书",对军区屯垦计划的原则与实施方法及开发效益及经费估计都做了详细规划,具有很强的操作性。①

江应樑负责主持云南边疆行政设计委员会工作,编写了《边疆行政人员手册》,是"边政丛刊"之一,以作边疆行政人员之工作指南,从理论和实践讲述了边疆地理及社会文化的特点,边政工作的原则与目标及方法,纠正了过去边疆工作中的一些错误认识和做法。他还根据亲身在夷族地区的调查,编写了《大小凉山开发方案》,作为"边政丛刊"之二,提出了川滇康三省合组"凉山建设委员会"以统筹凉山开发的建议,其核心内容是要通过开发边疆促进当地发展,通过夷民屯垦和强夷分居内地,逐步使凉山"内域化";另外还有《腾龙边区开发方案》《思普延边开发方案》等,都是根据其自身实地考察而因地制宜提出的边政方案,反映了边政学的应用性质。② 1940年,江应樑在中央政治学校边政专修科任教,由学校派遣,中国边疆建设协会协助,"得顾颉刚商于四川博物馆冯汉骥馆长"资助,"只身考察大小凉山","计在边区一百一十余日"。根据实地考察所得资料,江应樑于1941年6月完成初稿。其能取得成绩,与华西坝上顾颉刚、冯汉骥等前辈学者的扶持是分不开的。

对于凉山彝族的"打冤家",不少学者也十分关注。除了林耀华、江应樑等人在相关专著中提及外,徐益棠曾专文论述。徐益棠对广西象平间瑶民③和西康地区社会生活深有研究,成果甚多④。他多次深入凉山考察,著有《雷波小凉山之罗民》。在《打冤家——罗罗氏族间之战争》中,徐益棠分析了氏族间战争的社会背景,考察了战争的原因、过程及结果,尤其是对战争的武器装备,战前的人员召集、占卜及巫术,战争中的战术,战后的交结等都有详细分析,可谓细致入微。徐益棠指出,彝族的家族组织,血统区隔基础上的家族观念极强;在社会组织则是以白夷劳动为基础的奴隶制度。白夷既是彝族社会中经济生活的主力,也是战争中的主体。就宗教信仰而言,彝族没有庙宇道观,也没有固定时间地点的崇拜,没有宗教理想和"超自然的精神生活",仅有请神驱鬼的巫经,"用以解决其生活之上疑惑与困难",行巫术之人为笔母(时人也常写作"比目""毕摩")。笔母是彝族中知识水平最高的,也是日常生活中的重要人物,卜卦、问吉、祷神、求福、择婚

---

① 任映沧:《大小凉山开发概论》,西南夷务丛刊社1947年版。
② 参见林超民《应对边疆危机的新学科——边政学的兴起与发展》,载黄兴涛主编《清末民国社会调查与现代社会科学兴起》,福建教育出版社2008年版,第395—401页。
③ 那时多书写为"傜"或"猺",甚至有写为"獞"者,徐益棠本人也常变换用法。
④ 如关涉广西象平间瑶民的有:《广西象平间傜民之经济生活》(《地理学报》1937年)、《广西象平间傜民之村落》(《边政公论》1944年第2期)、《广西象平间傜民之住屋》(《金陵学报》1940年第1—2期)、《广西象平间傜民之服饰》(《金陵学报》1936年第2期)、《广西象平间傜民之法律》(《边政公论》1941年第1期)、《广西象平间瑶民之宗教及其宗教的文献》(《边疆研究论丛》1941年)、《广西象平间瑶民之婚姻》、《广西象平间傜民之饮食》(《边疆研究论丛》1945年);关涉西康地区有《打冤家——罗罗氏族间之战争》(《边政公论》1942年第7—8期)、《西康行记》(《西南边疆》1940年第8期)、《康藏一妻多夫制之又一解释》(《边政公论》1941年第2期)、《罗罗道场图说》(《边疆研究论丛》1941年)、《大凉山》(《边疆通讯》1947年第5期)等。

葬日期、驱鬼及战争中的誓师等仪式,"均惟笔母是赖"。不过笔母都算白夷,黑夷不屑为之。①

彝族战争一般有两种,一种是与外族的战争,一种是氏族内部的战争,后者即是打冤家。通过对彝族战争的综合考察,徐益棠认为,彝族已具有政治集团的雏形,有团结一致的家族观念,有严格的奴隶制度。少数黑夷统治多数白夷,由白夷建设物质生活。黑夷的财产包括白夷、土地和家畜。战争之发生,多因财产之争夺,这与彝族争强好胜、记恨复仇的民族兴趣有关,"每因细故,惹起战祸""为国家法律所不及""自出政令,形同化外""更成为抗建时代民族团结之隐忧"。徐益棠严厉批评"打冤家"为"自相残杀",是"民族精神之污点,边疆建设之大害,淆乱国籍观听,阻碍新政推行,盖莫此为甚矣"。

1938年管理中英庚款董事会董事长朱家骅和总干事杭立武等"拨款十数万元组织川康西南西北之科学考察团",聘请各大学教授担任专家,大学毕业生中优秀且有志边疆研究者任团员。武汉大学历史系主任方壮猷担任社会组专家,参与了考察团工作,历时半年多。1944年乐山警备司令部韩云涛在省主席张群支持下组织雷马屏峨沐犍眉乐八县边区建设研究会,后因雷波境内发生夷人掠夺汉人入山为奴事件,司令部派兵进剿,研究会随军前往,方壮猷应邀主持其事,为期又约半年,对凉山夷人调查始较详尽,写成《雷波屏山沐川等县土司家谱》《蛮夷司文等九十司家谱》《凉山罗族系谱》等调查报告。②

方壮猷对凉山彝族的系谱研究的方法,几年后又有学者运用到凉山周边地区。华西大学边疆研究所陈宗祥认为彝族分布辽阔,人口数字众说纷纭,"调查罗族户口最好的办法,厥在努力调查他们的谱系",因为彝族社会基础"完全建立在阶级制度的基础上",门户森严,系谱发达,贵族黑夷会牢记其系谱,奴隶白娃子也会将其主人世系谱熟于心,所以"肯与他们接近而记录他们主人家的系谱,自然是件轻巧的工作"③。他注意到过去已有学人着手此项工作,"发表很多精彩的报告",如马长寿的《凉山罗夷的族谱》(《边疆研究论丛》1945年)等,其中"较完善的为武汉大学方壮猷先生之凉山罗族系谱一文",其学术价值在于"集合前人之资料,与他本人雷波两次考察之所得,已刻出凉山全部黑夷系谱的轮廓,给我们立下一个方便之门",但是"沿凉山边缘的县份,例如宁属的会理、宁南,四川的峨边、屏山"及雷波南边的高洛等地,"均没有调查"。陈宗祥曾从任乃强、李安宅研习藏学,后由李安宅推荐,到马边做"边民生活指导"工作。④

据其自述,曾由冯汉骥指导,"注重罗族谱系搜集,并运用民族学谱系法来研究倮罗社会组织",完成《马边鸟抛支之人口与分布》。他对方壮猷所著《凉山罗族系谱》的后

---

① 本段及下段,参见徐益棠《打冤家——罗罗氏族间之战争》,《边政公论》1942年第7—8期,第77—85页。
② 三文分别发表于《边政公论》1945年第4—6期、第7—8期、第9—12期,相当于连载。
③ 陈宗祥:《凉山罗族系谱补》(上),《边政公论》1948年第3期,第38页。
④ 参见李绍明口述,伍婷婷记录《变革社会中的人生与学术》中的有关李安宅章节,世界图书出版公司2009年版。

续研究，实是补其不足。在陈看来，研究凉山夷族要有整体观念，对夷汉边缘也不能忽视，如以民族的地理分布来划分，可称凉山边缘与汉人杂居的夷人为"宁属零散罗族"，以之与"大小凉山罗族"相对照；而政治上的宁属行政，应以支系娃子分布趋势为前提。他认为对宁属罗族应有详细系谱与户口，特别是系谱"乃罗族全面社会的'龙骨'"；龙骨清楚后，"易于控制社会其他方面的资料"，如社会组织、冤亲家、居住地方、劳力、领导、人口、繁殖与死亡率、迁徙等方面，就说古史研究，也可以在系谱资料中获得材料。①

康藏地区存在一妻多夫制，但其主流还是单偶制，一般民族志及地理志中常注意其特殊者而忽视其较普通者，易使人误认当地尽为一妻多夫制。徐益棠发现过去之学术研究"徒拾西人牙慧，因袭陈说"。他从伦理环境、经济生活等方面对既有国内外各种学术观点进行评议。他认为康藏这种婚制的产生，原因不在耕地少、人口性别比例不平衡、聘金多，而在于"宗教势力之伟大"。陈波认为，徐益棠对康藏一妻多夫制的探讨"隐约有着法国学派人类学的思辨色彩，他通过外来的民族学知识，带着没有明言的自我'亲属'观念来考察"。②

本刊编辑：在进行田野调查的时候，对语言的调查也是一个很重要的方面吧？

汪洪亮：那是当然的。语言是构成民族的一个重要特征。各族不同语言的存在也是族际隔阂的重要原因，成为推行边政的主要障碍。正如罗常培所言，"中华民族成长到现在本来已经形成一个浑然不可分的整体了。可是在边地一些少数宗族间，因为语言的隔阂、教育推行的不力、亲民之官的不善抚绥"，"有待于中央或地方政府加以融和的地方尚多"。中国各族要实现融和，必然仰赖于文化的融和，而两种文化融和的第一重要的媒介就是语言。语言和文化的关系是"相辅而行"的，可以"互相协助，互相启发"。③

在西南边疆语言研究方面，华西大学中国文化研究所所长闻宥成就最大，此期发表论著有：《民家语中同义字之研究》、《倮罗译语考》（《中国文化研究所集刊》1940年第1期）、《么些象形文之初步研究》（《民族学研究集刊》1940年）、《论研究西南语言》（《读书通讯》1940年第5期）、《哀牢与南诏》（《边政公论》1941年第2期）、《印度支那语族概说》（《边政公论》1941年第5—6期）、《西藏缅甸系语文略说》（《边疆研究论丛》1941年）、《西南边民语言的分类》（《学思》1942年第1期、第4期、第5期连载）、《嘉戎语中动词之方向前置及其羌语中之类似》（《中国文化研究所集刊》1943年第1—4期）、《川西羌语之初步分析》、《汶川萝卜寨羌语音系》（《中国文化研究所集刊》1943年第1—4期）。其中多为边疆语言的专业研究，涉及云贵川边疆民族。

---

① 参见陈宗祥《凉山罗族系谱补》，《边政公论》1948年第3期、第4期。
② 参见陈波《徐益棠的民族学与西康研究》，《西南民族大学学报》2011年第12期；《关于一妻多夫制研究的中国和南亚传统》，《藏学学刊》第7辑，四川大学出版社2012年版。
③ 参见罗莘田《推行语政与宗族融和》，《边政公论》1944年第1期，第14页。

闻宥将汉藏语系也称为"印度支那语族",下可分西藏缅甸语系和汉泰语系,曾对该语族作系统介绍。① 他认为西南语言虽多,但从语言学角度看,无非汉藏语族和南亚语族两类。前者可分藏缅语组、汉泰语组、苗瑶语组。其中藏缅语组又可分为"西藏""整颇""罗麽些"三个语派;汉泰语组除汉语外,还有东泰和西泰语派;苗瑶语组可分苗语派和瑶语派。南亚语族主要有三种:安南语、猛达语和Mon-Kbmer语。他分别介绍了这些语种及其在西南地区的分布情况,并指出这些语言有的没有文字,有文字者有的有历史根据,有的是近年新造,由于语言背景参差,接受汉文难易程度不一,所以"单以一种单纯的方式来解决这些边民教化的问题,是绝对收不到效果的",换言之,"我们应该先认识他们语言的本身",知道语言间相差程度,才能"对症下药"和"药到病除",而要"认识清楚",就得有专门学者"先为一种严密的研究"。②

本刊编辑:一般地看,在研究民族的时候,往往对一个民族的宗教情况也要作研究,当时的边政研究也是这样的吗?

汪洪亮:作为区域的中国边疆与作为族群的少数民族具有交互性。除了自然环境和交通阻塞外,边政的核心在于民族问题。民族与宗教虽然是两个不同的范畴,但在现实生活中,民族问题与宗教问题又多交织在一起,因为少数民族普遍具有宗教信仰。民族作为社会文化共同体,一般具有共同语言、共同地域、共同经济基础和共同心理文化素质等要素。宗教是构成民族共同心理文化素质的重要内容,甚至是核心内容。所以,宗教往往是边政中的基础性工作。

例如,藏传佛教不仅分布在西藏地区,在其他藏区也较为普遍。李安宅关于拉卜楞和康藏佛教的研究堪称经典。拉卜楞寺是拉萨以外最大的黄教寺院,是蒙藏正统佛教,"在黄教内最大便是在一切佛寺内最大",但因其不在拉萨,而在甘肃,故少为外界所知。拉卜楞寺范围极广,"不但大于县境,而且若依所属一百零八寺而论,已多伸入青海、西康、蒙古各地,也不仅在一省之内",其寺庙数量也远不止108个,而在200个以上。拉卜楞寺建于1709年,塔尔寺建于1578年,后者是黄教始祖宗喀巴诞生地,故久闻名于世,但比较"规模与内容",拉寺"远超塔尔寺之上"。李安宅指出,"任何一个像样的黄教寺院,除了是信仰中心以外,都是一个大学或学院。因为如此,所以其中组织的复杂,绝非只见内地寺院(即黄教徒目为'青教'者)之人所可想象"③。李安宅、于式玉夫妇在拉卜楞调研前后3年,对其各方面都有精细考察。④

---

① 参见闻宥《印度支那语族概说》,《边政公论》1941年第5—6期;《西藏缅甸系语文略说》,《边疆研究论丛》1941年。
② 参见闻宥《西南边民语言的分类》(《学思》1942年第1期、第4期、第5期连载)。
③ 李安宅:《拉卜楞寺的僧官暨各级职员的类别》,原载《责善半月刊》第1卷第2期第1册,1940年,参见《李安宅、于式玉藏学文论选》,中国藏学出版社2002年版,第10—11页。
④ 参见拙文《藏学界的天涯同命鸟——于式玉与李安宅的人生与学术》,《民族学刊》2011年第3期。

李安宅批评初到边地者"不知道他们已有的民风、民仪及其制度,每每以所不知者视为无有",常以边地没有礼教、没有教育为当然情况。李安宅认为:"站在沟通文化的立场,这是十分可惜而需要纠正的事。"在他看来,边地自有其传统的礼教和教育,甚至有其高明之处。如喇嘛教育制度,就其内容而言,注重辩论、专精和背诵;就其机构而论,不仅兼有书院制和课室制的长处而无其短处,而且还有"两者所没有的长处"。他特别提醒,"这一层,不但从事边疆工作的人需要知道,且在我们整个教育制度需要重新估价的时候,大有取来参考的价值",可见其对喇嘛教育制度的推崇。他认为蒙藏区域的宗教寺院具有多重功能:是宗教中心、政治中心、经济中心,尤其是教育中心,一个寺院就是一所大学或专门学校。在安多藏区,拉卜楞寺显然是所大学,有六个学院,最大为闻思堂,其余五个属于密教,但其总人数还不如闻思堂多。五个密教学院包括两个神学院,两个天文学院,一个医学院。显教重理解,为大学教育,密教重修持,为技术或专门教育。他经过对拉卜楞寺僧徒入寺规程、进修生活、师徒关系的观察,认为如不管内容,单就制度而论,喇嘛教育优点很多:一是德智并重,不是贩卖知识;二是训导从全体师生出发,不是单轨范学生;三是"师生道义集合,不似学校教育以学分为重";四是纪律严明;五是学生可有"个别适应,进退自由";六是"感慨甄别,合班讲辩,可收标准化的利益";七是"标准化的影响,不只及于生徒,而且及于师长,大家锻炼出来的学问,的确科班造诣,从勿海派名流的危险";八是"重专精,尚雄辩,没有浮光掠影之嫌,或者词不达意之弊,而是触类旁通之乐,以及相观而善之益"。李安宅连续举出八个优点,又特意"大书特书"喇嘛教育制度的师长进修制度。壮年以上学者例行工作外都是授徒以学,但在"关经"期,学生忙于聚会和研究,学者即可有充分时间自修,"假定这一批学者算作正式教授,还有更加少数德高望重、学问渊博的学者可作研究教授或退休教授之用"。李安宅指出,虽然寺院对学者"所责甚苛",但也"所得甚厚",而内地学者的进修生活却很难得到重视,"无启发,惯因循,岂属偶然"?当然,李安宅并非只见其长,而未见其短,单就制度而论,固然喇嘛教育制度优点甚多,但就其内容而言,也有其缺点。如在课程内容上自成系统,闭门造车,缺乏现代化常识和比较文化学的观点;缺乏心理学基础与语文学便利,进步太慢;知识分子集中于寺庙,民众知识水准低落;注重口辩,"即所谓学者亦视操笔达意为畏途",他认为这些问题与"内地八股时代"没有分别,喇嘛教育也需要一次"新文化运动"①。

在李安宅看来,只有这样才能培养"具有创化观点而热心边胞的志士",实现他一贯强调的边疆建设关键是在"自助助人"的主张。他认为教育工作并不仅是"传递文化",如果仅是一味传递,就"只有旧的文化,没有新的文化",就只能"制造出方板的'学

---

① 本段参见李安宅《喇嘛教育制度》,《力行月刊》1943年第5期,也可参见《李安宅、于式玉藏学文论选》,中国藏学出版社2002年版,第109—130页。

生'，成就不了足以应付活的事体的'君子不器'的活'人'来"，"对于原有的文化，不只是传递，而要接着它去作积极适应的工夫，才有创新的作用，才配叫作继往开来，才是真正教育应有的含义"，这里的"新"并非标新立异，而是要在原有的基础上"继长增高不求新而自新。"他称前者为形式教育，后者为创化教育，遗憾的是，形式教育因学校的制度化、机关化而占据了主导地位，"尽管从新文化运动以来，大家都在喊，都在批评，然而传统的思想继续作怪，名词花样虽然常常翻新，积极适应的工作则少作，即作也更少有舆论的拥护"。他批评新文化运动在很多方面破得多，立得少，某种程度上成了一"新名词运动"。他指出："内地与边疆原有文化本有异点，内地去的普通形式教育绝不为功。在旁处固然也不为功，可是不易觉察。在边疆不为功，则是有目共睹的。我们希望在边疆逼出来的教育问题，使我们认清真正教育的使命。不但直接促成边疆的现代化，也间接促成内地教育的创化作用。"①

李安宅关于藏族宗教实地研究的论著还有《拉卜楞寺护法神——佛教象征主义举例》《拉卜楞寺概况》《拉卜楞寺公开大会》《萨迦派喇嘛教》等，大多刊发于《边政公论》。有意思的是，他在回应并非专研佛学为何老在研究喇嘛教时，谈了两点看法：第一，佛学非专行之人所能容易了解，喇嘛教尤然，"这在沟通文化与比较宗教的立场，乃是极大的损失"，而"非专行的人加以研究，才以一般人的需要为出发点"，"对于沟通文化与比较宗教学上可有好处，即对于佛学的宏扬，亦应有非专行的裨益"。第二，喇嘛教是蒙藏社会"最为有力的社会制度，其功能非只限于宗教范围之内，"是康藏地区教育中心、经济中心、政治中心，是"一切舆论、价值、权衡的枢纽"，因此，"若不能了解喇嘛教，必不能了解蒙藏的社会生活。倘不了解他们的社会生活，哪里能够有事于边政的建设呢？所以为了建设蒙藏，我们不能不用社会制度的观点研究喇嘛教。这样做，当然不是专行的佛学者所肯于作的范围了"。② 这话不仅表明了他研究喇嘛教的切入点，同时也表明其着力研究喇嘛教的用心所在。他不是佛学专家，事实上为研究喇嘛教，他克服了常人所难以想象的语言和知识的困难。他不会为了研究喇嘛教而研究喇嘛教，研究喇嘛教的目的是在研究蒙藏社会，从而为边政工作和边疆建设提供借鉴。这或许可以揭示其研究重心所在。

佛教势力在西北宗教曾盛极一时，但其地位后被那个时代所称谓的"回教"取代，"回教"也就是今天人们所说的伊斯兰教。中国和西亚关系发生很早，来自阿拉伯的"回教"也逐渐进入中国，宋代无力顾及西域，回教大力渗透，明初开国将领信奉回教者甚多，以公款修建清真寺，"回教"信仰在西域逐渐风行。③"回教"问题在西北边疆是个突出问题，主要表现为"回教"徒与非"回教"徒的冲突，常以"回汉仇杀"的形式，造

---

① 参见李安宅《谈边疆教育》，《边疆通讯》第4卷第2期，第1—2页。
② 参见李安宅《萨迦派喇嘛教》，《边政公论》第4卷第7—8期，1945年，第1页。
③ 参见黎琴南《西北民族与宗教问题之史的考察》，《青年中国季刊》1940年第1期，第191页。

成西北社会时常变乱动荡。抗战时期国人既以西北边疆为抗战后方，自然寄望于西北各族团结、社会安定。那时学人对于"回教"问题十分关注。

顾颉刚曾在《独立评论》发表文章指出，"回汉问题，无论从整个中华民族的发展上说，或是从现在社会生活的协调上说，都决非一个小问题。在西北数省，回汉间的问题更大"。他认为，"同是中国国民，竟像是属于两个毫不相干或竟是互不相容的团体，在百废待兴而且边防日紧的今日，这种现象决不该长此放任下去的。我们亟应寻觅解决这个问题的正当途径"。他认为回汉关系本来圆满，是清代愚民政策的恶果导致回汉的仇怼，现在应调整错误观念，要从文化上，从相互关系上，使大家明白回汉一家，两族有"不可分性"。① 白寿彝在民国时期发表的诸多有关回教与回族的论著均可看到他所受顾颉刚这一论断的影响。

本刊编辑：李安宅先生是怎么看这个问题的？

汪洪亮：李安宅在《回教与"回族"》一文中驳斥"回教即回族"的观点，认为这种观点混淆了种族和宗教乃两个不同问题。种族观念是纠纷起点，此义不明，则言者与听者都不知所云。种族是生物学名词，研究种族的，是体质人类学。人类总在杂交之中，却有人以血统纯粹自居。种族观念往往为人所利用，与民族等同观之，如德国以此鼓动民族主义，如日本以此妄图分裂中国。种族与民族观念的混淆，是"帝国主义的学说只图目的不择手段的结果"。李安宅追问，"我们中国既不要国家主义的预备以侵略旁人，又不要上了旁人的当以分裂自己，为甚么还要对于种族的观念纠缠一个不清呢？"他认为，"根据文化科学的立场"，应提倡一个快刀斩乱麻的办法，就是"取消种族的观念于国家观念之外"。他认为国家是政治的文化现象，不与"种界"相关，"因为政治的目的而结合的国家，我们用不着必说里面的分子是同一的或不同的种族"。而宗教则是"人为的文化现象，即以信仰来适应于超自然的势力者"，与其他文化现象一样，宗教也是"顺时而兴，背时而亡"。

李安宅认为世界六大宗教可分两种，一种是向外人传教的，一种是维持纯种而不向外人传教的。后者有犹太教、婆罗门教和拜火教，这三种宗教"都可以代表信徒的种族或民族，教就是族，族就是教"。佛教、基督教和回教都是要向外传教的，都经过部落宗教时期，因向外传教称为世界性的宗教，换言之，"一种人不必都信同一的宗教，信同一的宗教的也可以包括各种各族的人，所以教不是族，族也不是教"。单就回族而论，其教徒有两亿之众，虽由阿拉伯传出，但信教者却是多种民族。中国回教同胞，有自居为外人者，问题就出来了，"以阿拉伯人为一体呢？还是以埃及、波斯、土耳其为一体？与其一为一体，即不能与其他为一体。倘这些都可为一体，则一体者是宗教，不是种族"。李安宅这

---

① 参见顾颉刚《回汉问题与目前应有的工作》，《独立评论》1936年第227期。

番强有力的论证和严密的逻辑,自然而然得出结论:"回"是"教的名称,不是种的名称。信回教的既不同种,故无'回族'这个事实。"他批评这种夹杂种族的宗教观念,是一种"文化的幼稚病"。李安宅还从人口来探讨"回教非回族"这个问题,认为两者确非相等概念,如果狭隘将之等同,必然导致回教变成不向外的宗教,难以发扬光大。国家是政治文化的地缘集团,超越血缘的种族界限。中国包容有众多的民族和宗教及其他"文化上的不同",恰是"我们的长处","值得自豪,而不必掩饰"。

本刊编辑:在宗教这个方面的研究还有其他的情况么?

汪洪亮:还是有的,例如与西藏和西北地区宗教相对单一相较,西南少数民族杂居和宗教信仰复杂的状况更为显著。相对而言,还是具有原始教色彩的巫教更为深入人心,但在某些地区,基督教势力也不可小觑。由于原先不存在很强大的宗教,基督教在近代以来的渗透比较厉害。齐鲁大学《田家半月报》编辑兼边疆服务部秘书刘龄九认为,基督教势力难以进入青海、西藏等地,因为这些地方"喇嘛教组织严密,它有着外在的压迫力和内地的反对力联合抗拒"。[①] 20 世纪 30—40 年代,研究民族宗教,取得成果最多的领域应该就是在西南地区。这一地区的重要性为过去所估计不足,而其神秘性也吸引了不少从事人类学民族学的学者。

徐益棠是那时西南民族研究中相当活跃的民族学家,他对夷族和瑶族都有调查研究。他对广西瑶人的社会文化研究都有较为普遍而深入的研究,陆续发表多篇文章,集中讨论宗教的有《广西象平间瑶民之宗教及其宗教的文献》《广西象平间瑶民之占卜、符咒与禁忌》等[②]。他发表在《西南边疆》第 13 期的《雷波小凉山罗族调查》对夷族巫教的神灵、法器和宗教仪式等作了详细论述。陶云逵著有《大寨黑夷之宗族与图腾制》《西南部族之鸡骨卜》。

语言学家马学良在夷区常观摩笔母的宗教活动,发表多篇关于夷族宗教的调查报告,如《倮族的招魂和放蛊》(《边政公论》1948 年第 2 期)、《罗民的祭礼研究》(《学原》1948 年第 2 期)、《从倮㑩氏族名称所见的图腾制度》(《边政公论》1947 年第 4 期)、《倮族的巫师"呗耄"和"天书"》(《边政公论》1947 年第 1 期)等多篇,充分发挥其语言学家的特长,对夷族宗教文化进行了深入解读。[③]

本刊编辑:如果您对那个时期的华西坝大学的边疆研究做一个小结,简练的该怎么讲呢?

汪洪亮:我们侧重谈论了华西坝教会五大学边疆学者对中国边疆与边政的含义及其历

[①] 上海市档案馆档案:刘龄九《边疆服务部工作简报》,《中华基督教会全国总会第五届总议会议录》(苏州),第 164 页,编号:U102-0-16。

[②] 参见徐益棠《广西象平间瑶民之宗教及其宗教的文献》,《边疆研究论丛》1941 年。

[③] 关于马学良的夷族研究成绩及其"以俗释经"的特点,可参看李列《民族想像与学术选择:彝族研究现代学术的建立》,人民出版社 2006 年版,第 296—357 页。

史与现实的认识和解读，对如何经略边疆和整合族群，我们有机会再谈。就已有的讨论而言，我们可以看到，抗战时期华西坝教会五大学集聚了一批学者，除了对中国西部边疆尤其是康藏地区做了大量实地研究外，在这些实地研究中体现了他们在中国边疆研究的理论与方法问题上所做的富有学科价值的探索，那时学界对边疆问题的主流认识，还是站在文化的立场上。所以那时的边疆，实际上类似于今日习称的边疆民族地区，所以所谓边疆研究，也就可以理解为边疆民族研究了。华西学人几乎分享了那个时代南北派人类学家对边疆的定义，也和顾颉刚等历史学家对边疆的观感大体一致，尽管其中仍然会有分歧，如费孝通就曾对顾颉刚的"中华民族是一个"的论断有过质疑，但是在边疆问题的严重性和边疆研究的必要性上是有共识的。当然，我们也没有必要把华西学人的边疆研究当作一个别具一格的个体，没必要把华西学人内部描述得整齐划一。我们也不难看出，华西坝教会五大学的边疆研究反映了政学两界构建中华民族的努力和中国边疆民族文化多元的事实。从学术史和学科史的立场来看，我们还可以看到，华西坝教会五大学的边疆研究，体现了近代中国边疆研究的转型及西学东渐的本土化以及五校学者在国家民族问题上的社会担当和学术自觉。

本刊编辑：谢谢汪教授！通过对您的访谈，我们对华西边疆研究在民国时期的概况有了较多的了解，相信读者和我们的感受也是一样的。希望看到您不断推出在这方面的科研成果。

边疆研究书评

本栏目主持人：郑洲，西南民族大学管理学院副教授

主持人语：在边疆研究之中有三大主题，即边疆发展、边疆稳定、边疆安全。对当代西藏经济社会的研究，发展是一个全面的概念，即 develop 或者 developmote，也就是说，发展是伴随着社会结构变动的一种向前进的形态，而不是单纯的 grow（经济增长）。近些年来，在西藏研究中关注到"发展"本意的青年学者人数不少，而能够从本意上去诠释发展概念的尚不多见，尤其是能够通过一个案例在实地调研的基础上，提炼出发展意义的学者还不多见。西藏自治区社会科学院农村经济研究所的徐伍达副研究员，长期从事农牧区的发展研究，特别重视实地调研工作，出过不少的学术成果．形成了自己做学术研究的风格。从他的一系列研究成果来看，基本上体现出了经济社会研究中发展的本意即 developmote。本辑本栏目收录的孙勇教授的书评《钩沉弥纶有新言，精研一理观沧海》，对徐伍达和范友悦合作的《克松的变迁——西藏乃东县昌珠镇克松居委会调查报告》（简称《克松的变迁》）进行了评介。我们知道编撰一本专著是不容易的，而进行评介则需要评介者对专著所反映出的内容相当的熟悉，如此才能够达到画龙点睛的效果。孙勇教授在西藏工作40多年，曾经在多个部门任职，对西藏农牧区的发展情况相当了解，他以过来人的身份评介《克松的变迁》这本书，可以说恰到好处。这本书的所有主题都在书评中得到了体现，尤其是书评当中专门点出了习近平总书记提出的"治国必治边，治边先稳藏"的思想包含了该书当中所蕴含所有主题的主题，即西藏各族人民必定在中央的关怀和领导下走向更光明的未来。

钩沉弥纶有新言,研精一理观沧桑

——读《克松的变迁——西藏乃东县昌珠镇克松居委会调查报告》

孙 勇[*]

(四川师范大学四川文化教育高等研究院,成都,610066)

西藏自治区社会科学院农村经济研究所副研究员徐伍达和拉萨师范高等专科学校副教授范友悦合作的《克松的变迁——西藏乃东县昌珠镇克松居委会调查报告》(以下简称《克松的变迁》)一书,由社会科学文献出版社出版,因我长期在藏工作,多年从事西藏经济社会的发展研究,两位作者赠书以作交流。书中所涉的克松这个地方,我是多次去做过田野调查的,对克松并不陌生。读过徐伍达等合著的《克松的变迁》后,颇为欣慰,作者下了很大功夫,叙述一个闻名遐迩的民主改革村的发展历程,并形成一部学术著作,殊为不易,借此机会先致以祝贺。

克松位于西藏山南地区,是一处风景秀丽的地方,西藏民主改革后,这里与全西藏一样实现了社会制度的历史跨越,发生了翻天覆地的变化。探究这个最早进行民主改革、建立新的经济政治组织的村落,以小见大,从中可以看到新西藏农村发展的脉络。徐伍达等怀着社科研究者的政治热情和责任关怀,以厚实的史料、真实的采访和图文并茂的叙述方式,全方位展现这一边疆村落的前世今生。用客观的历史洞察和理性的现实思考,为读者层层梳理历史沿革的发展脉络和沧海桑田的时代变迁,与时代精神是相当吻合的。习近平总书记在中央第六次西藏工作座谈会上满怀深情地说,60多年来,在党的领导下,西藏"换了人间"。"换了人间"含义深刻,体现了历代中央领导集体对西藏工作的高度重视和特殊关怀,也体现了以习近平同志为核心的党中央对西藏各族人民的深切关注。纵观西藏经济社会发展大好形势,近年来,西藏乃至边疆地区城镇化速度加速推进,但农业人口仍旧是人口结构的根本组成,如何推进社会主义新农村建设,自然也就成为了全面建成小康

---

[*] 孙勇(1956—),男,祖籍河北,四川师范大学教授,西藏民族大学硕士生导师,在边疆地区长期工作过,曾任四川大学教授、四川大学边疆研究中心研究员、涉藏问题研究中心主任;担任过国家社会科学基金重大招标项目首席专家;主要从事西藏社会经济发展研究、边疆问题和理论研究。

社会的保底性工程和最难啃的"硬骨头"。个人认为：该书中的三点值得我们关注与思考。

第一是发展变迁。一处历经风雨的农奴们居住的村落，在半个世纪多的时间里，一举成为西藏百万翻身农奴走上康庄大道的好榜样，成为生态文明小康示范点，成为西藏农村变迁的缩影与见证。居无住所的生活旧貌换新颜，食不果腹的日子一去不复返，进步的动力何在？发展的原因何在？该书坚持用事实说话，既有宏观的视野，又有微观的实证，通过大量数据对比论证、图片辅助证明、群众问卷调查等方式，从历史沿革变迁、基层政权变迁、土地制度变迁、社会生活变迁等方面进行了系统专业的阐述，用"变迁"二字贯穿全书，作出科学回答。放眼世界，万物在进化中适应生存，人类在思索中完善进步，社会在创新中得以发展，进化、思索和创新，皆有变迁的意蕴存在其中。克松真正意义上的发展变化，得益于两次历史性变迁。第一次变迁是1959年民主改革。西藏从封建农奴社会一步跨进社会主义社会，克松成为"民主改革第一村"，克松豁卡农奴翻身解放当家做主，实现"自己的事自己说了算"，彻底拿掉身上"差多、租重、利钱高"三把刀，断了过去"逃荒、为奴和乞讨"三条路。当年，西藏工委为了抓好春耕播种，曾经实行"谁种谁收"的政策，这一在今天看来理所当然的举动，对当时农奴而言绝不仅仅是身份角色转变这么简单，看似平易好懂的政策，实际上打碎了附着在农奴心灵上的千年枷锁，实现了真正意义上的"众生平等"，从那时起，翻身农奴掌握了自己的命运，精神面貌发生了很大的改变，有的人还走上了基层领导的岗位。可以说，在时代洪流中完成自我身份重新认定后，人们便有了真正属于自己的愿景和期望。这是根本性的变迁，也是促进发展的根本动力。第二次变迁是改革开放。邓小平同志曾在改革开放之初指出："改革是中国第二次革命"，而克松积极主动地融入这场伟大的"革命"洪流中。克松人民思想得以解放，开始以自己的方式理解接受市场经济、商品流通等诸多新鲜事物。从农牧产业到第三产业的拓展，从肩挑背扛到实现耕作机械化；从分住领主的旧房到建设新家新院，有了自来水和现代化家电，从人畜混居到人畜分居，生产生活的条件大为改观；还有交通、电力、通信等方方面面的改善和进步，这里的人们过上了现代文明的生活。通过人文环境变迁点点滴滴的实例，展现出的是社会主义新农村的新发展、新变化、新生活。可以说，克松人得到的实惠，无一不是改革开放带来的红利。当前，正值改革迈向深水区，如何给予未来发展诸多有益启示，让人们解放思想再出发，正是本书价值意义之所在。

第二是执政党的领导。发展源于变迁，而变迁的动力又来自哪里？《克松的变迁》一书引用《克松居委会致西藏百万翻身农奴公开信》作出鲜明回答："共产党来了苦变甜"。"没有共产党就没有西藏在帝国主义的侵略和羁绊中得以解脱，没有共产党的领导就没有西藏百万农奴翻身得解放，没有共产党就没有西藏今天的安定繁荣。""党的恩情比天高"，一句源于内心的话语，道出了西藏各族儿女发自肺腑的感恩，也道出了西藏发展变迁的动力源泉——"党的关怀和领导"。往事不堪回首，但历史不能忘却。旧西藏政教合一的社会制度与庄园经济的形式，农奴主令百万农奴受尽剥削和欺凌。是共产党人顺应时代挺身而出，救万民于水火，为西藏人民谋解放谋翻身，为西藏人民谋幸福谋富裕，为西藏人民谋稳定谋发展。几十年来，一次次中央召开的西藏工作会议勾画出了西藏发展的宏伟蓝图，一批批的援藏干部用热血和汗水浇灌了这片神奇的土地，一项项援建工程凝聚着兄弟省份的温暖与祝福。历史无可辩驳地证明，是社会主义民主与法制让百万农奴当家做主人，是改革开放好政策让万千家庭逐步过上幸福好日子。离开了党的领导就没有西藏的未来，离开了祖国大家庭的帮助就没有西藏的发展，只有在共产党的领导下，在祖国母亲的怀抱中，才会有西藏社会的全面进步，才会有藏家儿女来之不易的幸福。

进入 21 世纪以来，机遇与挑战并存，周边威胁之声不绝于耳，境内外分裂势力总是不遗余力在制造事端，不择手段地破坏捣乱。对此，必须做到苦难与幸福同等铭记。习近平总书记强调："治国必治边，治边先稳藏。"稳藏的关键在于稳心，而人心的稳定在于明辨是非。这就需要加强教育引导和普及宣传，帮助群众了解掌握历史变迁，在新旧社会两重天的强烈对比中，更加深刻地认识旧西藏农奴制度的无比黑暗、腐朽和落后，更加珍惜今天来之不易的稳定发展局面和不断提升的幸福生活。真正做到饮水思源知党恩，信党爱党跟党走，坚定不移走社会主义道路，凝聚力量创建更加美好的未来。

第三是人文进步。文化如空气无处不在，熔铸在民族血脉之中，总在不经意间影响着人们的思维方式和言谈举止，正能量的文化是引领社会进步的航标，是张扬真善美的旗帜，是民族精神剪不断的脐带。如果脱离优秀文化的延续，人们也就失去情感归依而成为精神家园的流浪儿。中华民族有着博大精深的传统文化，诸如"精忠报国"的爱国情怀、"舍生取义"的牺牲精神、"革故鼎新"的创新思想、"与人为善"的处世之道，等等，这些传承千百年的文化理念，早已经浸润在每一个中华儿女的心中，成为和谐社会的"滋润液"和民族发展的"催化剂"。藏族文化作为中华文化重要的组成部分，优秀的传统几十年来得到了很好的保护、传承和发展。

《克松的变迁》一书对风俗习惯的延续和群众文化生活都有浓墨重彩的描述，特别是在历史进程中逐步形成的"爱党、爱国、团结、进取"的克松精神，可谓是了不起的文化积淀和升华，这些文化延续和文化生活在推动全面发展、助力小康建设中的地位和作用越加凸显，文明进步的内涵在此得到诠释。在越来越重视文化软实力的今天，文化和经济的关系愈加密切，文化本身也成为一种产业得以蓬勃发展，各地"节日文化""民俗文化""红色文化"如雨后春笋般纷纷破土而出，为各地全面建设做出了重要贡献。古人讲"一方水土养一方人"，这一方水土既包括人文地理，也包括传统延续，还包括人们对脚下这片土地的眷恋之情。这就要求我们在精神文明建设过程中关注和考虑到地域文化特色，这并非要故步自封，如果对传统文化墨守成规而拒绝发展创新，民族文化就会被日新月异的时代洪流所淹没。只有既关注传统延续又探索发展，不断激发群众文化激情，不断提升群众文化素质，不断推动文化创新发展，并大力发展文化事业和文化产业，方能让广大群众享受丰富的文化盛宴，靠文化滋养和支撑殷实富足的小康生活。

2013年3月9日，习近平总书记在参加十二届全国人大一次会议西藏代表团审议时明确提出"治国必治边，治边先稳藏"的重要战略思想，高度概括和确定了边疆治理特别是西藏工作在党和国家全局工作中的特殊重要地位，是对中央治藏方针的深化和发展。2014年3月4日，习近平总书记在参加全国政协十二届二次会议少数民族界委员联组讨论时发表了重要讲话："小康不小康，关键看老乡。看老乡，千万别忽视了分布在农村牧区、边疆广大地区的少数民族群众。中国共产党一再强调，增强民族团结的核心问题，就是要积极创造条件，千方百计加快少数民族和民族地区经济社会发展，促进各民族共同繁荣发展。"以小见大，《克松的变迁》一书对克松变化的阐释和对克松未来的展望，正是体现了中央领导的这一宏旨。共同团结奋斗，共同繁荣发展，这一时代的强音，必将继续在西藏的大地上越唱越响，西藏各族人民必定在中央的关怀和领导下，走向更加辉煌的未来。

岁月流逝无声，感动了谁的心灵？记忆宛若雨丝，淋湿了谁的意绪？读《克松的变迁》一书，还有一个深切的感受，就是该书内容丰满，既有回望一路发展变迁脉络的审视，更有求索创造未来辉煌的思考。欲推进改革开放新战略，落实农村建设新部署，既要统一思想不马虎，还要对症下药解难题，这需要遵循天时地利与人和的规律。具体到地方工作的决策，只有掌握实际状况，同时进行理论的考量，以创新理念和创新模式进行新农村建设的顶层设计，方能制定科学良策，最终实现全面小康，奠定走向未来的坚实基础。《克松的变迁》一书，对西藏全区农村建设发展走向具有重要借鉴意义，该书得以出版，可谓恰逢其时。

《华西边疆评论》征稿启事

秉承华西边疆学派源流的《华西边疆评论》创办于2014年，办刊宗旨与内容体现了学为国用的学术传承。作为国内新创的边疆研究学术辑刊，收录国内外专家学者有关边疆研究成果和译文，促进学术交流，培育学术新人，为国内外同行设立一个学术交流的平台，努力助推中国边疆研究事业迈上新台阶。

经过时间检验，本辑刊4年来得到业内同行的普遍认可。为适应时代发展形势与学术研究进展的需要，本辑刊编委会在2018年5月重组之后，将把握办刊四个要点：

一是立足于边疆问题与理论研究的学科前沿问题，体现出边疆学建构的基础性和长远性，彰显《华西边疆评论》刊物的学术价值。

二是回答进入新时代中国边疆研究的重大理论和现实问题，搞好边疆学科建设的现实性选题，并注重历史题材的问题。

三是为落实国家高层努力建构中国特色学术话语体系的指示精神，挖掘具有中国学术话语特点的富有创新性的选题，并以此作为刊物建设拓展广阔发展前景的基石。

四是选题策划必须看到边疆理论探索的潜在问题和解题的方法，填补边疆学科的学术空白且处于开掘状态的课题，按照潜在性选题的要求，对各类论文进行事前策划和选题。

为此，本辑刊特向社会各界征稿，希望得到业内专家的大力支持。投稿注意事项如下：

1. 《华西边疆评论》收录的文章，以中国及外国边疆问题和理论研究为对象的学术论文、调研报告、相关文献、优秀译文等为主，涵盖边疆学科建设、边疆理论、边疆史地、边疆经济、边疆治理、边疆安全、边疆现实问题、边疆文化、宗教、民族语文等各个方面。本辑刊同时重视采用边疆学者专访、边疆研究书评、边疆论坛综述等稿件，以供研究者与参阅者交流品鉴。

2. 《华西边疆评论》所收录的学术论文，原则上须是作者个人具有新见地的原创性成果，同时兼顾名家经典论文的挖掘收集和重刊，欢迎学术端正的高质量争鸣文章；作者投稿篇幅起点为8千字，1万—3万字为宜，高质量的论文或调查报告字数可在7万字的上限之内。论文需附200—350字的中英文内容摘要和中英文的关键词，关键词原则上不超过5个。

3. 稿件尽可能采用页下注，注文体例采用作者、文献名（页）、刊物、出版社、出版时间格式；每一个页下注须独立，勿用"同上"一类标注。稿件之中的度量衡单位，除引文照原文之外或特指用法外，均采用国家现行的度量衡单位，如千米、千克等。凡引用历史文献如《实录》之类，注文中标注实录的朝代、卷、年、月、日。正文中公元、世纪、年代及数据，用阿拉伯数字（引文除外）。王朝纪年第一次出现时，须加注公元纪年，如"乾隆三年（1738）"，同一年号再次出现时不再加注。论文作者认为重要而没有引注的参考文献，以及认为需要重点提及的参考文献，都可放在论文末尾，按照统一格式注明。

4. 为了保证本辑刊收录发出的论文质量，所有稿件先由编委成员或相关专家匿名评审，在初审的基础上，由本刊编委会决定是否采用，再经过编辑和编务程序送出版社，最终由出版社审定后编辑出版。此过程较长，请投稿者对发稿时间要有预计。

5. 《华西边疆评论》稿费按照优稿优酬的原则，对质量较高的及通过评审的稿件，在用稿发表之后依照本辑刊编辑部当年的稿费等级标准支付。本辑刊与中国知网（CNKI）合作，对作者文章著作权与稿费到位后支付。

6. 作者投稿请附上简介、通信地址、邮政编码和电子信箱地址等信息。在稿件首页请用页下注方式提供作者简介，内容包括作者姓名、性别、籍贯、出生年月、单位、职称、研究方向、联系方式等。稿件若为译文，需注明原文出处及作者。

7. 纸质版稿件寄送地址：四川省成都市锦江区静安路5号四川师范大学四川文化教育高等研究院101工作室，邮编610066；本辑刊欢迎电子版稿件，投稿电子信箱为：hxbjpl@163.com。

《华西边疆评论》编辑部